AF462777

DOCTEUR EDMOND DUPOUY

SCIENCES OCCULTES

ET

PHYSIOLOGIE PSYCHIQUE

« *Le surnaturel est devenu phénomène naturel, dès que notre ignorance de la cause a été dissipée.*
« CH. RICHET. »

Nouvelle édition augmentée de nombreux documents.

PARIS
ERNEST FLAMMARION, ÉDITEUR
RUE RACINE, 26, PRÈS L'ODÉON

SCIENCES OCCULTES

ET

PHYSIOLOGIE PSYCHIQUE

OUVRAGES DU DOCTEUR E. DUPOUY

La Folie et les Névroses diathésiques. Mémoire couronné : Prix Esquirol 1865.

Les Attaques épileptiformes de la paralysie générale. Mémoire couronné : Prix Aubanel 1868.

Médecine et Mœurs de la Rome antique, d'après les poètes latins. Un vol. in-18 jésus de 450 pages, 1885. Ouvrage couronné. (Académie de médecine.) 2e édition. (*J.-B. Baillière, éditeur.*)

La Prostitution dans l'antiquité dans ses rapports avec les maladies vénériennes. Étude d'hygiène sociale. Un vol. in-18 avec figures, 1898. 4e édition. (*Société d'éditions scientifiques*).

Le Moyen-Age médical. Un vol. in-18 jésus, 1895. 2e édition. (*Société d'éditions scientifiques.*)

Les Sciences occultes et la Physiologie psychique expérimentale. 2e édition. Un vol. in-18 jésus. (*Flammarion éditeur.*)

Le Moniteur de l'Hygiène publique. 29e année. Médecine publique. — Sociologie. — Hygiène. — Thérapeutique.

ÉMILE COLIN, IMPRIMERIE DE LAGNY (S.-ET-M.)

Docteur Edmond Dupouy

SCIENCES OCCULTES

ET

PHYSIOLOGIE PSYCHIQUE

« Le surnaturel est devenu phénomène naturel, dès que notre ignorance de la cause a été dissipée.

» Ch. Richet. »

Corps psychique. — Force vitale.
Extériorisation du Corps psychique. — Magnétisme.
Extériorisation de la sensibilité, de la volonté.
Lucidité. — Transmission de pensée. — Télépathie.
Extériorisation de la motricité.
Matérialisations. — Animisme. — Spiritisme.
Expériences médiumniques.
Maisons hantées.

NOUVELLE ÉDITION AUGMENTÉE DE NOMBREUX DOCUMENTS

PARIS
ERNEST FLAMMARION, ÉDITEUR
RUE RACINE, 26, PRÈS L'ODÉON

LES SCIENCES OCCULTES

Le positivisme scientifique du dix-neuvième siècle a cru que tout ce que le génie humain avait produit autrefois pouvait être considéré comme une quantité négligeable. Ses représentants, dans leur orgueil doublé d'ignorance, ont affirmé que les *Sciences occultes*, c'est-à-dire les sciences secrètes et mystérieuses de l'antiquité et du moyen âge, ne reposaient que sur la duperie des uns et la naïveté des autres. L'alchimie et l'art hermétique, l'astrologie et la magie des savants de l'Inde, de la Chaldée et de l'Égypte n'étaient à leurs yeux que de pures chimères, — de même que les doctrines de Pythagore, d'Aristote, d'Aristarque et de tous les philosophes de la Grèce antique.

Cependant, s'il faut en croire Plutarque (1), Pythagore avait été initié, pendant son séjour en

(1) Plutarque, *Op.*, t. I, p. 67. Edit. 1624.

Égypte, aux *Mystères de Bacchus et d'Orphée*, qui lui révélèrent la rotation de la terre autour du soleil, opinion professée après lui par Aristote (1) et toute la secte des péripatéticiens, et un siècle plus tard confirmée par Aristarque (2), astronome et mathématicien de Samos, qui enseignait en plus que la terre tourne sur son axe.

Si quelques modernes pouvaient s'en étonner, nous les renvoyons aux *Annales historiques de l'Inde* et en particulier à l'*Astronomie indienne* (3) de l'abbé Guérin. Ils y trouveront la preuve que « les Indiens appliquaient, d'après la doctrine et les livres anciens et des Brahmes, l'algèbre à la géométrie ; disputant dans leurs écoles sur la question du mouvement de la terre, provenant de la rotation diurne sur son axe au milieu de l'espace, s'entretenaient de la cause de la chute des graves et comparaient la terre à un aimant ; calculaient les sinus et les cosinus et en dressaient des tables, faisaient, comme chose ordinaire et toute simple, la somme des carrés des côtés d'un angle droit d'un triangle égale au carré de l'hypothénuse... etc. »

Dans le savant ouvrage de Louis Dutens (4), *Origine des découvertes attribuées aux modernes*, on pourra se convaincre encore que la

(1) Aristote, *De Cœlo*, lib. II. Ch. XIII et XIV.
(2) Aristarque, *Traité de la grandeur et de l'éloignement du Soleil*, Trad. Fortia d'Urbain, 1823.
(3) Guérin, *Astronomie indienne*, Paris, 1847.
(4) Louis Dutens, Paris, 1802.

poudre à canon, la force de la vapeur, la chambre noire, le verre flexible et beaucoup d'autres découvertes récentes étaient connus dans l'antiquité.

Les sciences transcendantes alors n'étaient pas, il est vrai, divulguées au peuple. On n'initiait aux *Grands Mystères* que certains individus appartenant aux hautes classes sociales. « *Divines et humaines* », ces sciences devaient rester cachées au vulgaire trop ignorant et trop peu intelligent, d'ailleurs, pour comprendre les lois de la physique, de la chimie, de la médecine, de la mécanique, de l'astronomie, et les enseignements de la psychologie, de la métaphysique, de la cosmogonie, etc. Les princes, les magistrats, les prêtres, les philosophes et les poètes étaient les seuls pouvant recevoir la grande Initiation, après le serment solennel de ne pas révéler ses secrets.

Pour l'École positiviste, la possibilité de transformer un corps simple en un autre corps simple n'est encore qu'un rêve des adeptes du *Grand-Œuvre*, malgré les promesses très précises de la synthèse chimique. A l'Académie des sciences, on croit toujours à l'autonomie des soixante-dix ou onze corps simples classiques. Elle ne veut pas, en effet, admettre l'unité de la matière, se présentant à nos sens sous des modalités différentes, mais n'étant, en réalité, que des condensations diverses du fluide universel avec un système vibratoire donné en activité, — théorie platonicienne reprise maintenant par quelques chimistes, au nombre desquels il faut placer un membre de l'Institut, professeur au Collège de France...

Parmi ses précurseurs, admettant la matière *une*, et la force physique *une*, il faudrait citer une nombreuse pléiade d'hommes de génie : Rhazès, Averoës, Albert-le-Grand, Arnaud de Villeneuve, Raymond Lulle, Nicolas Flamel, Paracelse, Spinosa, Leibnitz... et beaucoup d'autres considérés par nos pontifes officiels comme de simples alchimistes.

L'astrologie était aussi une science occulte, anathématisée par quelques papes et certains monarques, protégée par d'autres. On admet bien, il est vrai, que les influences astrales sur le retour des saisons, les courants atmosphériques, les marées, les tempêtes, les éclipses, les sécheresses, les inondations — influences découvertes par les astrologues, peuvent être acceptées par la météorologie. Cependant, Cardan, Ticho-Brahé, Képler, Morin de Villefranche ne furent-ils pas, en même temps que des astrologues et d'illustres mathématiciens, des disciples de l'*astrologie judiciaire*, qui apprenait à prédire l'avenir ?... Je veux bien admettre que le *thème de la nativité* de chaque homme n'est pas une vérité absolue, je n'affirme pas qu'il y ait un rapport de cause à effet entre la grande épidémie de peste bubonique du quatorzième siècle, coïncidant avec la conjonction de trois planètes, —

rapport qui fut cependant considéré alors comme une vérité, par l'Université de Paris. Mais si l'astrologie naturelle a été reconnue exacte par la science moderne, qui pourrait affirmer que l'autre partie de la doctrine chaldéenne ne se vérifiera pas un jour? (1)

Qui donc, en effet, aurait osé affirmer, il y a seulement cinquante ans, que des hommes éminents, des professeurs de la Faculté de Paris et des grandes Universités européennes, membres des Instituts et des Académies : Crookes, Babinet, Ch. Richet, Lombroso, Carl du Prel, Zœllner, etc., étudieraient la psychologie expérimentale avec des médiums, et reconnaîtraient que la Force psychique est une vérité

(1) M. Paul Flambart, ancien élève de l'Ecole Polytechnique, dans le livre qu'il a publié, il y a quelques mois : INFLUENCE ASTRALE, *Essai d'astrologie expérimentale*, croit que l'époque n'est plus aux négations systématiques de l'astrologie judiciaire ; il a cherché la part de vérité tangible qu'il pouvait y avoir dans une science défendue par les génies les plus complets des temps anciens. Il indique la vraie pratique à suivre pour vérifier des principes qui ne sont pas illusoires, comme on s'est plu à le dire, en ayant recours à certains points d'appui expérimentaux. Il considère l'influence astrale comme absolument conforme à la théorie dynamique des vibrations, qui est toute la physique contemporaine. Les astres nous envoient des rayons lumineux et par conséquent un ensemble plus ou moins compliqué de vibrations qui doivent nous influencer dans une certaine mesure. « A la Nativité, le magnétisme astral ambiant, caractérisé par la position des astres, sert en quelque sorte, dit-il, de tonique au magnétisme humain. D'après ces données, on voit les horizons devant lesquels on ne saurait se dérober sans taxer de folie ou de mauvaise foi les savants et les philosophes de tous les temps et de tous les pays, qui ont approfondi la science astrale dont le discrédit n'a été dû qu'aux charlatans et aux négateurs. »

démontrée, ayant ses lois et ses principes?

Ce que les sectaires du positivisme comprennent encore sous la dénomination de *Sciences occultes*, la magie, la nécromancie, la kabbale appartiennent en partie aux sciences psychiques, sous des noms différents. Elles sont devenues le magnétisme, le spiritisme, l'animisme, le fakirisme et ne sont que de nouveaux chapitres ajoutés, par les éclaireurs de la science, à l'hypnotisme des neuro-pathologistes des hôpitaux.

Je veux bien admettre qu'on voit figurer, sous le nom de magie, bien des choses disparates, plus ou moins entachées d'erreur : les philtres, les talismans, les conjurations, les sortilèges, les maléfices, les envoûtements, les enchantements, les ensorcellements par des gestes et des paroles mystérieuses, les effets surnaturels par l'intervention des esprits, les illusions des sens, les paralysies des facultés naturelles, les divinations, les apparitions, les transformations, les guérisons subites des maladies, etc. Le vrai et le faux sont là pêle-mêle, mais il est aussi quelques-uns de ces prodiges qui n'ont plus rien de surnaturel.

Les expériences récentes faites sur la suggestion verbale et la suggestion mentale à distance, la puissance de la volonté sur certains sujets, les phénomènes de lucidité, de percussion, de lévitation, de mouvements de corps pesants par contact et sans contact, l'altération du poids des corps, ceux plus extraordinaires encore d'écriture directe, d'apports, de matérialisation et de dématérialisation, démontrant tous qu'ils sont gouvernés par une Intelligence, sont maintenant des faits évidents appartenant à la biologie positive, puisqu'ils sont perçus par nos sens et produits par l'expérimentation. La mauvaise foi la plus insigne ne peut plus les nier aujourd'hui :

LE SURNATUREL EST DEVENU PHÉNOMÈNE NATUREL.

Dr DUPOUY.

SCIENCES OCCULTES

ET

PHYSIOLOGIE PSYCHIQUE

I

Historique.

On fait avec raison commencer l'histoire des Sciences occultes aux temps les plus anciens, avec les brahmes, avec Zoroastre, l'auteur du Zend-Avesta, et ses disciples, les Mages, c'est-à-dire les savants, avec les Chaldéens, célèbres par leurs connaissances astronomiques, auxquelles ils initièrent les Egyptiens.

Les Sciences occultes comprenaient l'astrologie, la magie, la nécromancie, le somnambulisme provoqué, la kabbale et beaucoup d'autres choses appartenant à la Doctrine sacrée qui ne nous sont pas parvenues, malgré les quelques fragments qui nous restent des *livres hermétiques.*

Pendant toute l'antiquité, il y eut donc des initiés, des savants, des thaumaturges, qui, par des procédés mystérieux, accomplissaient des prodiges. Citons, parmi eux, Plotin, Porphyre, Jamblique, Simon de Samarie, Apollonios de Tyane. — Damis, l'historien et le disciple de celui-ci, nous en a laissé la biographie : Apollonios avait séjourné longtemps dans l'Inde, et tous ses élèves ont attesté les faits merveilleux qu'il produisait, la guérison des maladies incurables et tant d'autres miracles qui frappèrent ses contemporains.

Porphyre a publié les cinquante-quatre traités de son maître Plotin, l'illustre néo-platonicien, — traités dans lesquels on retrouve certains faits de la psychologie expérimentale, et une philosophie mystique, qui s'appuie sur l'extase, la contemplation et le magnétisme. Il a eu l'intuition du corps psychique; on ne peut en douter en lisant ces lignes :

« *L'âme n'est jamais complètement nue de tout corps; un autre corps plus ou moins pur lui est toujours uni, adapté à sa disposition actuelle.* »

Les doctrines des Mages chaldéens furent importées, en même temps qu'en Grèce, chez les premières peuplades de la Gaule. Et c'est ainsi que les Druides furent, comme les Mages, astrologues, physiciens, médecins, prêtres et législateurs.

Telle est, en résumé, l'histoire ancienne de ces sciences, dont nous ne possédons malheureusement que quelques données.

Mais si, à l'instigation des moines, l'empereur

Théodose n'avait pas fait brûler la bibliothèque d'Alexandrie, les pratiques des Arts occultes de l'Inde auraient pu nous être transmises. Et combien précieux auraient été ces documents!....

Les successeurs des savants de l'antiquité au moyen âge furent l'enchanteur Merlin, Albert-le-Grand, Roger Bacon, Pic de la Mirandole, Raymond Lulle, Cornélius Agrippa, Alexandre de Tralles... Tous, physiciens et métaphysiciens, ont affirmé l'action à distance de l'homme et l'extériorisation de sa force.

Au seizième siècle, Paracelse enseigne que le cerveau humain attire le fluide universel. Il émet, le premier, l'idée de l'action thérapeutique des métaux, de la polarité du corps humain, et reconnaît la possibilité de l'extériorisation des facultés intellectuelles sur les êtres animés.

A la même époque, vient Roger Bacon, surnommé le *Docteur admirable*, lettré, philosophe, mathématicien, physicien. Il fit en physique des travaux sur l'optique qui le firent considérer comme le précurseur de Galilée et de Newton. Mais ses expériences publiques de chimie le firent passer pour un partisan de la Magie. Il pensait qu'il était possible de faire, dans un laboratoire, pour les métaux, ce qui se fait dans les mines, sous l'influence de la chaleur, et qu'on devait imiter la nature. C'est dans ce sens qu'il adressa au pape Clément son travail sur le Grand-Œuvre. « La science expérimentale, disait-il, ne reçoit pas la vérité des mains des sciences supérieures; c'est elle qui est la maîtresse, et les autres sciences sont ses servantes. »

L'ordre de Saint-François auquel il appartenait le condamna à la prison perpétuelle : c'était fatal.

Après eux, nous voyons Van Helmont, médecin et chimiste, croyant fermement à la puissance de la volonté sur les malades ; puis Robert Fludd, encore un médecin, considérant l'homme comme un véritable aimant, ayant ses pôles, se chargeant de fluide émané des astres, théorie reprise et développée en 1679, par G. Maxwell, médecin anglais (*de medecina magnetica*). Parmi les aphorismes formulés dans les conclusions de Maxwell, nous relevons les suivants (1) :

L'âme n'est pas seulement dans son propre corps, mais elle est aussi en dehors du corps et n'est pas circonscrite par le corps organique.

L'âme opère en dehors de ce qu'on appelle son propre corps.

De tout corps s'échappent des rayons corporels dans lesquels l'âme opère par sa présence et auxquels elle donne l'énergie et la puissance d'agir. Ces rayons ne sont pas seulement spéciaux aux corps mais encore aux diverses parties du corps.

Comme on le voit, G. Maxwell est un disciple convaincu de la théorie fluidique et de l'extériorisation, par conséquent; car il admet le principe d'un corps fluidique intermédiaire entre l'âme et le corps.

Près d'un siècle plus tard, en 1766, Mesmer

(1) Traduction de Rochas. (*Les Frontières de la Science.*)

soutenait à Vienne sa thèse doctorale, dans laquelle il reprenait la théorie de Maxwell, admettant l'existence du *fluide universel*, pénétrant tous les corps, s'emmagasinant dans le système nerveux, et devenant par son défaut la cause des maladies. De là, sa doctrine du magnétisme animal, connue bien avant lui, mais qu'il contribua à vulgariser, par la puissance de sa volonté.

Le fluide universel, l'éther des physiciens modernes, était déjà plus qu'une hypothèse pour les anciens philosophes. Ils le considéraient comme l'élément primordial de toute la nature, élément subtil, pénétrant tous les corps et la raison d'être de tous les phénomènes.

Ceux-ci avaient été attribués, vers le douzième siècle, lorsque l'aimant artificiel fut découvert, à la *force magnétique*, du mot *magnesia*, ville de la Macédoine où les Grecs avaient trouvé l'aimant naturel. Mais le magnétisme animal déjà connu de Plotin ne devait faire son apparition dans les Sciences occultes qu'au seizième siècle, avec Agrippa, Paracelse, Robert Fludd, et au dix-septième avec Maxwell.

Dans sa proposition sur l'influence mutuelle entre les Corps célestes, la Terre et les Corps animés, au moyen du fluide universel, Mesmer ne fit, d'ailleurs, qu'une vaine tentative d'application de l'attraction universelle à la théorie du magnétisme animal.

Parmi les adeptes de Mesmer, il faut citer le général d'artillerie de Puységur, Deleuze et Tardy de Montravel, à la fin du dix-huitième siècle.

Puységur considère l'électricité comme une

forme allotropique ou isomérique du fluide universel, celui-ci se transformant en magnétisme animal dans notre organisme où il peut se localiser jusqu'à saturation. L'homme ne serait donc ainsi qu'une machine électrique animale, continuellement en mouvement.

Comme application thérapeutique de ses recherches, il a cru reconnaître l'action favorable du somnambulisme, comme moyen curatif des maladies, à l'aide de la suggestion, verbale ou mentale.

Deleuze, aide-naturaliste au Muséum, fut surtout un thérapeute magnétiseur, comme Puységur, attribuant à la volonté un rôle considérable, renforcé d'ailleurs par certains procédés provoquant l'état de somnambulisme et d'extase.

Au point de vue théorique, Deleuze fut, comme Maxwell, Mesmer et Puységur, un partisan du fluidisme magnétique. Il affirme, en effet, que la plupart des somnambules voient un fluide lumineux et brillant environner leur magnétiseur, les mains principalement, en ajoutant que l'homme peut à volonté accumuler ce fluide, le diriger et en imprégner diverses substances. Plusieurs disent même le voir encore quelques instants après avoir été réveillés.

Tardy de Montravel déclare que la volonté est une force physique, lui accordant un rôle prépondérant dans la production des phénomènes. Les expériences sur certains sujets le conduisirent à admettre le corps psychique, sous le nom de sixième sens, non complètement immatériel, sorte d'âme matérielle douée d'instinct, formant la liaison avec l'âme immatérielle et le corps essentiellement matériel pourvu de ses cinq organes des sens, comme les animaux. Lui aussi a mentionné la réalité des effluves lumineux du corps humain.

A l'exemple de Puységur et de Montravel, le baron du Potet a publié certains travaux tendant aussi à démontrer la puissance de la volonté et l'action à distance de la force vitale.

Un autre élève de Puységur, Lafontaine, ne voyait dans le fluide vital qu'une modification du fluide universel par la double action de son passage dans l'organisme et de son contact avec l'âme.

A la même époque, c'est-à-dire dans la première partie du dix-neuvième siècle, les Sciences occultes eurent encore à enregistrer les travaux d'observateurs remarquables.

Notons d'abord le docteur Bertrand, ancien élève de l'École polytechnique, qui crut reconnaître quatre modalités du somnambulisme : essentiel, symptomatique, artificiel, extatique.

Puis, le général Noizet, l'auteur d'un mémoire intéressant sur les facultés intellectuelles à l'état de veille, à l'état de somnambulisme spontané et magnétique, et dans le sommeil.

Avec eux, nous devons encore inscrire quelques noms illustres : Laplace, Georget, Arago et Rostan (1).

Laplace, le célèbre mathématicien, le grand physicien que ses travaux appelèrent à l'Institut

(1) Rostan, le savant professeur de clinique médicale, admettait, lui aussi, le fluide universel, la lucidité somnambulique et l'action curative du magnétisme.

et à l'Académie française, fut aussi un adepte du magnétisme animal ; et pour ceux qui niaient son action, il écrivit ces lignes :

« Nous sommes si éloignés de connaître tous les agents de la nature et leurs divers modes d'action, qu'il serait peu philosophique de nier l'existence de phénomènes, uniquement parce qu'ils seraient inexplicables dans l'état actuel de nos connaissances. »

LAPLACE
(Théorie du calcul des probabilités.)

Aux mêmes pontifes de la science officielle, Arago donna une leçon de modestie dans les termes suivants :

« Le somnambulisme ne doit pas être rejeté *à priori*, surtout par ceux qui se sont tenus au courant des derniers progrès de la science (1). »

ARAGO.

Pour clore cette période du magnétisme animal, nous reproduirons les conclusions du rapport présenté en 1832 à l'Académie par la Commission prise dans son sein, conclusions, d'ailleurs, qui ne furent pas admises, en raison des perturbations qu'elles devaient apporter fatalement dans la physiologie classique :

« La Commission communique des faits assez

(1) C'est Arago qui présenta à l'Académie des Sciences Henriette C... Cette jeune fille faisait tomber à son approche tous les objets qu'elle rencontrait. Et ce désagréable privilège ne cessa qu'en adaptant à la base de ses vêtements un fil métallique plongeant dans une solution saline.

importants, dans son rapport, pour qu'elle pense que l'Académie devrait encourager les recherches sur le magnétisme, comme une branche très curieuse de psychologie et d'histoire naturelle.

» Nous ne réclamons donc pas près de vous une croyance aveugle à tout ce que nous avons rapporté : nous comprenons qu'une grande partie de ces faits sont si extraordinaires que vous ne pouvez nous l'accorder. Peut-être, nous-mêmes, oserions-nous vous refuser la nôtre, si, changeant de rôle, vous veniez les annoncer à cette tribune, à nous qui, comme vous aujourd'hui, n'aurions rien vu, rien observé, rien étudié, rien suivi.

» Nous étions animés, dans nos observations, par l'amour de la science, et par le besoin de justifier les espérances que l'Académie avait conçues de notre zèle et de notre dévouement. »

Signé : Bourdais de Lamothe, Guéneau de Mussy, Fouquier, Guersant, Husson, Itard, Leroux, Marc, Thillaye, membres de l'Académie de Médecine.

Sous le nom d'hypnotisme, apparaît la troisième phase des Sciences occultes, avec Reichenbach, Braid, Azam, Durand de Gros, Liebault, Mesnet, Charcot, Richer, Ladame, Chambard, Dumontpallier, Bérillon, Pitres, Binet et Féré, Babinski, Grasset, Brown-Sequard, Kumpf, Preyer, Carpenter, Tamburini, Seppilli, Heidenhain, etc.

Pour l'Ecole de la Salpêtrière, les états hypnotiques, somnambulisme, léthargie et catalepsie, ne sont ni des phénomènes psychiques — le corps psychique et l'âme n'étant pas admis par elle — ni des phénomènes physiologiques. Ils ne seraient donc que des états pathologiques dépendant de cette névrose protéiforme appelée hystérie.

L'Ecole de Nancy voit uniquement dans ces phénomènes la puissance de la suggestion, c'est-à-dire l'extériorisation de la volonté de l'opérateur sur les sujets en expérience, ou l'auto-suggestion de ceux-ci. Cette Ecole ne tient pas compte, par conséquent, de la disparition de la phase de suggestibilité dans le deuxième degré de l'hypnose ni des phénomènes odiques de Reichenbach et de ses élèves.

Les procédés des deux Ecoles pour obtenir ces divers états de l'hypnose sont différents, mais ils ont tous le même but : déplacer l'adhérence de la force psychique et des organes du système nerveux toujours très faibles chez les sujets et les médiums, et produire par la suggestion, c'est-à-dire par la volonté, les phénomènes se rattachant au sommeil provoqué.

Cette force psychique extériorisée ne restera pas à l'état latent ; elle se transformera, comme nous le verrons, en produisant des phénomènes divers, inexplicables pour les physiologistes non initiés à la science psychique.

La quatrième phase des Sciences occultes est représentée par les expériences de Crookes et de Richard Wallace et de leurs collègues de l'Institut royal de Londres, de Ch. Richet, Luys, Puel, de Rochas, Gibier, Baraduc, Flammarion en France, de Zœlner et Carl du Prel en Allemagne, de Lombroso et de Tamburini en Italie, d'Ochorowicz, d'Aksakof et de Iodko en Russie, de Robert Hare, Dale Owen, S. Mapes en Amérique, en ne citant que les savants les plus connus.

Ces expériences ont démontré l'erreur des théories du matérialisme doctrinal, — celui-ci acceptant la Force uniquement comme une propriété de la Matière, se refusant à reconnaître la Force vitale, le Corps psychique, si parfaitement mis en évidence par des milliers de faits authentiques.

C'est cette quatrième phase que nous allons étudier avec toute la rigueur et l'impartialité de la science.

Cette science nouvelle aura à demander :

A la physique, d'examiner, comme l'indique de Rochas, la nature de la Force psychique par les actions mutuelles qui peuvent s'exercer entre elle et les autres forces brutes de la nature, son, lumière, chaleur, électricité ;

Au spiritisme, de déterminer comment la Force psychique peut être mise en jeu par des intelligences appartenant à des entités invisibles (1).

Comme je l'ai dit dans le chapitre précédent, la science psychique fait partie désormais de la biologie positive.

N'avons-nous pas d'ailleurs entendu l'année dernière le Dr Lancereaux faire gravement à l'Académie de médecine une communication re-

(1) De Rochas. (*Les Frontières de la Science.*)

lative au cas d'une femme douée de la double vue, prédisant, en état de catalepsie, le moment précis de la fin de ses crises?

Et cette année même n'avons-nous pas assisté avec une grande satisfaction, à la création d'un *Institut psychologique*, pour l'étude des phénomènes psychiques, comptant parmi ses membres fondateurs : d'Arsonval membre de l'Institut, de l'Académie de médecine et professeur au Collège de France ; Bergson membre de l'Institut et professeur au Collège de France ; Brissaud professeur à la Faculté de médecine ; Duclaux membre de l'Institut et de l'Académie de médecine ; Marey membre de l'Institut et de l'Académie de médecine, professeur au Collège de France ; Weiss professeur agrégé à la Faculté de médecine, etc. ?

Ces grands savants officiels ont compris que la science ne devait plus être limitée au simple bagage de nos connaissances acquises. Ils pensent qu'il y a des recherches à faire aux confins de la psychologie, de la biologie et de la physique, sans autre préoccupation que de demander à l'expérience la solution de la proposition suivante :

« *Quelle est la part de réalité objective et quelle est la part d'interprétation subjective dans les faits décrits sous les noms de suggestion, de télépathie, de médiumnité, de lévitation, etc.* »

La question est donc nettement posée aujourd'hui ; et l'on peut dire, pour la première fois, que la vérité est en marche.

II

Biologie.

Considérations anatomo-physiologiques sur le système nerveux.

On a défini la BIOLOGIE la science des êtres vivants, comprenant deux grandes branches principales : L'*anatomie*, qui a pour objet l'étude des organes et des tissus de ces êtres ; la *physiologie*, qui a pour objet l'étude des fonctions de ces organes et des propriétés de ces tissus.

Le système nerveux est composé d'organes destinés à recevoir les impressions du monde extérieur.

Les impressions sont emmagasinées dans ces organes et transformées pour réagir ensuite sur le monde extérieur par l'intermédiaire de l'appareil musculaire.

Le système nerveux se compose : 1° d'une masse nerveuse, l'*encéphale*, contenue dans la boîte crânienne ; 2° d'un cordon central, *moelle épinière*, logé dans le canal vertébral ; 3° de cordons nerveux, *nerfs crâniens*, sortant du crâne, et des *nerfs spinaux ou rachidiens*, sortant entre les vertèbres ; 4° de deux cordons, en forme de chapelets, composés de ganglions, *nerf grand sympathique*, situés le long de la colonne vertébrale.

Le cerveau est composé de substance grise formée d'un nombre incommensurable de cellules nerveuses, pyramidales, arrondies et étoilées, et de substance blanche formée de fibres nerveuses reliant entre elles toutes les parties du cerveau. Le cervelet et la moelle épinière ont la même composition que le cerveau.

Les nerfs sont formés de tubes nerveux entourés d'une gaine appelée *névrilème*.

Les nerfs *crâniens* sont au nombre de douze paires. Cinq sont *moteurs*, trois sont *sensoriels*, doués d'une sensibilité spéciale, quatre sont *mixtes*.

Les nerfs *rachidiens* sont au nombre de trente et une paires, douze thoraciques, cinq lombaires, cinq sacrés et une coccygienne. Ils partent de chaque côté de la moelle épinière et vont se disperser dans les organes, en reliant entre eux leurs filets et formant des réseaux appelés plexus, desquels partent des branches terminales.

Pour se rendre compte des propriétés des éléments nerveux, on peut, avec Luys, prendre, comme point de départ, les faits suivants considérés comme démontrés par la physiologie classique, d'après les travaux de Flourens, Longet, Schiff, etc.

1° Les cellules nerveuses de la substance grise de l'encéphale et de la moelle sont des foyers d'innervation. Elles constituent les parties fonctionnantes des centres nerveux.

Les cellules de petites dimensions occupent les régions superficielles, celles de grandes dimensions les zones profondes. Ces différentes stratifications des cellules nerveuses de l'écorce cérébrale indiquent que celle-ci est un appareil sensitivo-moteur.

Les différentes fonctions de motricité volontaire et de sensibilité consciente, de même que les manifestations intellectuelles sont sous la dépendance de ces cellules réunies en agglomérations et en foyers particuliers, devenant ainsi des *centres psycho-moteurs*, et des *centres psycho-sensoriels*.

Parmi les premiers, on distingue : 1° ceux de la mémoire et du langage, de la mémoire auditive des mots, de la mémoire visuelle des mots, de la mémoire des mouvements de l'écriture ; 2° ceux des mouvements de la face et des membres.

Parmi les seconds : le centre visuel, le centre auditif, le centre olfactif et gustatif et les centres du toucher.

2° La moelle épinière a une grande analogie avec la substance cérébrale. La substance grise de la moelle est un plexus de cellules sensitivo-motrices. Et, de même que pour l'encéphale, le substratum organique qui est en rapport avec les phénomènes de sensibilité est constitué par des cellules de petites dimensions, alors que le substratum organique qui est le point de départ des actions motrices est constitué par des éléments histologiques de grandes dimensions.

3° La substance blanche de l'encéphale et de la moelle, composée de fibres, est destinée à servir de communication entre les cellules.

4° Les nerfs, — dont la substance diffère de celle des centres nerveux aussi bien à leur origine réelle qu'à la périphérie, — qu'ils viennent de l'encéphale ou de la moelle, ne sont que les fils conducteurs de la Force vitale, chargés de porter la vie et le mouvement à toutes les parties du corps, et à mettre les centres nerveux en rapport avec le monde extérieur. Les ramifications des nerfs sont tellement nombreuses que si, par hypothèse, on pouvait arriver à dissoudre toutes les parties de l'organisme, en exceptant celles qui constituent l'appareil nerveux, on aurait encore une représentation du corps humain.

L'appareil nerveux représente donc, réduit à sa plus simple expression, une cellule nerveuse, élément d'élaboration dynamique, en communication permanente, par une fibre conductrice, avec tous les points de l'organisme et le monde extérieur.

5° Cette cellule, prise dans les stratifications condensées de la surface corticale du cerveau, est considérée non seulement comme un centre psycho-moteur, mais encore dans les régions superficielles comme le *sensorium commune*, le réservoir commun des sensations, et dans les régions profondes comme le foyer d'émission des incitations psychomotrices.

6° De même, dans la moelle, les cellules des cornes postérieures ne sont que le réservoir commun des incitations sensitives réflexes, le *sensorium commune* des impressions inconscientes.

En résumé, la physiologie considère le cerveau comme un appareil sensitivo-moteur, l'organe de la volonté et de l'intelligence, le siège de la perception des diverses sensations qu'il reçoit par les nerfs et la moelle épinière, et qu'il peut emmagasiner dans ses cellules pour constituer la mémoire.

Le grand sympathique ne répond qu'à l'innervation des organes de la vie organique ; il apporte la vie aux appareils physiologiques, ceux de la digestion, de la respiration, de la circulation, des sécrétions, etc.

Les nerfs ne sont, comme nous l'avons déjà dit, que des organes de transmission de la sensation et du mouvement.

Quant à la moelle, elle est chargée d'apporter aux nerfs rachidiens les incitations qui lui viennent de l'encéphale, et de conduire à cet organe les impressions sensitives. Mais elle est également considérée comme un centre nerveux pouvant, par les cellules de sa substance grise, transformer d'*une manière indépendante* la sensibilité en mouvement. Cette transformation porte le nom d'*acte réflexe.*

Les mouvements du cœur, les mouvements respiratoires, sont des actes réflexes de la région bulbaire de la moelle. La locomotion est considérée comme appartenant à l'action réflexe, dans laquelle le cerveau, c'est-à-dire la volonté et l'intelligence, n'interviennent que pour régulariser les mouvements.

Les sécrétions des organes sont aussi des actes réflexes. En d'autres termes, il faudrait admettre qu'une impression quelconque est transmise par un nerf centripète à un centre nerveux, soit l'encéphale, soit la moelle, soit même un ganglion du grand sympathique et que cette impression est transformée en un mouvement involontaire, automatique, par un nerf moteur.

Les expériences sur les actes réflexes ne peuvent pas se discuter ; il faut admettre les *lois réflexes* de Pflüger ; mais il faut les interpréter autrement que par la fonction de certains éléments anatomiques, de cellules étoilées ou pyramidales. Celles-ci n'agissent que par la Force vitale qui s'accumule en elles. Et c'est par celle-ci qu'elles répondent par des mouvements à des phénomènes de sensibilité sans conscience, c'est-à-dire dans lesquels l'impression et la transmission peuvent se produire sans qu'il y ait *perception consciente* de l'esprit. Or, étant donné que l'esprit perçoit *inconsciemment* des faits d'ordre intellectuel, il est logique d'admettre qu'il ne peut pas avoir conscience des phénomènes incessants de la vie organique.

III

Force vitale. — Corps psychique.

Les phénomènes qui résultent des fonctions des organes et des propriétés des tissus ont été longtemps regardés comme les phénomènes les plus impénétrables, et l'on avait été conduit à admettre que les manifestations vitales s'accomplissent en dehors des lois physico-chimiques, qu'elles sont régies par des causes impossibles à saisir et à localiser (*principe vital*, *âme physiologique* ou *archée*), causes qui auraient une existence immatérielle, indépendante du substratum organique qu'elles régissent (1).

Néanmoins, Mathias Duval, comme Bichat, Magendie et Claude Bernard, n'a pu voir dans les actes vitaux que des actes physico-chimiques, parce que ceux-ci ne connaissaient pas la décou-

(1) Mathias Duval. (*Cours de physiologie.*)

verte récente de l'éther. La chimie nouvelle ne croit plus, en effet, aux corps simples classiques. Il n'y a plus, pour elle, qu'un seul corps, dont l'équivalent serait 0,5 duquel procèdent tous les autres, qui ne seraient que ses multiples mathématiques. Mais ce corps unique est considéré aujourd'hui par la physique transcendante comme une des premières condensations de l'éther, c'est-à-dire comme la matière à l'état atomique.

Toutes les productions de la nature se font donc par le groupement des atomes pour en faire des molécules, celles-ci à leur tour, par leurs combinaisons variées, affectant toutes les modalités de la matière.

L'éther peut être considéré comme la matière cosmique primitive, génératrice des mondes et des êtres. C'est dans l'éther que prennent naissance toutes les forces nécessaires aux métamorphoses de la matière. De ces forces dérivent les lois qui régissent l'univers. L'attraction, l'affinité, la cohésion, l'électricité, le magnétisme... ne sont que des formes variées de l'énergie éthérée, — force unique inhérente à une matière unique, l'une et l'autre indestructibles.

Cette loi de la conservation de la matière et la loi de la conservation de l'énergie ont eu pour conséquence la théorie de l'équivalent mécanique de la chaleur, avec ses équations rigoureusement mathématiques de mouvement, de lumière, d'électricité. Et la physiologie pourra prochainement vérifier par elles les phénomènes de la Force vitale.

Acceptant la définition des physiciens vitalistes, nous dirons donc que l'éther est un fluide, c'est-à-dire un état impondérable de la matière caractérisée par un mouvement moléculaire très rapide.

Or, nous savons que les gaz ont également un mouvement vibratoire moléculaire très rapide et en rapport direct avec la petitesse de leurs densités. Si ce mouvement vibratoire augmente jusqu'à ce que la Force centrifuge développée = l'action de la gravitation pour une molécule, celle-ci verra son poids devenir = O. Donc, l'ensemble des molécules, c'est-à-dire le corps, passera à l'état impondérable (1).

En admettant l'unité de la matière, en raison des recherches spectrales de Lockyer, des phénomènes de l'isomérie, de la reconnaissance des familles chimiques par nos écoles, il est incontestable que, entre l'état gazeux et l'état primitif de la matière, il existe un grand nombre de forces caractérisées par des mouvements atomiques différents, dépendant des variations d'amplitude, des mouvements ondulatoires ou des différences du nombre de variations par seconde.

L'éther n'est donc pa[illegible] une conception théorique. Ce fluide, d'ai[illegible]leurs, vient d'être isolé par M. F. Richnowski, ingénieur électricien à Lemberg.

L'appareil dont se sert le savant physicien pour ses expériences se compose d'une dynamo à tension constante très énergique.

(1) Communication de M. W. Crookes à l'Académie des Sciences sur l'état radiant de la matière.

Pendant qu'on tourne la manivelle, le fluide s'écoule librement au moyen d'un épais tube en caoutchouc donnant issue au dehors par une ouverture grosse comme une tête d'épingle.

Le fluide sortant par cette ouverture forme un faisceau visible dans l'obscurité sous l'aspect d'un cône lumineux violet, et l'on peut aisément diriger ce fluide sur les objets qu'on veut influencer. Sa puissance est extraordinaire. En approchant de lui un tube de Geissler, celui-ci s'illumine aussitôt d'une lumière verdâtre pâle et comme lunaire, au moyen de laquelle on peut obtenir dans l'obscurité des photographies à contours très nets visibles des deux côtés de la plaque ; cette influence se fait sentir dans une sphère circonscrite de plusieurs décimètres de rayon autour du point d'émission du fluide ; au delà plus rien. En approchant une lampe ordinaire à incandescence, on voit le fluide lumineux pénétrer dans la boule de verre, puis s'y condenser en petits nuages lumineux comme phosphorescents. La boule reste lumineuse et le fil de charbon incandescent pendant quelques secondes après la suspension de l'arrivée du fluide ; la main placée sur la boule détermine le dégagement d'étincelles électriques et l'extinction immédiate. Lorsqu'on approche de la lumière la boule chargée, on constate que le fil de charbon est attaché au verre, comme l'aimant au fer. Après la décharge, le fil revient à sa position primitive. Donc la charge communique au verre, qui est un non conducteur de l'électricité, la propriété d'attirer des bâtonnets de charbon.

Le fluide fait tourner rapidement de gauche à droite, un petit ballon sphérique de verre, vide d'air, et fixé sur une tige métallique. Lorsqu'on suspend au-dessus de ce ballon un anneau ou une autre petite boule, cet objet se met à tourner autour du ballon dans le sens rétrograde, de droite à gauche, en décrivant une orbite elliptique...

Par cette expérience, M. Richnowski croit pouvoir expliquer les mouvements de la terre et des planètes, son fluide étant, pense-t-il, identique au *fluide universel*.

Ce fluide exerce sur les substances organiques une action organisatrice et plastique extraordinaire. M. Richnowski possède des photographies du faisceau lumineux ainsi que des substances organiques exposées au fluide.

Ce même fluide active d'ailleurs la végétation et permet d'exécuter la fameuse expérience des fakirs ; mais on peut aussi tuer les organismes dans certaines conditions, en modifiant le mode d'action du fluide ; il en est ainsi notamment des bactéries, propriété peut-être utilisable en médecine. Ce fluide fait cicatriser les plaies rapidement; comme les rayons X, il fait renaître une souris noyée.

Donc, d'après M. Richnowski, ce fluide est la source de la vie dans l'Univers et la cause des mouvements planétaires et sidéraux. Il est, en quelque sorte, le sang de l'Univers, la cause de la lumière, de la chaleur, du mouvement. Lorsque ce fluide arrive du Soleil sur la Terre, il est en partie absorbé par elle et transformé en énergie cinématique et calorifique ; une autre partie, réfléchie par la Terre et les autres objets, se transforme en lumière. Dans certaines conditions, le fluide se transforme en électricité et réciproquement.

Ces données de physique générale étaient nécessaires pour comprendre comment une autre modification du fluide universel, plus ou moins condensé, appelé en physiologie *l'influx nerveux*, préside aux actes physico-chimiques de l'organisme, c'est-à-dire aux actes vitaux, n'étant, d'ailleurs, en réalité que la Force vitale des êtres vivants, l'âme physiologique, comme on voudra la nommer, développée par lui, mais émanant du *Corps psychique*.

Cette Force a une certaine analogie avec l'électricité, mais elle n'est pas la même. « Ainsi on a pu, dit Mathias Duval, déterminer la vitesse de propagation de l'influx nerveux ; elle est de 28 à 30 mètres par seconde, vitesse bien différente de celle du fluide électrique, et qui varie d'ailleurs avec la température du nerf. »

Fluide magnétique, fluide odique, fluide vital, il sature entièrement l'organisme des êtres vivants ; il parcourt les nerfs, conducteurs des impressions, des mouvements, des actions végétatives, éléments de relation de l'ensemble de l'organisme avec l'appareil cérébro-spinal, accumulateur de ce fluide.

En résumé, et comme nous le démontrerons expérimentalement, le Corps psychique tient le milieu entre la matière et l'âme spirituelle ; il prend son origine dans l'éther dans lequel nous sommes plongés, que nous absorbons continuellement et que nous condensons dans notre organisme, où il se transforme en Force sous l'influence de l'âme immatérielle.

Le corps humain devenant donc un véritable condensateur, les plexus devenant des batteries, les nerfs des fils conducteurs, le fluide nerveux

Fig. 1. — Magnétomètre de Fortin.

se manifeste alors par des phénomènes physiques, appréciables à nos sens, observés d'abord par Despine et Charpignon, étudiés ensuite par Reichenbach, de Rochas, Luys, Baraduc, Durville et N. Iodko : effets lumineux dans les tubes de Geissler, dans le tube et l'ampoule de

Crookes, production dans notre organisme, même sans contact, des rayons de Rœntgen, transmission des ondes sonores, dégagement d'effluves devenant visibles et pouvant être photographiés.

A l'aide du magnétomètre de Fortin, Baraduc a calculé la puissance des mouvements d'attraction et de répulsion produits par cette force qui possède encore sous sa dépendance la sensibilité et la motricité (1).

En elle est donc le principe de vie, complètement indépendant de nos éléments anatomiques, inertes par eux-mêmes, auxquels elle donne la puissance et la régularité des fonctions qu'ils sont appelés à remplir chez tous les êtres vivants.

C'est ce qu'a dit Flourens, voulant expliquer comment ces éléments anatomiques se brûlent dans l'organisme pour faire place à d'autres, — mais celui-ci conservant invariablement sa forme et ses fonctions : « La grande loi, qui établit les relations des forces avec la matière dans les corps vivants, est placée dans la permanence des forces et le changement continu de la matière. »

L'élément anatomique, qui constitue nos organes, n'est donc vivant que grâce à la Force qui l'anime pendant un temps donné et qui meurt ensuite, quand son rôle est terminé.

(1) Il ne serait pas impossible de condenser dans un accumulateur cette force déjà considérable chez un individu, capable de se transformer en une puissance extraordinaire, en l'empruntant à une collectivité. L'union ferait la force.

FORMULE BIOMÉTRIQUE. — LOIS DE BARADUC

La physiologie classique a démontré que les tissus de notre organisme sont entretenus par les fonctions de nutrition qui leur donnent les principes nécessaires à leur existence et à leur réparation. Ces principes sont des substances chimiques, solides, liquides et gazeuses : azote, carbone, hydrogène, oxygène, phosphore, fer, manganèse, etc.

La physiologie psychique peut démontrer à son tour que notre Corps psychique et la Force vitale qui en émane reçoivent de l'éther les courants fluidiques de la Force de vie universelle.

Comme nous l'avons déjà dit, cette Force ne s'accumule pas seulement en nous, elle s'extériorise en partie, avec toutes ses propriétés : sensibilité, motricité, volonté, etc.

Ce double mouvement d'absorption et d'extériorisation fluidique a été démontré par le Dr Baraduc, à l'aide du magnétomètre de Fortin (Fig. 1.), et formulé par les lois suivantes :

PREMIÈRE LOI : *Loi de constatation de l'action.* — Sensibilisation, impression de l'appareil par la Force vitale, qui, suivant son mode en nous, détermine l'allure extérieure de l'aiguille.

IIe LOI : *Loi des formules biométriques.* — On constate dix-sept types-formules biométriques. Les types varient dans ces dix-sept types pour chaque sujet et constituent ainsi une formule biométrique personnelle à l'état actuel de la personne en observation. Leur interprétation est capitale et comporte un chapitre entier : chiffrage et diagnostic du tempérament vital par la formule biométrique.

IIIe Loi : *Loi de transformation de formules* : 1° du fait des modes électrothérapiques (changement de la personnalité physique) ; 2° du fait du verbe, volonté exprimée et suggérée (changement de la personnalité psychique).

IVe Loi : *Etablissement de la formule de vitalité normale*, présentant des alternatives d'évolution physico-psychique et d'involution psycho-physique.

(Main droite) *attraction* = *répulsion* (main gauche).

(Main droite) *répulsion* = *attraction* (main gauche).

Magnétomètre de Fortin. — Cet instrument, qui a servi à Baraduc pour trouver ses lois, est composé essentiellement d'un fil de cocon de 0m25 environ de longueur, très fin, non tordu, fixé en haut à un plateau de verre et terminé en bas par une aiguille de fil de cuivre recuit, autour de laquelle le fil de cocon vient s'enrouler sur la partie médiane sans aucune ligature ou boucle, à cet endroit.

Le cadran, divisé en 360 degrés, surmonte

une bobine de fil fin, entourant un petit cylindre en verre. Le tout est contenu dans un grand cylindre en verre, destiné à isoler l'appareil de tout courant d'air et de chaleur.

C'est à travers ce cylindre que les phénomènes d'attraction et de répulsion ont lieu, sans qu'il y ait contact par les doigts placés à 0m05 du cylindre.

L'appareil est mis dans un coin, sur une planchette triangulaire fixée dans l'angle dièdre de deux murs épais qui ne peuvent être ébranlés par la trépidation des voitures ; l'angle dièdre est dans une obscurité relative, de telle façon que le radiomètre de Crookes ne soit pas impressionné et que la chaleur solaire n'y arrive pas directement.

L'appareil est orienté dans la ligne sud-nord, de façon à ce que cette ligne passe par le plan médian du corps de la personne observée ; ses bras sont appuyés contre le mur, ou mieux, soutenus par des accoudoirs, comme M. le professeur Richet en a fait installer dans son laboratoire. La personne présente l'extrémité digitale de la main, soit droite, soit gauche, à une des extrémités de l'aiguille, de telle façon qu'à travers la convexité du verre le plan de la main soit perpendiculaire au plan de l'extrémité de l'aiguille.

La durée de l'observation est de deux minutes ; on observe l'écart ou l'angle chiffré par le nombre de divisions, dès que l'aiguille a décrit dans le sens attractif ou répulsif tout son cours, et qu'elle s'est fixée dans un point différent de celui où on l'avait observée avant l'expérience

Quel que soit le sens du mouvement produit, l'allure de ce mouvement est différente suivant les personnes ; tantôt très lente à la fin des deux minutes, tantôt très rapide au début, ou présentant des oscillations, c'est-à-dire donnant, dans l'unité de temps, une attraction et une répulsion ; tantôt restant après l'opération plus ou moins fixée au point obtenu, ou revenant de suite au point qu'elle occupait primitivement ; l'aiguille reflète d'une façon mathématique le mouvement qui se produit en nous, comme allure comme chiffrage, et donne une formule biométrique bien particulière à chaque individu.

Il faut avoir soin de prendre la formule en dehors de tout travail digestif, au moment de calme physique et moral où la personne est le plus elle-même. Le Dr Baraduc la prend d'habitude vers dix heures du matin et de deux à cinq heures du soir, et laisse de deux à cinq minutes entre chaque reprise.

« La formule biométrique, ajoute le savant physiologiste, est l'expression de l'état *vital*, de l'état d'être au moment où elle est prise. Cette formule peut être variable ou fixe, suivant le tempérament et les dispositions, mais il ne faut pas la considérer comme une formule absolument *une, invariable ;* elle peut refléter, au contraire, des états momentanés différents, très variables pour les uns, fixes pour les autres, suivant la caractéristique de chacun. »

Trois cents observations, personnelles au Dr Baraduc, vérifient ces lois biométriques. Toutes ont été prises avec le magnétomètre de

Fortin et dans des conditions similaires. Et de leur ensemble, on arrive à conclure que la Force vitale n'est ni de la chaleur, ni de la lumière, ni de l'électricité, ni de l'aimantation.

Si, en effet, l'aiguille, dans la grande généralité des cas, est attirée par la main droite, repoussée ou immobilisée par la main gauche, les expériences consécutives ont démontré qu'avec la chaleur et la lumière on ne constate jamais cette alternative d'attraction à sa droite, de répulsion à sa gauche. L'aiguille dirige son extrémité vers la flamme ou la chaleur et revient vers elle lorsque le degré d'attraction lui a fait dépasser le but.

De ses expériences, Baraduc en arrive à formuler la conclusion suivante : « On voit que le corps humain mesuré par le poids, étudié par le microscope, est double d'un corps intime *fluidique* dans son essence et dont la valeur peut être appréciée par la différence ou le rapport entre les forces pénétrant à droite du corps et s'extériorisant à gauche ; ce qui revient à dire que l'homme est complètement entouré d'une somme de *forces radiantes*, tandis qu'il renferme en lui un capital, réserve de force vitale, de nature fluidique. »

Cette Force vitale est la même que Crookes, après ses remarquables expériences, a désignée sous le nom de Force psychique, celle dont le biomètre enregistre le degré d'expansion.

Avant Baraduc, W. Crookes, le célèbre physicien, membre de l'Institut royal de Londres, avait déjà démontré en effet que la Force vitale est capable de déterminer une quantité variable de mouvement et de poids sur les corps solides, dans certaines conditions. Celles-ci dépendent de l'état nerveux des sujets en expérience chez lesquels l'extériorisation de la motricité est considérable (1).

MACHINE DE CROOKES. — C'est un appareil enregistreur permettant de constater une augmentation de poids des corps sous la seule influence de la Force vitale, c'est-à-dire sans contact effectif.

Cet appareil se compose d'une planche d'acajou reposant sur l'extrémité d'une table par un bout, et réunie par l'autre bout au crochet d'une balance à ressort.

Première expérience. — Le sujet-médium, M. Home, posait l'extrémité de ses doigts sur des objets placés au bout de la planche d'acajou reposant sur la table. Ces objets étaient des boîtes en bois ou en carton.

Dès que M. Home avait les doigts posés sur ces objets, le curseur de la balance à ressort, observé par le Dr Huggins, accusait un poids de six à neuf livres. Or, le poids normal de la planche, disposée comme elle l'était, n'était que de trois livres ; il y avait donc eu, à un moment donné, une augmentation de 300 p. 100.

Après la constatation de ce phénomène faite à plusieurs reprises par les deux savants anglais, M. Crookes fit l'expérience comparative sui-

(1) Dans ses *Recherches physiques sur le magnétisme*, publiées en 1790, dans le *Journal des Savants*, le général Sauviac avait déjà mentionné l'influence de l'homme sur l'aiguille aimantée.

vante : il monta sur la table et se tenant sur un pied, il s'appuyait de tout son poids (140 livres) sur le point de la planche où Home avait tenu ses doigts *sans pression*. Le Dr Huggins, qui observait l'index de la balance, constata que le poids entier de M. Crookes ne le faisait fléchir que d'une livre et demie ou deux livres, et encore quand M. Crookes donnait une secousse.

Cette expérience et la suivante furent faites devant une autre notabilité scientifique de l'Angleterre, M. W. Cox.

Deuxième expérience. — Les extrémités des doigts de Home, au lieu de reposer sur des corps solides placés au bout de la table, étaient plongées dans l'eau d'un vase isolé, fixé dans un autre vase plein d'eau, de manière que la pression du liquide fût sans action sur l'appareil, disposé comme dans la première expérience. En plus, un curseur muni d'une aiguille permettait d'obtenir le tracé autographique des variations de poids qui pouvaient se produire sur une plaque de verre noircie à la fumée et mue horizontalement au moyen d'un mouvement d'horlogerie.

Lorsque les doigts de Home ne touchaient pas l'appareil, la plaque de verre mise en mouvement était marquée d'une ligne horizontale; mais dès que les doigts étaient mis en contact avec l'instrument, de la manière signalée plus haut, l'index descendait jusqu'au point d'indiquer une augmentation de poids de 5.000 grains (325 gr. environ).

Les tracés obtenus avec Home et un autre sujet par cet appareil, et par un autre plus délicat mais compréhensible seulement pour les personnes habituées aux recherches graphiques à l'aide d'appareils enregistreurs, ont permis à Crookes de conclure: 1° « qu'une Force est associée à l'organisme humain » ; 2° que cette Force est « variable d'un instant à l'autre » ; 3° qu'elle est « accompagnée d'un épuisement de la Force vitale ».

Les mêmes expériences faites par Boutlerow, professeur de chimie à l'Université de Saint-Pétersbourg, avec Home, donnèrent une tension au dynamomètre de 50 livres, immédiatement après l'application des mains du médium.

D'autres expérimentateurs ont, d'ailleurs, vérifié les faits constatés par Crookes et Boutlerow. Citons particulièrement : le Dr Robert Hare, professeur de chimie à la Faculté de New-York ; M. Thury, professeur à l'Académie de Genève ; le Dr Barety. Notre distingué confrère a, de plus, observé d'autres effets de cette Force, à laquelle il donne le nom de *neurique rayonnante*, pouvant se manifester à travers diverses substances, même à travers un mur (1).

L'existence de la Force vitale peut donc être considérée comme incontestable. Mais il existe encore d'autres moyens de la déceler, et de la rendre évidente à nos sens, elle aussi bien que le Corps psychique dans lequel elle se condense.

(1) Avant la découverte des rayons X, il était démontré par la psychologie expérimentale que l'opacité des corps n'était que relative et n'existait pas pour les médiums.

IV

Extériorisation du Corps psychique.

Ayant établi que la Force vitale, élément fluidique emprunté à l'éther qui nous entoure, vient se condenser dans les cellules des centres nerveux, d'où elle se dirige, par les nerfs, à tous les atomes de notre organisme, prenant la forme de notre corps et devenant ainsi notre double physiologique, il nous reste à examiner les éléments à l'aide desquels ce fluide vital nous pénètre, entre et sort du corps humain.

Ces éléments, ce sont les terminaisons nerveuses de notre enveloppe externe et interne, c'est-à-dire de la peau et des membranes muqueuses. C'est assez dire que notre personnalité psychique n'est pas limitée à notre organisme, que le corps psychique le déborde de toutes parts, toujours en contact d'un côté avec le fluide éthéré ambiant et la Force vitale étrangère, mais s'extériorisant d'un autre côté tout en conservant ses propriétés : la sensibilité, le mouvement, l'intelligence, la volonté... (1).

Les terminaisons nerveuses sont les fibres intra-épidermiques, les corpuscules du tact et les corpuscules de Pacini.

A l'aide du microscope, on peut suivre dans l'épaisseur de l'épiderme ces terminaisons nerveuses, se faisant par de fins réseaux de cylindres-axes ramifiés entre les cellules épidermiques.

Mais entre les terminaisons intra-épidermiques, qui paraissent se faire par des extrémités libres, les nerfs et la peau présentent de véritables *organes terminaux* (Fig. 2).

« Ces organes terminaux, dit Mathias Duval, sont de petits corps ovoïdes, corpuscules tactiles, que l'on peut comparer en général à une pomme de pin ou d'une forme plus simple et moins régulière, à la base desquels on voit pénétrer un à quatre filets nerveux, qui paraissent se perdre dans la substance de ces corpuscules, après s'être enroulés en un plus ou moins grand nombre de tours à leur surface. Les recherches d'histologie ont montré que ces corpuscules sont formés de cellules empilées comme des pièces de monnaies (dites cellules de soutien) entre lesquelles sont disposés des renflements terminaux des cylindres-axes...

« On observe, en outre, dans la profondeur du

(1) Pythagore avait appelé le *char de l'âme* le corps subtil servant de lien à l'âme et au corps. Il était lumineux pour quelques-uns et pouvait étendre son action dynamique sur tous les êtres de son ambiance.

tissu connectif sous-cutané et du derme, des corpuscules plus volumineux, appendus aux tubes nerveux comme des fruits aux branches de l'arbre et visibles à l'œil nu. Ce sont les corpuscules de Pacini; ils sont entourés de plusieurs enveloppes fibreuses, et renferment une cavité allongée dans laquelle un ou plusieurs filets nerveux viennent se terminer d'une

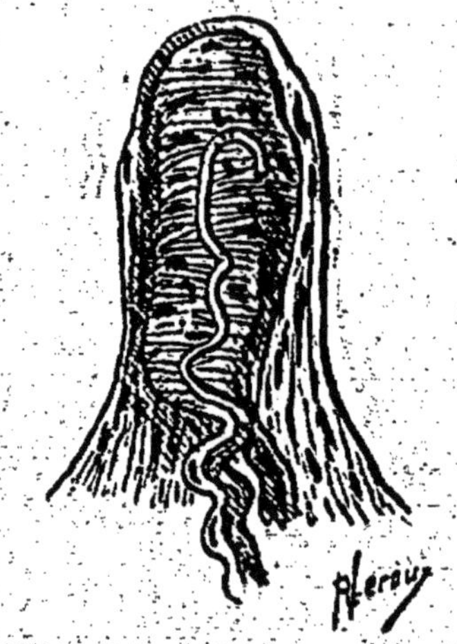

Fig. 2. — Terminaison d'un nerf.

manière encore peu connue. On les rencontre surtout à la paume de la main, sur le trajet des nerfs collatéraux des doigts... »

Ces corpuscules, de même que les terminaisons intra-épidermiques, indépendamment de leurs fonctions spéciales, peuvent être considérés, comme le démontreront les expériences de Reichenbach, de Luys, de Iodko, de Rochas, comme de multiples petits accumulateurs du fluide vital, soit pour son entrée dans l'organisme, soit pour sa sortie et son extériorisation.

Nous verrons également, par l'analyse des

phénomènes observés par ces physiologistes, que les effluves de la Force vitale, prolongements extérieurs du Corps psychique, sont appréciables par les sens du toucher et de la vue, — et certainement par les autres sens, quoique la démonstration n'en ait pas été faite d'une manière aussi précise que pour les autres.

Déjà, des sensitifs, en état de somnambulisme ou non, observés par Deleuze, et d'autres observés par Despine et Charpignon, avaient vu « un fluide lumineux et brillant envelopper ces expérimentateurs, et sortir avec plus de force de leur tête et de leurs mains. L'homme peut produire, disaient-ils, ce fluide à volonté, le diriger et en imprégner diverses substances. Plusieurs voyaient non seulement pendant qu'ils étaient en état de somnambulisme, mais après qu'on les avait réveillés...

« Le mouvement odique appelé *courant*, dit Reichenbach, part principalement du cerveau, descend le long des faisceaux nerveux et les suit jusqu'à leurs dernières ramifications. Finalement, il s'exhale dans l'air, se rend sensible par l'impression de chaud et de froid qu'il occasionne aux sensitifs, et devient visible en plein jour sous forme d'effluves, de lueurs dans l'obscurité. »

Cette impression de chaleur et de froid, sous la forme de deux courants rapides, peut être perçue par des sujets non sensitifs, soit sur la surface cutanée, soit dans les régions profondes de l'organisme. Ces courants, presque toujours accompagnés de fourmillement dans les extrémités, se développent rapidement sous l'influence des passes faites par la main d'un expérimentateur à puissance nerveuse supérieure à celle du sujet.

De Jussieu, dans son célèbre rapport à l'Académie de médecine, constatait l'existence du fluide vital s'extériorisant du corps humain. Il s'appuyait sur des faits scientifiquement vérifiés ne lui laissant aucun doute. « Ces faits, disait-il, suffiront pour faire admettre la possibilité ou l'existence d'un fluide ou agent qui se porte de l'homme sur son semblable, et exerce quelquefois sur ce dernier une action sensible. » Les faits observés par de Jussieu n'étaient que des phénomènes ordinaires de magnétisme. Depuis, la psychologie expérimentale a fait des progrès considérables.

Les effluves émis par le corps psychique ont été nettement perçus et décrits, d'abord par des sujets nerveux en état d'hypnose, ensuite par des sensitifs après un séjour plus ou moins prolongé dans l'obscurité. C'est à Reichenbach qu'on doit cette découverte, et voici en quels termes il en donne la description :

Observations de Reichenbach.

1. Conduisez un sensitif dans l'obscurité et bientôt il déclarera qu'il vous voit. Fixez son attention sur les mains; d'abord elles auront une faible ressemblance avec une fumée grise, ensuite elles ressembleront à une silhouette sur un fond faiblement éclairé, enfin les doigts paraîtront avec leur propre lumière; il verra à chaque doigt un pro-

longement luisant, qui pourra paraître aussi long que le doigt lui-même.

Lorsque le premier étonnement relatif à la faculté lumineuse de tous les hommes, restée inconnue jusqu'ici, sera passée et que vous voudrez diriger l'attention de votre sensitif sur le détail de ces lueurs, vous lui entendrez peut-être dire avec une nouvelle surprise que les couleurs dans les différentes parties du corps ne sont pas semblables; que les mains droites luisent d'un feu bleuâtre, pendant que les mains gauches apparaissent *jaune-rouge* et que par suite les premières semblent plus sombres que les secondes; que la même différence existe pour les deux pieds; que tout le côté droit de votre figure et même du corps entier est bleuâtre et plus sombre que le gauche qui est jaune-rougeâtre et paraît sensiblement plus clair que l'autre (1).

2. Un de mes sensitifs attendait dans la chambre obscure le moment où sa puissance visuelle aurait atteint son maximum. A côté de lui, séparé par une cloison en briques, se trouvait un pupitre sur lequel je m'occupais en attendant Cette personne ne fut pas peu étonnée d'apercevoir, sur le mur derrière lequel je me trouvais, ma silhouette qui se détachait brillante et qui reproduisait exactement tous mes mouvements.

Un escalier, ménagé dans un autre bâtiment, conduisait dans la chambre obscure et cela tout contre le mur qui séparait les deux corps de logis. Si pendant qu'un sujet très sensible restait dans l'obscurité, je me déplaçais sur cet escalier, il voyait mon image se mouvoir sur la face intérieure du mur. D'autres sensitifs voyaient, lorsque quelqu'un se promenait au-dessus de la chambre. Elle s'en effraya, et lorsqu'elle regarda la chose de près, on se rendit compte que l'apparition des taches coïncidait

(1) Ce phénomène fut dessiné par un des voyants de Reichenbach et publié dans les œuvres du savant chimiste autrichien.

avec le mouvement d'une personne habitant la chambre de dessous.

Nous avons dit, dans notre premier chapitre, que Deleuze avait décrit les effluves lumineux vus par les somnambules. L'existence de l'atmosphère fluidique qui entoure l'homme avait été admise également par Rostan. Dans son article *Magnétisme animal* du dictionnaire de médecine publié en 1824, le célèbre professeur de la Faculté de Paris, tout en disant qu'il ne faut pas se rendre à l'évidence avec trop de précipitation, affirmait que ces phénomènes singuliers du somnambulisme il « *les avait vus, souvent vus.* » Pour lui, les somnambules peuvent voir sans le secours des yeux, de même que les plantes dépourvues d'yeux sont sensibles à la lumière.

Dans ses expériences sur les sujets en état de somnambulisme, le docteur Charpignon a constaté qu'ils apercevaient le cylindre d'une machine électrique couvert d'une vapeur brillante, qu'ils cessaient de voir dès qu'il arrêtait l'accumulation de fluide électrique sur le conducteur. Charpignon a également constaté que les somnambules voient une bouteille de Leyde chargée pleine d'un feu brillant, qu'ils distinguent du fluide magnétique humain. En approchant la main d'une pile formée de disques de cuivre et de zinc, sans intercalation humide, ne produisant aucun effet électrique, les somnambules ressentent une forte commotion quand ils sont sous l'influence de l'hypnose ; et ils aperçoivent ces disques lumineux et brillants.

Le docteur Charpignon a encore fait l'expérience suivante : il a placé devant les somnambules des petits barreaux de fer dont un seul était aimanté, et fut reconnu par les sujets, en raison de la vapeur brillante qui s'échappait du pôle.

De même, ces somnambules reconnaissaient, sans les voir ni les toucher, des pièces d'or, d'argent, de cuivre par la vapeur lumineuse qui entourait celles-ci. L'or et l'argent étaient les métaux les plus brillants. Venaient ensuite le cuivre, le fer et le zinc.

En même temps que Charpignon, le docteur Despine remarquait que ses sujets percevaient les plus faibles actions galvaniques. Il leur faisait toucher avec un doigt de la main gauche un disque d'argent ou de cuivre, de zinc, de plomb, placé sur champ, pendant qu'avec un doigt de l'autre main ils touchaient le bord perpendiculaire à l'axe du disque, — et chaque fois ils éprouvaient une secousse, plus ou moins intense, ne dépassant pas les premières phalanges, ou intéressant tout le corps, suivant les métaux d'après un ordre de classement, l'or occupant l'extrême négatif de la chaîne, le zinc l'extrême positif, l'argent, le cuivre, le fer, le plomb comme intermédiaires !

Lorsque les disques étaient pourvus de pointes d'acier à leurs axes, la secousse devenait une véritable commotion électrique. Ces expériences devenaient plus positives encore, quand, au lieu d'être ronds, ils étaient quadrilatères, les deux angles servant d'axes.

A peu près à la même époque, Georget arriva à des conclusions qu'il formulait dans sa *Phy-*

siologie du système nerveux : « Comme il n'y a pas d'effet sans cause, dit-il, il est nécessaire d'admettre un agent de communication entre les deux parties de l'élément magnétique... Le fluide lumineux irrite bien le nerf optique; pourquoi un fluide n'affecterait-il pas aussi bien les extrémités nerveuses, et ne modifierait-il pas l'action cérébrale ? »

Observations de H. Durville.

D'après H. Durville, c'est la silhouette des personnes entourant les sensitifs qui leur apparaît d'abord sous une forme indécise, vaporeuse et blanchâtre. D'après ses sujets, les traits se dessinent ensuite dans toute leur pureté, puis le corps dans une blanche incandescence. Les mains paraissent plus longues, les dernières phalanges des doigts et surtout la racine des ongles sont plus claires, et les doigts se terminent par un prolongement brillant.

Au-dessus de la tête des mêmes personnes présentes dans la chambre obscure, un sujet voyait une sorte d'auréole brillant d'un éclat particulier. Les côtés latéraux du corps paraissaient bleus du côté droit, jaunes à gauche, ces deux couleurs semblant se confondre vers la ligne médiane.

Un peu plus tard, lorsque l'œil du voyant avait perdu l'excitation produite par la lumière, il apercevait distinctement une bande d'un bleu très vif, large de 3 à 5 centimètres, prendre naissance vers le bord supérieur du frontal, et suivre la ligne du nez sous la forme d'un filet très brillant, s'élargissant et couvrant toute la lèvre supérieure. Cette teinte bleue reparaît à la pointe du menton, suit le digastrique, la ligne des sterno-hyoïdiens, le sternum, et en s'affaissant arrive jusqu'à l'ombilic où elle disparaît.

Par derrière, une bande jaune-pâle large de 4 à 5 centimètres part de la région coccygienne, remonte la colonne vertébrale et devient de plus en plus brillante jusqu'au niveau du cervelet. Tout le long de la colonne vertébrale, au milieu de cette bande jaune se détachait une bandelette large d'un centimètre environ, d'une couleur bleuâtre...

Les bras présentent isolément le même aspect que les deux côtés du corps auxquels ils appartiennent, le droit paraît bleu avec une petite bande jaune sur toute sa longueur du côté interne, le gauche paraît jaune avec une petite bande bleue sur le côté. Chaque doigt est plus ou moins bleu du côté du petit doigt, plus ou moins jaune du côté du pouce.

Du côté droit, le bout des doigts brille d'une vive lumière indigo et de chaque extrémité sort un effluve d'un bleu-indigo très brillant, atteignant 8 à 10 centimètres de longueur. Du côté gauche le bout des doigts brille d'un beau jaune qui passe à l'orangé et parfois au rouge-clair vers la racine de l'ongle, et de chaque extrémité jaillit un effluve jaune-orangé de la même longueur que du côté droit. La face palmaire de la main droite brille d'un bleu-indigo très brillant; la face dorsale est jaune-clair. La face palmaire de la gauche brille d'un superbe jaune-orangé; la face dorsale est bleu-clair.

Les jambes et les pieds présentent à la vue les mêmes particularités que les bras et les mains du même côté.

L'œil droit lance continuellement un faisceau de rayons bleu-indigo, dans lequel on remarque quelques rayons violets; le gauche, un faisceau de rayons jaune-orangé parmi lesquels quelques rayons rouges. Ces faisceaux atteignent souvent une longueur de deux mètres.

De l'oreille droite jaillissent des houppes de lumière bleue, de lumière jaune de la gauche. De même des narines.

L'haleine sort de la bouche sous forme de houppes d'un gris-bleuâtre.

Quand une personne frappe dans ses mains, il jaillit

instantanément une lumière verte qui se projette d'autant plus loin qu'on a frappé plus fort.

La lumière de l'homme n'est pas identique à celle de la femme. A droite, l'homme brille d'un bleu-indigo plus vif, plus intense que celui de la femme. A gauche, la lumière de celle-ci est d'un jaune-orangé plus vif que celui de l'homme.

Quand les expériences, ajoute Durville, sont souvent répétées, la vue du sujet atteint un degré de perfection dont on peut difficilement se faire une idée. Le corps humain devient entièrement lumineux et d'une transparence particulièrement remarquable. A travers les vêtements; on distingue tous les organes. Le sang apparaît avec la couleur qui lui est propre, mais son mouvement produit une lumière d'un bleu très clair qui illumine tous les vaisseaux de la circulation et les nerfs sont particulièrement brillants...

Chez certains sujets l'acuité de la vue peut atteindre un tel degré de perfectionnement que l'imagination reste confondue. Ils voient le corps humain à distance et à travers les corps opaques.

Observations de N. Iodko.

Le docteur N. Iodko, membre de l'Institut de médecine expérimentale de Saint-Pétersbourg, a obtenu la photographie des effluves dans une obscurité relative et sans objectif, à l'aide de son procédé électrographique, Il possède aujourd'hui plus de 1.500 clichés montrant ces radiations lumineuses.

Au mois d'avril 1896, notre savant confrère a fait à Paris, à la *Société d'études psychiques*, une très intéressante conférence sur l'extériorisation de la Force vitale et les effluves qui se dégagent du corps humain.

Voici tel que je l'ai publié, dans le numéro du 15 mai 1895 du *Moniteur de l'Hygiène pu-*

Fig. 3. — Radiations d'une jeune fille très anémique.

blique, le compte rendu de cette intéressante conférence :

Je viens d'assez loin, dit le Dr Iodko, pour constater l'état de la science française et sympathiser avec ceux qui guérissent et qui étudient.

Le dix-neuvième siècle est appelé à juste titre le siècle de la vapeur et de l'électricité ; le vingtième siècle sera certainement celui de l'éther, du magnétisme et autres forces de la nature dont on soupçonne à peine l'existence.

Je ne vous ferai pas de théorie, afin d'avoir plus de temps pour vous montrer des faits. Néanmoins quelques

Fig. 4. — Radiations d'une jeune fille bien portante, mais nerveuse.

explications sont nécessaires pour bien comprendre ceux-ci.

Plongés dans l'éther, nous condensons plus ou moins cet agent ; nous le produisons même en nous ; nous l'absorbons, nous le rendons ; en un mot, il se fait un échange perpétuel entre notre organisme et l'éther ambiant. Aucun phénomène n'est observé ; mais dès qu'il y a déséquilibre, on en voit apparaître de plus ou moins remar-

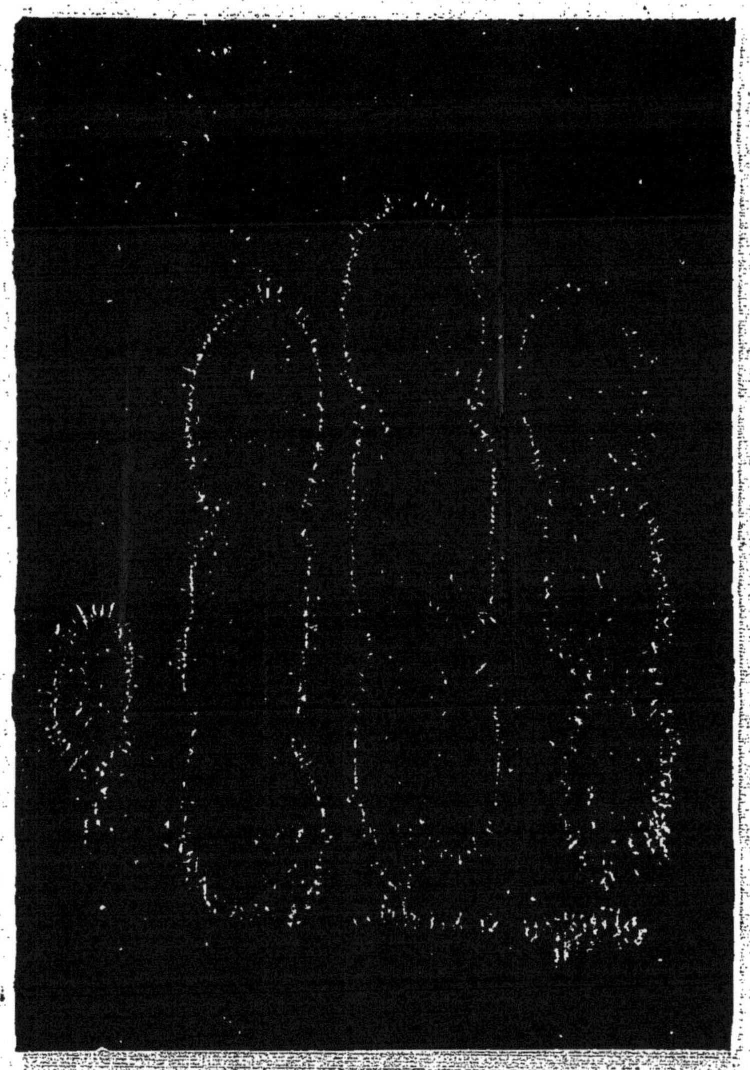

Fig. 5. — Radiations d'un jeune homme très sensuel.

quables. En surchargeant l'organisme de cette force dans laquelle nous sommes plongés, nous voyons apparaître des phénomènes nouveaux, mais que les magnétiseurs ont déjà pressentis.

Pour surcharger l'organisme, je me sers de l'électricité, et quand l'agent ou les agents dans lesquels nous sommes plongés y sont condensés, une dépêche peut être

Fig. 6. — Radiations de deux mains d'homme et de femme (mains de noms contraires).

transmise à distance à travers le corps humain, des effets lumineux apparaissent dans les tubes de Geissler, dans le tube et l'ampoule de Crookes ; et dans notre organisme donne naissance, même sans contact, aux rayons Rœntgen. Les effluves, que dégage le corps humain deviennent visibles, et on peut les photographier.

Je viens de vous dire que je me sers de l'électricité ; mais je l'applique en vertu d'une théorie qui m'est personnelle et qui n'est pas complètement en harmonie avec les théories actuelles. D'abord, j'emploie peu d'énergie : un courant de 1 à 2 volts actionnant une bobine de Ruhmkorff, donnant à peine une étincelle de 2 centimètres, me suffit. Un des pôles de la bobine est en communication avec l'air atmosphérique, tandis que l'autre est fixé à un fil conducteur que l'on tient à la main par un manchon de verre isolateur. Le corps humain est un véritable condensateur ; les ganglions et les plexus peuvent être considérés comme des batteries, les nerfs comme des conducteurs. La nature fait toujours en grand ce que l'art fait en petit, et l'influence qui vient de la pile et de l'atmosphère par le fil unique dont je me sers, ne fait qu'imiter l'air chargé d'électricité.

Transmission des ondes sonores. — La bobine est mise en activité et l'on n'entend pas les battements du trembleur ; l'expérimentateur tient d'une main l'extrémité du fil conducteur et de l'autre il prend le récepteur d'un téléphone séparé d'une communication. Plaçant ce récepteur à l'oreille de n'importe quelle personne, celle-ci perçoit très distinctement toutes les vibrations de la bobine.

Si une personne quelconque tient le fil, et qu'elle porte le récepteur à son oreille, elle n'entend rien ; mais si une autre met un doigt sur l'une des vis de pression du récepteur, la première entend distinctement toutes les vibrations.

Tous les individus ne transmettent pas ces vibrations avec la même énergie. Cette transmission se fait en raison directe de la force vitale. Un fort les transmet mieux qu'un faible. Les différentes parties du corps d'un individu ne les transmettent même pas également s'il n'est pas équilibré lui-même. Une partie forte les transmet normalement; une trop forte, plus énergiquement, et une qui est affaiblie les transmet moins. Un membre paralysé les transmet à peine. On peut donc se servir de ce moyen pour établir, et cela avec beaucoup de précision, le diagnostic des maladies.

ILLUMINATION D'UN TUBE DE GEISSLER. — Si une personne quelconque tient à la main le tube isolateur du fil conducteur et qu'une autre personne approche de la première un tube de Geissler, ce tube s'illumine, même à une distance de 8 ou 10 centimètres.

On se rend parfaitement compte que c'est bien le corps humain qui produit cette illumination, car non seulement elle est d'autant plus vive que le tube est approché davantage, mais on voit jaillir les effluves qui partent du point le plus rapproché pour le remplir ensuite plus ou moins complètement. Et pendant que la lumière jaillit, si une personne quelconque touche celle qui donne naissance à cette lumière, toute illumination disparaît, car la surcharge de l'organisme de la première se dégage au contact de la seconde. Il en est de même si on interpose la main entre le tube et la partie du corps qui l'éclaire.

Cette illumination peut également servir, comme les ondes sonores, à établir le diagnostic des maladies. Non seulement elle n'est pas identique chez tous les individus, mais elle varie d'intensité sur les différentes parties du corps d'un même individu, si celui-ci n'est pas bien équilibré.

LES RAYONS X DANS LE TUBE DE CROOKES. — Une personne quelconque tient d'une main le fil conducteur et de l'autre un tube de Crookes long de 23 à 25 centimètres. Des effluves partent de la paume de la main et bientôt le tube se remplit d'une lumière jaune-verdâtre. Si une personne quelconque approche un doigt du tube, on voit jaillir immédiatement un effluve de 2 à 3 centimètres de long. Si plusieurs personnes approchent leurs doigts du tube, la puissance lumineuse de celui-ci est augmentée et l'on voit jaillir autant d'effluves. On remarque même que les effluves émanant des mains de même nom se repoussent, tandis que ceux de noms contraires s'attirent. Ces phénomènes confirment d'une façon absolue les lois de la polarité du corps humain.

Pendant que le tube brille dans la main de la personne en communication avec le fil, si une autre personne, qui n'a aucune communication avec la première ni avec l'appareil, tient un autre tube à la main, celui-ci s'illumine également, jusqu'à une distance d'environ deux mètres, et donne lieu aux mêmes phénomènes.

Ces expériences nous démontrent jusqu'à l'évidence que le corps humain est réellement un condensateur, un accumulateur de l'éther, et qu'il n'est pas indispensable d'être en communication directe avec l'appareil électrique, car l'atmosphère, étant une ressource inépuisable des ondulations éthérées, fournit la quantité suffisante pour être condensée, assimilée par l'organisme lui-même.

Les rayons X dans l'ampoule de Crookes. — Une personne quelconque en communication avec l'appareil électrique par le fil conducteur, tient à la main une grande ampoule de Crookes servant à la photographie à travers les corps opaques. Des effluves jaillissent de la main et remplissent bientôt l'ampoule d'une douce lumière jaune-verdâtre, analogue à celle que l'on obtient à l'aide d'un courant de haute tension et d'une puissante bobine dont les pôles sont reliés à ceux de l'ampoule.

Les phénomènes sont à peu près les mêmes que ceux de l'expérience précédente. Mais si une personne quelconque saisit, entre le pouce et l'index, le pôle supérieur de l'ampoule, on voit jaillir immédiatement de ceux-ci des faisceaux de rayons de l'ultra-violet qui descendent en serpentant jusqu'à l'extrémité inférieure, en brillant de nuances diverses, dans lesquelles dominent le violacé et le verdâtre, entremêlés de gris-sombre.

Ces deux expériences démontrent que, dans certaines conditions, le corps humain peut condenser en lui assez d'énergie pour donner naissance aux rayons X, que les princes de la science ne peuvent encore obtenir qu'en employant des courants d'une puissance considérable.

PHOTOGRAPHIE DES EFFLUVES MAGNÉTIQUES DU CORPS HUMAIN. — A l'aide de mon procédé électrographique, j'obtiens sans objectif, dit l'expérimentateur, la photographie des effluves dégagés par le corps humain. Le procédé opératoire est trop compliqué, pour que je puisse prendre ici des clichés ; je dois donc me contenter des épreuves obtenues antérieurement.

Une cinquantaine d'épreuves tirées surtout des mains, passent devant les assistants. Sur l'une, on voit que la main d'une jeune fille très anémique dégage de faibles radiations (Fig. 3) ; une autre (Fig. 4) montre que celles d'une jeune fille bien portante, mais nerveuse, en dégage de plus longs. Une troisième (Fig. 5), que la main d'un jeune homme sensuel irradie dans toutes les directions des effluves nombreux, longs et fins. Une quatrième (Fig. 6), fait voir que les radiations des mains de noms contraires d'homme et de femme s'attirent, tandis que d'autres montrent que les mêmes radiations se repoussent quand les mains présentées l'une à l'autre sont de même nom.

En observant un certain nombre d'épreuves, on remarque même que chaque individu a sa caractéristique spéciale, qui permettra peut-être un jour de reconnaître le caractère et les aptitudes de chacun dans l'empreinte photographique des radiations de ses mains.

Observations de Luys et de Rochas.

Dans le service du Dr Luys, à la Charité, se trouvait un sujet nommé Albert L..., pouvant acquérir à un moment donné une hyperexcitabilité de la vue lui permettant de voir en pleine lumière les effluves du corps humain. Albert L... était dessinateur de profession, ce qui mit les expérimentateurs en possession d'un instrument de travail de beaucoup supérieur à celui de leurs prédécesseurs. Au lieu d'être obligés, dit de Rochas, de nous en rapporter, comme ceux-ci, à des descriptions plus ou moins vagues, nous pouvions obtenir des dessins et même des peintures auxquels le sujet avait la facilité d'apporter toute la précision désirable, moyennant la simple précaution de remettre de temps en temps ses yeux à l'état convenable, état dans lequel M. Luys a pu constater, au moyen de l'ophtalmoscope, que le fond de l'œil présente un phénomène d'éréthisme vasculaire extraphysiologique et que les vaisseaux sanguins y ont presque triplé de volume.

Quatre planches coloriées reproduisent quelques-uns de ces dessins dans l'ouvrage du colonel de Rochas.

D'après les observations de M. Luys faites à l'aide d'Albert L..., le côté droit du corps humain présente, en général, un coloration bleue. Les yeux, les oreilles, les narines, les lèvres, dégagent des irradiations de même couleur, et ces irradiations sont d'autant plus intenses que le sujet est plus vigoureux. Le côté gauche dégage des effluves rouges par les organes des sens et leur intensité varie pareillement avec l'état du sujet.

Les récentes expériences de Luys sont des documents d'une grande valeur à l'appui de la réalité objective des effluves.

Empruntant le procédé technique au Dr Gustave Le Bon, il a fait l'expérience suivante : Dans le laboratoire photographique éclairé à la lumière rouge, il dépose une plaque au gélatino-bromure d'argent au fond d'une cuvette dans laquelle il verse un bain d'hydroquinone.

Il applique ensuite l'extrémité de ses doigts, par leur face palmaire, sur la plaque, pendant 15 à 20 minutes, et finalement il développe par les procédés ordinaires. Voici alors ce que l'on constate sur les clichés :

La place exacte où ont reposé les doigts porte l'empreinte — impression purement mécanique — des pores de l'épiderme des doigts, mais tout autour rayonne une lueur plus ou moins étendue ; l'empreinte de chaque doigt est entourée d'une zone lumineuse dont la forme varie avec chaque sujet, et, dans un même sujet, suivant les divers états où il se trouvait.

Car, ajoute Luys, la plaque photographique nous montre que l'intensité de ces effluves qui se dégagent incessamment des extrémités digitales varie suivant les âges, les sexes, les différentes phases de la journée, suivant même l'état variable des émotions qui viennent mettre en vibration l'être humain... En somme, nous saisissons sur le fait, nous enregistrons scientifiquement le fluide des magnétiseurs, le fluide signalé par Reichenbach sous le nom d'*Od*, la force neurique de Barety ; nous montrons la réalité objective de ce fluide spécial qui semble être une manifestation essentielle de la vie et qui s'extériorise, ainsi que cherche à le démontrer le colonel de Rochas dans ses curieuses études sur l'extériorisation de la sensibilité.

Quelle est la nature exacte de ces effluves, quels sont leurs caractères physiologiques intrinsèques, nous ne le savons pas encore, mais leur état, leur intensité, leur diminution permettront de scruter dans leurs moindres détails les phénomènes de la sensibilité.

Luys, dans sa communication à la *Société de biologie*, a montré les résultats cliniques de ses expériences, par plusieurs exemples :

Une femme adulte, appartenant au service du docteur Auguste Voisin, était « anesthésique bilatérale », privée de toutes les sensibilités, je lui ai fait appliquer les doigts sur une plaque photographique, et j'ai pu constater que les mains de cette femme, examinées par nos procédés usuels, n'ont fourni aucune empreinte digitale ; cette femme n'émettait pas d'effluves.

Par contre, chez une autre femme, ancienne malade de mon service à la Charité, hypnotisable, j'ai pu obtenir les effluves variés appartenant aux différents états de l'hypnotisme (léthargie, catalepsie, somnambulisme) ; dans ces différents états, les effluves ont présenté des modalités différentes.

Mais, entre ces deux malades placées aux deux extrémités de la sensibilité, il y a toute la gamme des individus plus ou moins normaux, des sujets sains dont l'intensité d'effluves est plus ou moins variable.

Voici un exemple particulièrement curieux : il y a quelque temps j'étais malade : j'eus recours aux soins d'un masseur fort habile : « Je me refuse à croire qu'il y ait dans votre travail un simple phénomène mécanique, lui dis-je, je suis persuadé que ce n'est pas seulement parce qu'ils pétrissent la chair que vos doigts guérissent : à mon avis, il doit en émaner quelque chose » ; je lui demandai de se soumettre à l'examen de la plaque photographique, il y consentit, et j'obtins de ses doigts l'impression d'effluves dont l'intensité était de beaucoup supérieure à la moyenne...

« Tels sont, dit Luys, les débuts d'une méthode expérimentale dont on ne peut encore soupçonner l'étendue : elle nous ouvre un champ immense pour la recherche de tous les phénomènes vitaux, pour l'étude de ce qui sépare les faits physiologiques des faits psychologiques...

A quels résultats inespérés arrivera-t-on, avec cet enregistrement photographique, dans l'étude du fluide mystérieux qui semble être la manifestation essentielle de la vie ? »

Observations de M. H. Goudard.

La réalité objective des effluves lumineux perçus par certains sujets se trouve mentionnée encore dans l'observation suivante du Dr Goudard, publiée dans les *Annales de psychiatrie et d'hypnologie* (no de janvier 1895) :

En décembre 1891, je donnais mes soins à mademoiselle Galt..., institutrice, âgée de 25 ans, d'esprit fort cultivé, très sérieuse, très pondérée, atteinte de désordres menstruels consistant en règles irrégulières et douloureuses et de névralgies variées.

Témoin de la guérison rapide et radicale par le traitement hypnotique d'une de ses amies, tombée, par suite de troubles dyspepsiques et menstruels, dans un véritable état de marasme rebelle, jusque-là, à tous les traitements, elle m'avait prié de lui procurer le bénéfice de la même méthode.

Au début, en dépit de tentatives variées, il ne me fut pas possible d'obtenir le sommeil hypnotique proprement dit, ni de suggestionner utilement ma malade : par contre, elle présenta des aptitudes très remarquables et très particulières, révélant un sujet magnétique de premier ordre.

Réfractaire aux moyens habituels, elle était influencée extraordinairement par les passes et très sensible à l'attraction et, en général, aux actions à distance, ce qui me donna l'occasion de faire, avec son consentement, bien entendu, de très intéressantes expériences qu'il n'y a pas lieu de relater ici.

Entre autres particularités, elle voyait, à l'état normal, les effluves que Reichenbach appelle odiques, sortir de ses doigts et plus abondamment des miens, ainsi que des bords et de la surface d'un verre d'eau qu'elle tenait à la main. On voudra bien croire que je faisais le possible pour éviter toute influence suggestive dans ces recherches. Je me suis d'ailleurs toujours imposé comme règle d'enregistrer les phénomènes qui se présentent tels que le hasard me les offre, convaincu qu'une méthode quelconque, en pareil sujet, ne peut que nuire à l'exactitude de l'observation.

Un soir (c'était le 18 décembre), madame B..., institutrice aussi dans le même établissement, étant présente, j'avais fait placer la dite dame B... entre la lampe et moi, de manière que je me trouvais dans l'ombre projetée par elle.

Mademoiselle Galt... déclara spontanément qu'elle voyait mes yeux lumineux, mobiles et projetant de longs effluves analogues à ceux qu'elle avait vus jusque-là sortir de mes doigts ou des siens, mais beaucoup plus brillants.

Voulant me convaincre de la réalité du fait, je fis éteindre la lampe ; les volets pleins étant fermés, il faisait nuit noire. Je priai le sujet de nous rendre compte de ses impressions. Ici je copie textuellement mes notes prises le soir même.

— Regardez-moi, que voyez-vous ?

— Deux colonnes lumineuses sortant de vos yeux, et au-dessous deux autres colonnes parallèles plus rapprochées... Elles sortent des narines.

— Et maintenant ?

— Au-dessous des quatre colonnes lumineuses, je vois un autre faisceau de *lueurs ;* on dirait une main. Vous avez la main près de votre menton.

C'était exact.

— Et maintenant?

— Je vois un autre faisceau comme le premier, en dehors et plus bas.

C'était ma main gauche que je venais de placer à côté et un peu en dessous de la droite.

Mademoiselle Galt... continua encore un moment à décrire très exactement les changements de place de ma tête ou de mes mains. L'obscurité était telle que madame B..., témoin, ne distinguait rien de ma personne, bien que placée plus près de moi que le sujet.

J'ai répété la même expérience plusieurs fois avec ce sujet, toujours avec le même succès.

Il m'a semblé utile de publier ce fait.

Rapproché des faits de même nature familiers à Reichenbach, étudiés depuis, de plus près, par le Dr Luys et le colonel de Rochas, il tend à confirmer la réalité objective admise par ces auteurs, des effluves lumineux que certains sujets voient surgir de la surface des corps, principalement des pointes, et des orifices naturels du visage.

On remarquera que mademoiselle Galt... était ou paraissait être dans son état normal. Je dis *paraissait* : car je crois que le fait seul de ma présence créait un état particulier qu'elle ne pouvait définir autrement qu'en disant qu'elle se sentait autre.

Pour répondre d'avance aux objections qui pourraient se produire sur la valeur et l'interprétation des photographies effluviques, il me suffira de rappeler que le commandant Tegrad avait déjà obtenu, en 1894, des radiations fluidiques très remarquables. Il avait même réussi plusieurs épreuves, en étendant seulement les mains vers les plaques.

Depuis la communication de Luys, ce savant officier a fait plus de 150 épreuves, avec contact immédiat sur le gélatino-bromure, ou *sans contact, — et même à travers une boîte où se trouvait enfermée la plaque, le fluide opérant comme les rayons X.*

Cette dernière expérience coupera court à toutes les critiques.

V

Extériorisations des facultés psychiques. Magnétisme. — Hypnotisme.

D'après les résultats obtenus par des expériences multiples, non seulement la démonstration de la réalité objective du Corps psychique peut être considérée comme un fait acquis, mais il faut admettre également que le Corps psychique n'est pas limité à notre surface cutanée; il fait autour du corps humain un entourage effluvique complet, plus ou moins étendu, suivant les sujets et suivant l'état statique ou dynamique dans lequel se trouvent les effluves.

Mais de même qu'à l'état normal l'œil ne peut voir les radiations lumineuses du corps humain, de même les sensitifs ou les sujets dans un *certain état* d'hypnose peuvent seuls recevoir les perceptions par cet entourage effluvique, et extérioriser leurs facultés psychiques localisées dans les centres nerveux.

L'état d'hypnose ou de sommeil magnétique dans lequel nous pouvons expérimenter chez nos sujets présente deux degrés distincts plus ou moins profonds.

Dans le premier degré, on observe certains phénomènes de somnambulisme, caractérisés principalement par l'insensibilité cutanée, la réceptivité à la volonté de l'expérimentateur, état qu'on appelle la suggestion.

Dans ses expériences sur les sujets aptes à ressentir les effets du magnétisme, le docteur Moutin obtenait les phénomènes suivants :

1° En faisant passer sur sa main étendue la main d'un sujet, il provoquait, par quelques passes, l'adhérence des deux mains, de telle façon que le sujet, malgré ses efforts, ne pouvait dégager la sienne.

2° Il produisait des contractures du bras et les faisait cesser instantanément en soufflant dessus ou par un ordre, c'est-à-dire par la suggestion.

3° Il faisait agenouiller un autre sujet, par la suggestion verbale.

4° Il faisait encore, par le même moyen, marcher vers lui un autre sujet lui tournant le dos, comme attiré par une force invincible.

5° Il produisait, en touchant le cou des sujets, de l'aphonie ou du bégaiement, et en touchant les paupières leur occlusion ne cessait qu'à sa volonté.

Avec Puel, nous obtenions d'ailleurs tous ces phénomènes et encore d'autres :

En décrivant une circonférence, à la craie, autour d'un sujet dans la station debout, il lui était impossible de la franchir sans notre volonté.

Pendant cette première période, nous provoquions aussi des hallucinations de tous les sens, en annonçant simplement qu'elles allaient se produire : nos sujets restaient en extase vers un point donné où nous leur disions qu'était une étoile brillante ; ils croyaient entendre un chant mélodieux, sentir un parfum délicieux ou une odeur infecte, boire une liqueur quelconque, éprouver des sensations douloureuses sur la peau ou de l'insensibilité complète.

Pour produire cet état magnétique ou d'hypnose, il suffisait de toucher le front du sujet avec la volonté de le déterminer. Le procédé du docteur Moutin, procédé neuroscopique, consiste dans l'application des mains entre les omoplates, en même temps qu'on pratique avec l'extrémité des doigts un léger attouchement sur la colonne vertébrale. On fait ensuite à la base de l'épine dorsale une légère titillation qui accentue l'état magnétique, état qui est surtout sous l'influence de la volonté.

Ces faits, comme ceux de lucidité, de clairvoyance appartiennent aux sciences psychiques et en constituent la première partie.

Dans le deuxième degré apparaît le somnambulisme profond, avec tendance à la léthargie, à l'extase et à la catalepsie. On désigne cette phase de l'hypnose sous le nom d'*état de rapport*. Les sujets possèdent alors la perception des effluves, la vue des objets à travers les corps opaques ; ils perçoivent aussi les sensations à distance. Leurs facultés psychiques ont la possibilité de s'extérioriser à des distances plus ou moins grandes.

Cependant, il existe des nuances appréciables entre ces deux degrés, — nuances particulières à tous les sujets, comme il en existe dans toutes les fonctions physiologiques et dans les divers états morbides.

Dans la communication faite par Luys, à la *Société de biologie*, sous le titre de VISIBILITÉ DIRECTE DES EFFLUVES CÉRÉBRAUX, ces faits ont été présentés avec beaucoup de méthode et une grande exactitude scientifique.

Voici, d'ailleurs, *in extenso*, la communication de notre ancien maître :

Tous ceux qui s'occupent de recherches d'hypnologie savent que, chez les sujets plongés dans l'état hypnotique, les conditions du fonctionnement normal du système nerveux sont complètement bouleversées.

Ainsi, il y a des régions sensorielles qui sont plongées en pleine période de torpidité, tandis que d'autres, par compensation, arrivent à un état d'exaltation extra-physiologique et à des proportions tout à fait inconnues.

Ainsi, par exemple, tandis que les plexus sensitifs des nerfs cutanés sont frappés d'anesthésie, les réseaux nerveux de la rétine s'élèvent à un degré d'hyperesthésie fonctionnelle extrême.

Lorsqu'on examine, en effet, à l'ophtalmoscope, le fond de l'œil d'un sujet à l'état somnambulique, on constate un phénomène d'éréthisme vasculaire extra-physiologique, ainsi que je l'ai déjà signalé dans une note adressée à l'Académie des sciences (Luys et Bacchi). — *De l'examen opthalmoscopique de l'œil avec les sujets en état d'hypnotisme — Comptes rendus de l'Académie des sciences 1889.* — Des aptitudes fonctionnelles nouvelles sont *ipso facto* créées, l'œil du sujet acquiert une puissance de vision surnaturelle, et l'individu, par cela même, devient apte à percevoir des impressions lumineuses, des vibrations de l'éther qui échappent à nos yeux.

Ce sont ces nouvelles forces, expérimentalement développées chez l'être humain bien entraîné, que j'ai eu l'idée d'utiliser au point de vue scientifique ; comme on se sert d'un microscope pour élargir le champ visuel et nous révéler le détail des choses que nos yeux sont impuissants à voir par leurs propres forces, et dont nous ne soupçonnons pas l'existence.

L'être humain, dans ces conditions nouvelles, avec ses yeux placés en période de suractivité fonctionnelle, devient ainsi un véritable réactif vivant (1). Il voit alors les fluides électriques et magnétiques et les différents effluves dégagés des êtres vivants.

C'est ainsi qu'il reconnaît les effluves qui sortent de l'aiguille aimantée, et qu'il signale la couleur différente de chacun d'eux aux deux pôles. Le pôle austral dégage des effluves rouges, — le pôle boréal des effluves bleus, les régions intermédiaires de l'aiguille (régions neutres de l'aimant) lui apparaissent sous forme de coloration jaune.

Il en est de même pour les phénomènes électriques. — Les sujets voient la distribution des courants électriques circulant dans une pile en activité ; les fils négatifs présentent une coloration bleue, les fils positifs, une coloration rouge. Lorsque les deux fils sont juxtaposés par leurs extrémités, dans l'intervalle, ils voient une coloration jaune comme pour l'aimant.

(1) L'entraînement des sujets hypnotiques pour ces sortes de recherches exige des soins spéciaux que j'exposerai dans un travail ultérieur.

Chez l'homme, ces manifestations du réactif vivant arrivent à un degré d'intérêt extrême au point de vue de la réparation des forces électro-magnétiques qui existent chez lui à l'état normal.

Ainsi on note avec le sujet que toute la surface d'une moitié du corps, le côté gauche, par exemple, présente une coloration bleue. Les yeux (1), les oreilles, les narines, les lèvres, dégagent des irradiations de même couleur, et ces irradiations sont d'autant plus intenses que le sujet est plus vigoureux. — Le côté droit, par contre, dégage des effluves rouges par les organes des sens, et leur intensité varie pareillement avec l'état de la santé du sujet (2).

Les régions, sur la ligne médiane, telles que le nez, le menton, etc., correspondent aux régions neutres des aimants et dégagent comme elles une coloration jaune.

A l'état pathologique, ces effluves présentent des modifications d'un très haut intérêt dont je ferai plus tard l'exposé. Je me contente de dire maintenant que, — chez les sujets vigoureux bien portants, les effluves ont une coloration très accentuée ; chez les sujets débilités, neurasthéniques, ils ont une coloration très affaiblie, — que chez les sujets hystériques masculins ou féminins la coloration des effluves du côté droit a complètement dis-

(1) Helmholtz a montré que le fond des yeux était lui-même lumineux et il a été à même de voir dans l'obscurité complète le mouvement de son bras, grâce à la lumière de ses propres yeux : c'est là une des plus remarquables expériences que relate l'histoire de la science, et il est probable que peu d'hommes seulement pourraient la répéter avec succès, — car il est très vraisemblable que la luminosité des yeux est associée à une activité peu commune du cerveau et à une grande puissance d'imagination ; c'est la fluorescence de l'action cérébrale en quelque sorte. — (*Revue scientifique*, 17 juin 1893. — Les vibrations électriques fréquentes, p. 738 — Nicolas Tesler.)

(2) On rapprochera avec intérêt ce fait que je décris, des travaux similaires de Décle et de Charazain relatifs à la découverte de la popularité humaine.

paru pour être remplacée par une coloration violette, et qu'enfin, dans le cas où il y a paralysie par disparition de l'activité nerveuse avec lésion organique, cet état se révèle par l'apparition de points noirs sur le tégument cutané.

En présence de ces phénomènes si curieux dont je poursuis l'étude déjà depuis plusieurs années et dont j'ai donné les démonstrations aux personnes qui ont suivi mes leçons à la Charité, je me suis demandé, — en présence dis-je de ces irradiations de force neurique qui se dégagent d'une façon centrifuge et qui se révèlent aussi au dehors — quel devait être l'état des foyers centraux qui leur donnent naissance, et si les centres nerveux, l'encéphale lui-même, foyer générateur de toutes ces irradiations, ne pouvaient pas être interrogés à leur tour (1).

J'ai donc pensé, en me servant de la méthode nouvelle d'exploration neurologique dont je viens de parler, à aller voir, si *in situ*, sur l'encéphale vivant, les mêmes effluves étaient perceptibles, et si, en un mot, le centre nerveux encéphalo-rachidien, était bien réellement le foyer générateur des effluves bleus et rouges qu'il engendre et qu'il exporte à l'aide des nerfs qui sont ainsi ses véritables réophores.

L'expérience a été pratiquée récemment, grâce au concours expérimenté de M. Cazin, chef du laboratoire de M. le professeur Duplay à la Charité, qui a bien voulu m'aider dans ces recherches, et voici les résultats que nous avons constatés :

Sur un chien de taille moyenne, l'encéphale a été rapidement mis à nu. — Avant de commencer l'expérience,

(1) Voir, dans cet ordre d'idées, la très intéressante communication de Edwin Houston soulevant la question de la corrélation qui peut exister entre les phénomènes psychiques et certains phénomènes physiques — (*Annales de Psychiatrie et d'Hypnologie*, 1892, p. 252, d'après la *Revue Scientifique*, 9 juillet 1892.)

le sujet hypnotique, étant préalablement mis en état somnambulique, fut placé en présence du chien et on constata qu'il percevait nettement les effluves de coloration bleue du côté gauche du chien, sur l'œil, sur les oreilles, sur la gueule, les narines et la plante des pattes; à droite, les mêmes observations furent faites. Une fois le crâne ouvert, l'animal, quoique affaibli, donna lieu aux réactions suivantes de la part du sujet. — Sans proférer une parole, je lui désignai avec un doigt le lobe gauche du cerveau. « Oh! c'est bleu, dit-il, c'est d'un beau bleu »; puis le lobe droit; « oh! dit-il, c'est d'un beau rouge »; puis le lobe médian du cervelet: « cela est jaune »; les lobes cérébelleux gauches et droits lui parurent d'une coloration pâle, bleue et rouge.

En quelques minutes, le cerveau se refroidit, les effluves disparurent, car, le sujet hypnotique ayant été rappelé ne les vit plus. Je lui désignai, sans rien dire, les mêmes régions, il répondit: « Ça, c'est tout noir », et, en même temps, il ressentait une émotion pénible, cherchait à fuir en disant: « Il est mort. »

Je répéterai, à ce sujet, les expériences comparatives que j'ai déjà tentées sur les cadavres humains déposés à la salle des morts de l'hôpital. J'ai constaté, en effet, qu'au bout de vingt-quatre heures, les effluves oculaires ont presque totalement disparu. Néanmoins, sur certains cadavres le sujet hypnotique a constaté quelques lueurs persistantes (1).

Cette expérience nous a encore permis de constater un phénomène inattendu: c'est que, pour la constatation des effluves, il n'y a pas d'entre-croisement comme il en

(1) Cette méthode nouvelle d'examen pourrait peut-être fournir des signes nouveaux de la mort réelle, et des aperçus intéressants au point de vue de la médecine légale, sur l'époque de la disparation des effluves oculaires qui persistent un temps variable. Ce qui pourrait permettre d'apprécier la mort réelle et complète de l'organisme.

existe pour les actions motrices et sensitives de l'encéphale à l'état normal.

L'encéphale du côté gauche et du côté droit donne des irradiations de même couleur que celles des plexus périphériques.

Je me propose de poursuivre ultérieurement cet ordre de recherches et d'interroger, avec la même méthode, les divers appartements du système nerveux : le cervelet, le bulbe et la moelle épinière.

Qu'il me suffise de signaler, pour le moment, qu'il y a dans l'emploi de l'homme somnambulique un véritable réactif vivant dont on peut mettre les facultés artificiellement développées à profit, pour étudier d'une façon méthodique les courants magnétiques, électriques et neurologiques, qu'il voit, qu'il sent, et qui, pour nous, ne sont pas dans les conditions de visibilité possible. — On peut donc dire que, dès maintenant, on peut *voir* le fluide vital, puisqu'on constate son existence pendant la vie et qu'il disparaît avec elle.

Il nous paraît suffisamment démontré, tant par les travaux de Luys que par ceux des différents observateurs dont nous avons exposé les faits expérimentaux, que les effluves dégagés par le corps humain sont visibles par les sujets en état hypnotique, que ces effluves s'échappent également de toute la surface du corps, et que des yeux, des narines, des lèvres, des oreilles jaillissent des aigrettes lumineuses, rouges à droite, bleues à gauche.

En constatant ces faits, Luys et de Rochas n'en ont donné aucune explication. Il nous paraît rationnel cependant d'admettre que les effluves des sensitifs et des hypnotisés, traversant tous les corps, en raison de leur état moléculaire, perçoivent les rayons X ultra-violets, sans action sur la rétine mais non sur le gélatino-bromure. Et ces perceptions sont transmises, comme celles des sens, soit directement, soit par l'intermédiaire du *sensorium commune*, à l'âme qui, seule, a la faculté d'en interpréter la valeur et le sens.

Les conclusions à tirer de ces faits que je pourrais multiplier peuvent se formuler ainsi :

L'effluve est un phénomène réel et sa perception s'effectue par la voie de la rétine.

Le Corps psychique s'extériorise sous la forme de radiations lumineuses de différentes couleurs, principalement bleues, jaunes ou rouges.

Le fluide vital se présente sous l'état *statique*, en forme de duvet brillant recouvrant la surface de la peau, et sous l'état *dynamique*, en forme d'effluves s'échappant par les organes des sens et les pointes du corps humain (DE ROCHAS).

Si le corps humain, à l'état normal, ne laisse percevoir ces radiations qu'à des sujets sensitifs, tout le monde peut les voir chez l'homme dans l'état pathologique.

Le Dr Baraduc a observé ce phénomène sur tout le côté gauche de son fils, en pleine nuit, pendant un rêve agité. « Rien à droite, dit-il, mais tout le long du côté gauche, de la face, du nez, du menton, du bras, courait une phosphorescence d'un blanc un peu jaune, plus marquée sur toutes les parties saillantes, qui s'éteignit au bout d'une minute lorsque je réveillai l'enfant de son cauchemar. La déperdition avait été si forte que pendant trois jours, il resta complètement hébété. »

Je pourrais rappeler de nombreuses observations semblables et notamment *les apparitions lumineuses* décrites par Crookes, dont je donnerai d'ailleurs la description détaillée dans le chapitre consacré à l'extériorisation de la motricité.

Pour le moment, je me contenterai donc de clore ce chapitre par un fait observé par le Dr Puel et par moi :

Après avoir commencé quelques expériences avec un médium très remarquable, Madame L. B... dans le salon de mon confrère, nous fûmes obligés de les interrompre brusquement en raison d'une attaque d'hystérie convulsive de cette dame.

Dès qu'elle eut repris ses sens, elle se retira avec son mari et le Dr Puel dans le cabinet de travail, où je fus appelé quelques instants après par mon savant confrère. Madame L. B... était debout, soutenue par mes deux amis. De la région épigastrique et de la poitrine sortaient des vapeurs incandescentes de plus en plus épaisses et d'autant plus visibles qu'on s'était empressé d'éteindre les lumières. Ce phénomène dura plus d'un quart d'heure pendant lequel la malade poussait de longs et douloureux gémissements.

A la suite de cet accès nerveux, Madame L. B... tomba dans un état de neurasthénie inquiétant, qui persistait encore un mois après, — et pour lequel je fus appelé dans la petite ville de province où habitaient alors M. et Madame L. B...

Ces observations prises dans le domaine pathologique tendent à expliquer que la Force vitale qui est en nous ne peut résister longtemps avec des pertes excessives d'effluves, celles-ci n'étant pas seulement constituées de fluide impondérable, mais encore de cette matière à l'état radiant découverte par Crookes. Donc, la condensation de l'Ether et la Matière Radiante seraient bien la constitution intime du Corps psychique et les éléments de cette force mystérieuse dont nous aurons à étudier les effets et ses rapports avec l'âme immatérielle.

Il est probable, d'ailleurs, que le Corps psychique n'est pas d'une immatérialité absolue, et que, sous ce rapport, il y a une certaine analogie avec la matérialité du fluide électrique démontrée par le Dr Foveau de Courmelles. Dans sa communication au Congrès de l'*Association française pour l'avancement des sciences*, de 1895, notre distingué confrère étayait cette thèse de l'électricité tangible et palpable au même titre qu'un corps matériel d'expériences personnelles *in vitro* ou *in anima vili* de transport pur et simple (cataphorèse) ou de transport compliqué d'actions chimiques électrolytiques (*bi* et *polyélectrolyse*).

Rappelons sommairement quelques-uns de ces faits remontant à 1884, 1890, 1892, et depuis vérifiés par maints observateurs, sans parler des expériences sur l'électricité statique de Pivati de Florence (1757). Des tampons en charbon reliés à un appareil électrique quelconque et placés près des glandes salivaires donnent une sensation métallique qui, constatée notamment par le Dr Arthuis, lui a fait écrire que les substances polaires métalliques des piles arrivaient au contact des dites glandes; si ces tampons sont imprégnés de substances médicamenteuses, le patient en accuse bientôt la saveur (Foveau de Courmelles), qui en décèle la pénétration intra-organique. De même un globule de mercure placé au pôle positif en une cuvette d'eau inclinée remonte la pente et se trouve bientôt au pôle négatif, malgré la pesanteur.

C'est là de la *lévitation* ou mieux du cheminement invisible de la matière après désagrégation en parties infinitésimales, et ce, sous l'action d'un courant électrique.

Des charbons polaires, mis en présence dans le vide, se cèdent de leur substance; si on opère dans l'hydrogène, on a de l'acétylène (Berthelot); si les pôles sont, l'un du charbon, l'autre du cuivre, on trouve bientôt sur le cuivre des cristaux octaédriques de diamant que l'on reconnaît au microscope et à l'usure d'autre diamant qu'ils peuvent produire (Berthelot). Des tampons reliés aux pôles d'un courant et 'mbibés de sulfate de fer produisent au sein d'une substance organique renfermant du cyanure de potassium des taches bleues de ferrocyanure de potassium indiquant le transport. (Foveau de Courmelles.)

L'induction et l'électricité statique donnent ces diverses réactions électro-chimiques. Mais plus complexes sont les phénomènes quand les substances transportées sont soumises aux courants continus, électrolytiques, qui les décomposent et les font réagir les unes sur les autres.

Le transport électro-moléculaire est donc entré aujourd'hui dans le domaine des faits acquis à la science, et le transport psychomoléculaire s'imposera prochainement.

VI

Extériorisation de la sensibilité.

C'est dans le deuxième degré de l'hypnose, c'est-à-dire dans l'état de rapport, que la sensibilité des sujets s'extériorise, quoique exceptionnellement cet état puisse se manifester à l'état de veille, et chez certains hallucinés.

Dans son travail sur *Les états profonds de l'hypnose*, de Rochas s'exprime ainsi sur l'extériorisation de la sensibilité : « Dès qu'on magnétise un sujet, la sensibilité disparaît de chez celui-ci à la surface de la peau. C'est là un fait établi depuis longtemps ; mais ce que l'on ignorait, c'est que cette sensibilité s'extériorise : il se forme, dès l'état de rapport, autour de son corps, une couche sensible, séparée de la peau par quelques centimètres. Si le magnétiseur ou une personne quelconque pince, pique ou caresse la peau du sujet, celui-ci ne sent rien ; si le magnétiseur fait les mêmes opérations sur la couche sensible, le sujet éprouve les sensations correspondantes.

« De plus, on constate qu'à mesure que l'hypnose s'approfondit, il se forme une série de couches analogues à peu près équidistantes, dont la sensibilité décroît proportionnellement à leur éloignement du corps. »

Cette proposition a été rigoureusement démontrée par les expériences faites par MM. de Rochas et Luys à l'hôpital de la Charité. Nous en emprunterons quelques passages au compte rendu analytique publié dans les *Annales de Psychiâtrie* (1893) par le Dr Sicard de Plauzolles :

M. de Rochas avait déjà souvent observé que les sujets arrivés à un degré suffisant d'hypnose (1) sentaient son contact quand il s'approchait d'eux, sans toutefois les toucher, lorsqu'il reconnut qu'à chacune de ces zones colorées correspondait une zone de *sensibilité extériorisée*.

En effet, si M. de Rochas pique avec une aiguille l'atmosphère d'une de ces zones qui entourent le sujet, aussitôt la piqûre est perçue sur un point du corps.

Ces phénomènes s'observent aussi quelquefois à l'état de veille.

Nous avons vu faire, à la Charité, l'expérience suivante, par M. de Rochas, sur un sujet qu'il voyait pour la première fois, et qui ignorait absolument la nature de l'expérience qui allait être tentée.

Marguerite J... était éveillée. M. de Rochas fit quelques passes sur la main droite, qui perdit rapidement toute

(1) De Rochas d'Aiglun, *Les états profonds de l'hypnose*, 1892.

sensibilité cutanée. Les passes furent continuées; puis brusquement M. de Rochas pinça l'atmosphère à une dizaine de centimètres de la main du sujet, qui poussa un cri et se recula vivement.

Nous avons vu maintes fois le Dr Luys endormir Louis W..., qui a subi l'amputation du petit doigt de la main droite. Lorsqu'il est en état hypnotique, la sensibilité paraît à l'endroit où devrait être le doigt absent. Si on pince vivement l'extrémité fictive du doigt, W... tressaille, se plaint, retire la main et frotte doucement son doigt imaginaire pour faire passer la douleur (1).

Avec un autre sujet en état hypnotique, M. Luys a vu se produire des phlyctènes au moment où il approchait une bougie à cinquante ou soixante centimètres de son corps.

Pour M. de Rochas, ces zones colorées qui entourent le sujet ne seraient sensibles qu'à l'expérimentateur seul. Une autre personne, si elle n'est pas *mise en rapport*, viendrait-elle à agir sur cette zone, le sujet ne *sentirait pas* (2).

Le rapport, d'après M. de Rochas, serait un lien qui unirait l'expérimentateur au sujet, et grâce auquel ce dernier, parvenu à un degré suffisant d'hypnose, percevrait le premier à l'exclusion de toute autre personne, à moins que celle-ci ne soit mise en relation avec lui par un contact ou même un simple regard de l'opérateur.

Les corps matériels ne font pas obstacle à la sensibilité

(1) Bull. de la clinique hypn. de la Charité. *Ann. de Psych. et d'Hypn.*, 1892, p. 191.

(2) Un fait observé à l'hôpital de Fréjus semblerait en contradiction avec ce que dit M. de Rochas. Pendant les accès de somnambulisme d'un sujet, on ne pouvait ni le toucher ni toucher un objet placé près de lui, sans provoquer chez lui une crise d'autant plus violente que le contact venait d'une personne qui lui était inconnue.

J'ai été souvent à même de constater des phénomènes analogues d'une intensité variable chez quelques sujets et notamment chez une artiste dramatique mademoiselle Renée...

extériorisée, et une cloison, par exemple, séparant le sujet de l'expérimentateur, n'empêche nullement le premier de percevoir les actes du second, si l'extériorisation est suffisamment étendue. De plus, certains corps placés dans les zones de sensibilité extériorisée *se chargent* de cette sensibilité.

Si, comme l'ont fait si souvent MM. Luys et de Rochas, on place un verre d'eau entre les mains du sujet, cette eau se charge de *fluide sensible extériorisé.* Si alors on plonge une pointe dans le liquide, le sujet ressent aussitôt la piqûre, même si le verre a été emporté hors de la pièce à une distance assez considérable. Si, prenant le verre, on boit, à l'insu du sujet, une partie de l'eau, il éprouve immédiatement une violente souffrance, qu'on ne fait cesser qu'en lui donnant à boire à lui-même le reste de l'eau sensibilisée.

Les mêmes phénomènes se produiraient-ils, si le sujet, au lieu d'être dans une pièce voisine et encore sous l'influence hypnotique, se trouvait loin de l'expérimentateur et dans son état ordinaire ? — M. de Rochas ne le pense pas — et pourtant : « Lors de mes premières expériences, raconte-t-il, faites pendant l'hiver de 1891, je jetais, après chaque séance, les liquides sensibilisés par la fenêtre de mon cabinet. C'est ce que je fis notamment un soir où il gelait et où j'avais opéré sur deux sujets qui devaient revenir le lendemain. Le lendemain, pas de sujets. Le surlendemain j'en vois apparaître un se traînant à peine, et ayant l'air à moitié mort ; il me raconte que son compagnon et lui ont été tous deux pris de coliques violentes pendant la nuit qui avait suivi l'expérience, qu'ils ne pouvaient se réchauffer et qu'ils étaient glacés jusqu'à la moelle ! »

La sensibilité extériorisée peut, en effet, persister dans les corps qui en sont chargés un temps assez long.

— J'ai sensibilisé, dit M. de Rochas, une dissolution saturée d'hyposulfite de soude en la plaçant à la portée du bras de L... endormie et extériorisée. Le sujet étant réveillé, un aide a déterminé, à son insu, la cristallisation, et au même instant le bras de L.... s'est contracturé, lui faisant éprouver de violentes douleurs. C'était prévu ; mais ce qui l'était moins, c'est qu'une douzaine de jours après, quand j'enfonçai la pointe d'un poignard dans un ballon qui contenait l'hyposulfite cristallisé, un cri retentit dans la pièce voisine, où L...., ignorant ce que je faisais, causait avec d'autres personnes : elle avait ressenti le coup, probablement au bras, mais, ne m'occupant pas alors du phénomène de la localisation des sensations, je ne pensai pas à le lui demander. »

Si l'on remplace le liquide cristallisable par une statuette de cire, on observe des phénomènes identiques. Si l'on pince, ou pique la statuette, le sujet se plaint d'être pincé ou piqué.

— J'essayai, dit M. de Rochas, si la cire ne jouirait pas comme l'eau de la propriété d'emmagasiner la sensibilité, et je reconnus qu'elle la possédait à un haut degré, ainsi que d'autres substances, comme le coldcream et le velours.

— Une petite statuette, confectionnée avec de la cire à modeler et sensibilisée par un séjour de quelques instants en face et à une petite distance d'un sujet extériorisé, transmettait à ce sujet la sensation des piqûres dont je la perçais, vers le haut du corps si je piquais la statuette à la tête, vers le bas si je la piquais aux pieds.

— Cependant je parvins à localiser exactement la sensation, en implantant dans la tête de la figurine, une mèche de cheveux coupée à la nuque du sujet pendant son sommeil.

— M. X... ayant alors emporté la statuette ainsi préparée derrière un bureau où nous ne pouvions la voir, ni le sujet, ni moi, je réveillai le sujet, qui, sans quitter sa place, se mit à causer, jusqu'au moment où se retournant brusquement, et portant la main derrière sa tête, il demanda en riant qui lui tirait les cheveux, à l'instant précis où M X... avait, à mon insu, arraché les cheveux de la statuette.

Le Dr Luys et M. de Rochas ont obtenu les mêmes résultats en se servant de photographies. Ils remplacent la figurine de cire par une plaque photographique qu'ils chargent de la sensibilité extériosée d'un sujet endormi. Ils reproduisent sur la plaque l'image de ce sujet, et chaque fois qu'ils touchent ensuite la photographie, l'individu tressaille et fait entendre une plainte.

M. de Rochas mit une première plaque en contact avec un sujet non endormi, mais sa photographie obtenue ensuite ne présentait aucun rapport de sensibilité avec lui.

Une seconde plaque photographique, mise d'abord en contact avec le sujet endormi, extériorisé légèrement, a donné un résultat à peine sensible.

Une troisième plaque enfin, qui, avant d'être placée dans l'appareil photographique, avait été fortement chargée de la sensibilité du sujet endormi et extériorisé, a donné une photographie présentant un rapport complet de sensibilité avec lui. Chaque fois que M. de Rochas touchait l'image, le sujet endormi sentait le contact précisément au point de son corps correspondant au point touché de la photographie. M. de Rochas prit une épingle et égratigna deux fois la plaque sur l'image de la main du sujet : celui-ci s'évanouit. Quand il fut réveillé, la main présentait deux stigmates rouges.

— J'ai essayé, dit M. de Rochas, d'extérioriser, ou plutôt d'hyperesthésier le sens de l'ouïe, en sensibilisant un verre d'eau près de l'oreille, puis en parlant à voix très basse contre l'eau que j'avais emportée à une certaine distance, mais je n'ai produit qu'une légère sensation de chatouillement sur l'oreille, comme celle qu'aurait produite mon souffle.

— Pour les sens du goût et de l'odorat, je suis arrivé à une transmission plus ou moins nette et irrégulière : ainsi, en me chargeant moi-même de la sensibilité du sujet, j'ai pu faire percevoir à celui-ci les liqueurs que je dégustais. — En me servant d'un verre d'eau sensibilisée, dans laquelle je plongeais un flacon contenant une odeur forte, certains sujets parvenaient à reconnaître cette odeur. — Rappelons à ce propos les expériences du Dr Luys relatives à l'action à distance sur les sujets en état hypnotique de certaines substances toxiques et médicamenteuses (1).

Nous avons vu maintes fois, au laboratoire de la Charité, M. Luys répéter les expériences d'extériorisation de la sensibilité.

Il a pu obtenir, au moyen d'une photographie, le rapport sensible à trente-cinq mètres; c'est-à-dire qu'à cette distance le sujet a ressenti des piqûres faites à son insu à son image.

Bien plus, M. Luys a observé les mêmes phénomènes avec changement de personnalité du sujet, comme nous allons le voir d'après l'expérience suivante :

Louis W... est endormi, puis amené à l'état somnambulique, et M. Luys lui donne la suggestion qu'il n'est plus Louis W..., mais qu'il est M. Luys. Une photographie de ce dernier lui est alors présentée, et il la reconnaît sans hésitation pour sienne.

M. Luys passe dans une pièce voisine et pique sa photographie à l'estomac, au bras et à la joue. W... s'agite, porte la main successivement à l'estomac, au bras et à la joue, et M. Luys continuant à piquer l'image, W... s'agite de plus en plus, et finalement quitte le fauteuil où il est assis. Interrogé, il répond qu'il ne veut plus rester là *parce qu'on le pique*.

(Une première expérience où le sujet n'avait pas vu le portrait n'a pas réussi.)

La même expérience a été faite également à la Charité sur Marguerite J...

(1) M. Luys, *Les émotions dans l'état hypnotique et l'action à distance des substances médicamenteuses*. 1890.

Ces expériences n'ont pas été jugées concluantes.

Marguerite J..., 22 ans, est un sujet hystérique que M. Luys a guéri par suggestion de palpitations violentes.

Il a pu vérifier sur elle ses expériences précédentes sur l'extériorisation de la sensibilité : en la pinçant à distance il a déterminé des stigmates.

Les dernières expériences de Baraduc viennent compléter celles de Luys et de Rochas.

D'après notre savant confrère, des plaques posées en pleine nuit, sur le cœur ou sur le front, s'impressionneraient comme si notre corps était une ampoule de Crookes, fournissant à dessein, pour ces clichés, sa lumière cathodique.

Et les impressions enregistrées, sont en concordance avec l'état d'âme du sujet. L'énergie spontanée ou cultivée, normale ou psychique, se traduit en une sorte de projection qui crible la plaque de taches semblables à de petites perles, faisant quelquefois trou dans la gélatine. Au contraire, l'extase de la douleur, les calmes sentiments se dessinent et cela, toujours, en tourbillons, en stries, en nuages, en vapeurs.

L'homme, de tous les animaux, est-il le seul qui, être pensant, peut donner l'attestation de ce phénomène ? Si, sur le cœur d'un animal, on plaçait une plaque photographique : qu'est-ce que la plaque enregistrerait ? Baraduc a répondu à la question :

— Sur une planchette, dit-il, j'attachai un pigeon, en croix, maintenant les ailes et les pattes. Je le couchai, puis sur son cœur, je posai une plaque photographique. Je recouvris plaque et pigeon d'un récipient, ayant en plus le soin de n'opérer qu'à la lumière rouge. La plaque fut développée. Elle était criblée de ces petites taches en forme de perles, ou de grains dont je vous ai parlé. »

Pour expliquer ce phénomène, il faut admettre que l'animal terrifié, dans un instinct de conservation, appelait au secours toute son énergie, et projetait au dehors, dans cette manifestation active, toute la force vitale dont il disposait. Tant qu'il tenta cette défense, les plaques présentèrent les mêmes graphiques, mais il s'accoutuma; son cœur redevint normal, sa tension vitale périclita, et la plaque traduisit réellement avec la fatigue de ce petit être, maintenant passif, la disparition de sa terreur.

A ce moment, l'animal fut sacrifié.

En ce deuxième état, sur le cœur de l'animal, la plaque est posée. Elle enregistre les ondes tourbillonnantes, qu'on retrouve sur toute plaque qui touche un membre blessé. La force n'est plus projetée, elle est appelée du dehors. L'être, dans sa faiblesse, semble réclamer, comme les poumons, l'air dont ils ont besoin; il cherche à emprunter de la vie pour sa vie. C'est l'inconscient appel à l'invisible.

La mort arriva. La plaque recueillit les derniers soupirs. Ils se dessinèrent, aussi différents des autres images, en stratus, voiles diaphanes et vaporeux.

Enfin état dernier, sur le cadavre froid que souillait le sang figé, la plaque fut posée à nouveau. Mais la vie avait abandonné son enveloppe charnelle; la plaque n'enregistra plus rien.

Comme conclusions à ces divers phénomènes d'extériorisation de la sensibilité, M. de Rochas a formulé plusieurs propositions parmi lesquelles nous devons retenir la principale :

Si on place, pendant un certain temps, près d'un sujet extériorisé une substance destinée à absorber l'agent propre à transmettre au cerveau les vibrations perçues par le sens du tact, la substance se chargera, jusqu'à la limite de sa capacité, de l'agent, proportionnellement à ce temps et à l'intensité du rayonnement du sujet au point où cette substance est placée, de telle sorte qu'elle deviendra elle-même le centre d'un champ plus ou moins étendu, pouvant transmettre des sensations perceptibles par le tact.

Cette proposition n'est, en réalité, que la formule scientifique de l'envoûtement.

Les phénomènes observés par Horace Pelletier viennent encore corroborer celles des autres expérimentateurs. Elles sont, d'ailleurs, très simples et peuvent se résumer ainsi :

Il suffit, pour obtenir ces phénomènes, d'imprégner certaines substances du fluide de la personne sur laquelle on veut opérer. Le fluide qu'on appelle magnétisme humain ou force psychique ne reste pas à perpétuité dans notre corps ; comme l'air que nous laissons pénétrer dans nos organes, puis que nous faisons sortir au moyen de l'expiration, tantôt il entre, tantôt il sort ; c'est un va-et-vient perpétuel. Il est sans cesse extravasé et il se répand autour de nous et forme une sorte d'atmosphère qui nous enveloppe de tous côtés. Si notre fluide imprègne une substance comme, par exemple, la cire à modeler, et si, avec la pointe d'une épingle, on fait sur la surface de cette cire une légère éraflure, immédiatement nous sentons dans notre chair la pointe de l'épingle, et l'éraflure se trouve reproduite sur notre peau, pourvu, cependant, que nous soyons suffisamment sensitifs, car ce qu'on appelle envoûtement ne saurait être opéré sur tout le monde : il faut des gens doués d'un certain degré de sensitivité. Mais ces personnes ainsi douées ne sont pas absolument rares, on en rencontre dans la proportion d'une trentaine sur cent individus.

Profondément impressionné par les stupéfiants résultats obtenus par M. de Rochas et qui ont retenti dans la presse scientifique, j'ai voulu essayer de pratiquer l'envoûtement ou disons mieux l'extériorisation de la sensibilité à ma manière.

Pendant une de mes séances sur la force psychique,

j'ai ordonné à un de mes sensitifs, madame Masson, de tenir dans sa main bien fermée un bout de bougie, n'ayant pas chez moi de cire à modeler pour opérer. Madame Masson a obéi à mon ordre, elle a pris le bout de bougie dans sa main fermée et l'a gardé un bon quart d'heure; après quoi, toujours sur mon ordre, elle me l'a remis. Le bout de bougie était bien imprégné de son fluide, et madame Masson était dans la plus complète ignorance de ce que je me proposais d'en faire. J'ai pris mon canif et je me suis mis à plonger l'extrémité de la lame dans la bougie; immédiatement madame Masson a ressenti une vive douleur comme si, au lieu de plonger l'extrémité du canif dans la bougie, je la lui eusse plongée directement dans sa chair. C'est dans la main qui avait tenu la bougie qu'elle ressentait la douleur. Pendant que je plongeais la lame de mon canif, j'étais éloigné de la patiente d'environ trois mètres.

Je trouvais mon expérience vraiment intéressante, et ce qui frappait surtout mon imagination, c'était de faire souffrir une personne en torturant un objet qu'elle avait tenu dans la main et qui se trouvait dans le moment où je faisais agir la lame du canif à une grande distance d'elle.

Je recommençai une autre fois cette expérience, non plus avec un bout de bougie, mais avec un morceau de cire à cacheter que madame Masson tint dans sa main fermée pendant un autre quart d'heure. Au bout de ce temps, je repris à madame Masson le morceau de cire et je l'approchai de la flamme d'une bougie que j'avais allumée. En touchant la flamme, l'extrémité du morceau de cire fondit et madame Masson éprouva dans la main qui l'avait tenue la sensation d'une forte brûlure. La peau était rouge et douloureuse. Le succès fut aussi concluant qu'avec la bougie et j'ai essayé à d'autres séances de répéter l'expérience avec de nouvelles substances, un bâton de soufre, un morceau de brique. L'effet obtenu a été exactement le même : douleurs plus ou moins intenses dans la main et toujours en rapport avec le degré de cruauté que je déployais sur la substance que la main avait tenue.

J'ai recommencé mes expériences une centaine de fois, à peu près, avec des résultats absolument identiques et j'en ai tiré la conclusion que ce qu'on appelait autrefois envoûtement et aujourd'hui extériorisation de la sensibilité n'est point une légende ni une fable, ni un conte de bonne femme, mais la production d'un phénomène réel. Seulement, je le répète, je ne crois pas qu'il soit possible d'opérer sur la première personne venue; on ne peut, selon moi, obtenir de résultat un peu frappant qu'avec une personne spécialement douée par la nature, c'est-à-dire ayant un certain degré de sensibilité.

Le transfert est une forme de l'extériorisation de la sensibilité. En effet, le principe sur lequel repose le phénomène du transfert peut se résumer ainsi : sur la tête d'un sujet A, on place une couronne aimantée ; celle-ci se charge de son état nerveux, physiologique ou pathologique. La couronne est ensuite placée sur la tête d'un sujet B sur laquelle se décharge le fluide emmagasiné par elle ; — et alors B change de personnalité et devient A, dont il prend les états nerveux, somatiques ou psychiques.

Après la communication de Burq sur l'action des métaux et des aimants, Charcot, Luys et Dumontpallier adressèrent un rapport à la Société de biologie, donnant ces conclusions : 1° les agents œsthésiogènes transfèrent au côté malade la sensibilité du côté sain, ce dernier devenant à son tour anesthésique ; 2° de même que pour la sensibilité, certains états nerveux, paralysies, contractures..., sont susceptibles de transfert.

Après les expériences de Babinski sur les hémianesthésiques, dans le but de contrôler les phénomènes de transfert, Luys démontra que certains états névropathiques sont susceptibles de transfert à *distance* entre un sujet en état de veille et un sujet à l'état hypnotique.

M. Luys a pu transférer ainsi des contractures, des névralgies, des états cérébraux, vertiges, étourdissements, etc... et, partant de ce fait que l'on peut transférer des états nerveux morbides, il a été amené logiquement à la réciproque et est arrivé à transférer à un cerveau malade les forces nerveuses accumulées d'un cerveau bien portant. L'application thérapeutique lui a donné d'excellents résultats, comme on peut s'en convaincre par la lecture du *Bulletin de la clinique hypnothérapique de la Charité.*

Pour produire le transfert à distance, on se sert d'une couronne aimantée en forme de fer à cheval, allant d'une tempe à l'autre, en passant par l'occiput, la région frontale seule restant libre, de telle sorte que les deux pôles de l'aimant se trouvent aux régions frontales.

La force nerveuse morbide non seulement s'accumule dans la couronne aimantée, mais elle ne se décharge pas complètement sur un premier sujet; elle existe encore après deux heures et peut se manifester sur un second sujet.

Luys rapporte ainsi une de ses expériences à la *Société de biologie* : « Une couronne aimantée a été placée, il y a plus d'un an, sur la tête d'une femme, atteinte de mélancolie avec des idées de persécution, agitation et tendance au suicide. L'application de cette couronne sur la tête de cette malade amena, au bout de cinq ou six séances, un amendement progressif dans son état, et, au bout de dix jours, j'ai cru pouvoir la renvoyer de l'hôpital sans danger. Au bout d'une quinzaine de jours, cette couronne ayant été isolée à part, j'eus l'idée purement empirique de la placer sur la tête du sujet ici présent.

» C'est un sujet mâle hypnotisable, hystérique, atteint de crises fréquentes de léthargie. Quelle ne fut pas ma surprise de voir ce sujet, mis en état de somnambulisme, proférer des plaintes, tout à fait les mêmes que celles proférées, quinze jours auparavant, par la malade guérie !

» *Il* avait pris le sexe de la malade ; *il* parlait au féminin ; *il* accusait de violents maux de tête ; *il* disait qu'il allait devenir *folle*, que ses voisins s'introduisaient dans sa chambre pour lui faire du mal, etc. En un mot, le sujet hypnotique avait pris, grâce à la couronne aimantée, l'état cérébral de la malade mélancolique.

» La couronne aimantée avait donc suffisamment agi pour soutenir l'influx cérébral morbide de la malade (qui avait guéri) et pour se perpétuer comme un souvenir persistant, dans la texture intime de la lame magnétique.

» C'est là un phénomène que nous avons reproduit maintes et maintes fois, depuis plusieurs années, non seulement sur le sujet ici présent, mais chez d'autres sujets. »

Les travaux de Binet et Féré, de Bianchi et de von Sommer et d'Ochorowicz, sont venus compléter ceux de Luys et de Charcot sur le transfert. Ils ont même démontré que l'application de la couronne aimantée peut produire l'inversion psychique. Avec l'hypnoscope d'Ochorowicz, on constate, en plus, l'accaparement de la force vitale. Celle-ci vient se condenser, par exemple, dans un électro-aimant placé entre les jambes d'un sujet, et détermine chez celui-ci un engourdissement dans les membres inférieurs.

VII

Extériorisation de la pensée, de la volonté, de la mémoire.

Le Corps psychique, projeté en dehors de son enveloppe matérielle, peut se manifester avec toutes les forces qui lui appartiennent, et que la physiologie classique du système nerveux lui reconnaît dans son étude des localisations cérébrales.

La motricité, la pensée (1), la volonté, la mémoire peuvent s'extérioriser et agir comme forces naturelles indépendantes, ce qui donnerait déjà une explication rationnelle des phénomènes extra-naturels de télépathie, de somnambulisme, et en général de tous ceux que l'occul-

(1) Toute pensée est une forme en vibration, un rayon d'intelligence qui s'unit à de la matière subtile et forme un être dont cette matière est le corps et dont la pensée est l'âme.

Dr Pascal.

tisme et le spiritisme ont relatés, sans en chercher généralement une interprétation scientifique.

L'extériorisation de la volonté se manifeste clairement par les expériences hypnotiques. Dans l'état d'hypnose, les sujets ressentent les sensations qu'on leur inculque, et d'autant plus vivement que leurs sens sont plus affinés et qu'ils gardent plus longtemps les suggestions faites.

Quel que soit l'état de l'hypnose, état cataleptique, état léthargique, état somnambulique, il se produit par la volonté de l'opérateur, soit directement par l'action du regard, soit par des passes magnétiques, soit par la production d'un bruit intense et inattendu, d'une lumière vive brusquement placée devant les yeux du sujet, soit par la fixation d'un objet pendant un temps plus ou moins prolongé, soit par un geste impératif, soit par la pression sur une zone hypnogène.

Ces diverses phases de l'hypnose sont caractérisées par une abolition plus ou moins complète de la sensibilité générale et spéciale. Cependant, dans l'état somnambulique, quoique l'anesthésie cutanée persiste, certains sens, au contraire, passent dans un état d'acuité considérable, principalement la vue, ensuite l'ouïe et l'odorat. Les fonctions intellectuelles sont à ce point diminuées dans la catalepsie et la léthargie qu'il faut en conclure que le Corps psychique s'extériorise en grande partie, alors que dans le somnambulisme il paraît se localiser dans certains organes des sens, — l'intelligence paraissant être, d'ailleurs, en rapport direct avec le degré de sensibilité de ces organes.

On peut donc faire voir et entendre tout ce que l'on veut à un hypnotisé dans l'état somnambulique, à la condition de le vouloir et de le penser (1). Le sujet voit et entend, comme si, en état de veille, il était en présence de la réalité. En d'autres termes, les suggestions faites ont pour lui une réalité objective, parce qu'elles sont, pour ainsi dire, des créations fluidiques.

Dans l'étude des divers états psychologiques, il est un état mental des plus curieux à observer, dit Luys, c'est la *crédivité somnambulique*. Le sujet hypnotisé que l'on a amené par des procédés spéciaux à cette situation mentale qui représente une véritable malléabilité de ses facultés psychiques, et qui est pour ses cellules psychiques ce que l'état cataleptique est pour les cellules motrices, va devenir passif, ductile, crédule sous l'incitation de celui qui le dirige. — Les muscles du sujet en période de catalepsie ne se laissent-ils pas passionnément diriger? Ils sont malléables, l'hypnotisme leur donne toutes les attitudes qu'il choisit ; ils gardent ces attitudes, même les plus difficiles au

(1) Le somnambulisme, dit le Dr Despine, est caractérisé physiologiquement par l'exercice automatique seul du cerveau pendant la paralysie de son activité consciente qui manifeste le *moi*.

C'est dans cet état de somnambulisme que certains sujets sont susceptibles de manifester la vision à distance, de caractériser moralement et physiquement les personnes avec lesquelles ils sont mis en communication soit directement par le contact des mains, soit immédiatement par un objet leur appartenant, soit par le lien affectif qui les unit à l'un des assistants.

point de vue de l'équilibre, et le sujet ne représente plus qu'un automate passif sans aucune réaction personnelle.

Mêmes phénomènes étranges dans la sphère des phénomènes purement psychiques. — Les cellules cérébrales réagissent de la même façon, elles sont aussi *cataleptisées* et gardent les attitudes, les incitations qu'on leur donne. Voyez un sujet somnambulique, sa *crédivité* est typique. Il croit à tout ce qu'on lui dit ; si à la première incitation il hésite, à la seconde il acquiesce : on lui dit qu'il fait nuit alors qu'il fait plein jour et qu'il a les yeux ouverts et il le croit, — qu'un morceau de pain est un caillou, — qu'il a le nez en argent et il acquiesce, et qui plus est, il réagit en disant qu'il en est content, et que son nez métallique projette de l'éclat, et qu'il va falloir l'entretenir, etc. Toutes les absurdités les plus complètes, il les accepte passivement, alors qu'il est lucide, qu'il parle, qu'il répond, qu'il a les yeux ouverts et présente l'aspect d'un individu normal éveillé ! — Sans la moindre réflexion, sans la moindre hésitation, dans un état somnambulique, il n'est plus lui-même, il est sous l'impulsion de la volonté de l'hypnotiseur qui se substitue à la sienne et la dirige ; — c'est le moment favorable au développement des suggestions mentales orientées dans tel ou tel sens.....

Ainsi s'expliquent la vésication et les brûlures attribuées à la suggestion par Charcot, sans autre explication, — et en général toutes les sensations perçues par les sujets. Dès que le sensorium en a conscience, ces sensations se traduisent par un mouvement vibratoire du Corps psychique et se propagent ensuite dans l'éther, en extériorisant l'image.

Les expériences de Baraduc nous ont montré, en effet, que la reproduction de l'image a lieu sur une plaque au gélatino à l'endroit où se fait l'extériorisation.

De son côté, le Dr Pinel, de Paris, est arrivé au même but. « Un phénomène hypnotique indéniable, dit-il, car nous l'avons pratiqué nous-même, c'est la photographie à l'aide de l'ophtalmoscope électrique muni d'une plaque sensible, de l'image suggestionnée à un sujet hypnotisé. L'effet est naturellement instantané, ainsi que le phénomène au gélatino-bromure.

« A l'instant même où se donne la suggestion, le sujet entrevoit l'image parfaitement dessinée de l'objet qu'on lui désigne : cheval, serpent, etc. Or les cellules cérébrales, frappées par le mot prononcé, renvoient l'image ou le dessin de l'objet ou de l'animal sur la rétine. Cette image se réfléchit sur la partie postérieure du cristallin, dans la chambre de l'œil, et, par action virtuelle, s'agrandit en s'extériorisant comme dans une loupe vulgaire. »

Les expériences de Binet et Féré établissent également que les images suggérées obéissent aux lois de l'optique. Ainsi, dans le transfert bilatéral, ce que ces auteurs appellent la *polarisation*, l'aimant se chargerait de la volonté de l'expérimentateur, à mon avis toutefois, si ce n'est pas le leur.

Dans tous les cas, il reste établi que ce qui se passe

dans la vision réelle se passe également dans la vision suggérée. En regardant, par exemple, une croix rouge et ensuite une surface blanche, il se produit l'hallucination d'une croix verte, la couleur verte étant la couleur complémentaire de la couleur rouge. Les vibrations correspondant à celle-ci se produisent donc, avec une réalité objective, quant à la vision, dans l'état somnambulique comme dans l état de veille. Or, le même phénomène se manifeste pour les autres sens. A un sujet à l'état normal on montre un gong et brusquement on frappe un coup; le sujet tombe en catalepsie. On le réveille, on lui montre le gong, et en même temps on approche de sa tête un aimant dans lequel s'est extériorisée préalablement la volonté de l'expérimentateur. Bientôt le sujet ne voit plus le gong, on le frappe violemment, mais le sujet ne l'entend pas et ne présente plus d'état cataleptique.

Ce phénomène de polarisation peut s'adresser aussi bien à un acte qu'à une sensation. Si l'acte est automatique il se produira, disent Binet et Féré, une polarisation motrice, si l'acte correspond à un état émotionnel, il se produira une polarisation émotionnelle.

Peut-être les expériences de Binet et Féré susciteront-elles des interprétations différentes. Mais, pour ceux qui ne voudraient pas y voir l'extériorisation de la volonté, consciente ou non, des expérimentateurs, ils ne pourront nier, dans tous les cas, qu'il n'y ait quelque chose de leur personnalité psychique qui agit sur le sujet par l'intermédiaire de l'aimant, — ne pouvant admettre qu'il faille attribuer le phénomène à des propriétés psychiques inhérentes à l'aimant, en tant qu'aimant.

Etant admis que le Corps psychique est soumis, en s'extériorisant, à des mouvements vibratoires de même que la matière radiante, il est rationnel de le considérer comme une force naturelle, possédant les attributs psychiques, c'est-à-dire les facultés intellectuelles, sensibles et actives, dans leurs manifestations extérieures.

Cette corrélation entre les phénomènes psychiques et les phénomènes physiques s'explique facilement, si l'on conçoit que la matière est entièrement saturée et traversée par l'éther, fluide élastique et mobile. Or, toute opération cérébrale entraîne une mise en mouvement des particules atomiques du cerveau, — cela est démontré — et détermine, par ses vibrations, des mouvements ondulatoires de l'éther, allant se répercuter dans les zones ambiantes. Ces radiations cérébrales, analogues à celles de la chaleur, de l'électricité et de la lumière, sont en raison directe de l'intensité des opérations cérébrales ; elles exigent une dépense d'énergie plus ou moins considérable pouvant être suivie de plus ou moins de fatigue nerveuse.

Parmi les expériences sur l'extériorisation de la volonté nous devons mentionner celles de Lafontaine avec son zoomagnétomètre reprises tout récemment par Jounet que celui-ci expose ainsi :

« J'ai refait, en 1893 et depuis, une partie de ces expériences, celles qui se rapportent à l'action du fluide des mains humaines sur une aiguille de cuivre suspendue en un bocal de verre soigneusement fermé.

» L'aiguille de cuivre percée au milieu est suspendue, à l'intérieur du bocal de verre mince, par un fil de soie non filé; le fil est cousu par son extrémité supérieure au centre d'une couverture de peau qui ferme hermétiquement le bocal. Je place le bocal sur une cheminée de marbre solidement encastrée dans le mur. Je m'assieds en face du bocal un peu au-dessous. La pièce est fermée, je suis seul, j'ai tout préparé moi-même. On est en pleine lumière. Dans ces conditions, l'aiguille étant bien reposée et parfaitement immobile, si j'approche la main, les doigts en pointe, je mets l'aiguille en mouvement, je détermine des attractions et des répulsions...

» J'ai tenté avec le zoomagnétomètre quelques expériences dont Lafontaine ne parle pas; j'ai tenté de mettre l'aiguille dans tel ou tel sens — ayant abaissé les mains et n'ayant que les yeux en face de l'aiguille, j'ai réussi à la mettre en mouvement dans la direction voulue.

» Alors, le bocal étant placé sur un rond de papier portant à la circonférence les lettres de l'alphabet écrites de manière qu'une des pointes de l'aiguille fût en face de la première moitié de l'alphabet de A jusqu'à L et l'autre pointe de l'aiguille en face de la seconde moitié de M jusqu'à Z, j'ai voulu voir si je n'arriverais, par la pensée, à mettre l'aiguille en mouvement, à faire s'arrêter légèrement ses pointes en face de telle ou telle lettre et à former ainsi un mot voulu, déterminé d'avance dans mon esprit. J'y suis parvenu pour des mots courts et n'exigeant pas une trop grande amplitude du mouvement de l'aiguille ; j'ai formé ainsi les mots : roc, ère, nord, etc.

» Je conclus qu'il est possible, par la seule action mentale et cérébrale, de mettre en mouvement une aiguille de cuivre suspendue dans un bocal de verre fermé et immobile et de faire tracer par des arrêts de cette même aiguille devant des lettres inscrites sur un rond de papier placé au-dessous du bocal, toujours par la seule action mentale et cérébrale, des mots déterminés d'avance dans l'esprit.

» Or un cerveau humain est plus sensible qu'une aiguille inerte. La possibilité de la suggestion mentale se trouve donc analogiquement confirmée par ces expériences avec l'aiguille. »

Le transfert de la pensée d'un individu A à un sujet B s'explique également par le phénomène des radiations cérébrales.

De Puységur avait déjà dit d'un de ses sujets en état de somnambulisme : « Je n'ai pas besoin de lui parler, je pense devant lui et il m'entend et me répond. »

Après lui et ses successeurs Deleuze, Despines, le Dr Charpignon, le Dr Gromier, de Lyon, qui ont mis en évidence la transmission de la pensée, il faut citer les principales observations du Dr Puel.

La première est celle de madame D... et remonte à 1852. Cette dame était depuis longtemps sujette à des accès de catalepsie suivis de somnambulisme naturel. Au mois de novembre de la même année, le Dr Puel provoqua chez elle un état de somnambulisme et fit l'expérience suivante : Une pendule était placée derrière la tête de la malade, tout à fait en dehors du rayon visuel et sans aucune glace capable de réfléchir le cadran. D'ailleurs, le Dr Puel ne perdait pas de vue le visage de madame D..., ses paupières étaient fortement contractées et sans le moindre clignotement.

Vainement, l'observateur avait essayé de faire dire au sujet l'heure que marquait la pendule. Après une insistance de quelques minutes, madame D... répondit, impatientée : « Eh ! bien, pensez-y. »

« Je compris alors, dit le Dr Puel, dans son mémoire à l'Académie, toute la portée de cette parole, dont la condition paraissait indispensable au succès de l'expérience... Immédiatement, fixant mes yeux sur la pendule pour concentrer ma pensée sur l'heure, la malade répondit, en mettant un léger intervalle de quelques secondes entre les heures et les minutes : 8 heures... 5 minutes. Ce qui était d'une exactitude parfaite. »

Ce phénomène de transmission de pensée fut suivi de plusieurs autres non moins concluants, consignés dans le mémoire couronné par l'Académie.

L'observation de Dem... est plus étrange encore. Le Dr Puel, en ma présence et en présence du Dr Vivien, lisait des yeux quelques lignes tracées par l'un de nous sur un morceau de papier. Et mentalement suggestionnait au sujet d'avoir à exécuter l'action qui était demandée. Celui-ci accomplissait immédiatement et automatiquement l'ordre donné par le Dr Puel, avec cette circonstance particulière que Dem... était séparé de nous par un grand local de plus de dix mètres de long.

Dans une autre séance nous fîmes la modification suivante à la première expérience : la demande écrite par moi, dans un coin obscur de la chambre et sans témoin, fut remise au Dr Puel qui la fit exécuter tout aussi facilement, mais en tenant dans la main le papier remis plié par moi et sans en avoir pris lui-même connaissance.

Dans ce cas, la transmission de ma pensée et de ma volonté s'était donc faite, par le simple intermédiaire de l'expérimentateur, sur le sujet auquel j'étais inconnu.

J'ai rapporté un exemple de transmission de pensée et de suggestion mentale dans l'histoire de la démonomanie du moyen âge (1). La relation nous en a été fournie par les évêques, docteurs en Sorbonne et députés du roi, à propos des phénomènes observés sur les religieuses du couvent d'Auxonne.

Au commandement ou même par la pensée des exorcistes, elles tombaient en extase ; et dans cet état elles devenaient insensibles à la douleur, comme on le constata, en enfonçant une aiguille sous l'ongle de la sœur Denise.

L'évêque de Chalons rapporte que « toutes les dites filles, tant séculières que régulières, au nombre de dix-huit, avaient le don des langues et répondaient en latin aux exorcistes, faisant parfois des discours entiers en cette langue...

(1) Dupouy. *Moyen âge médical.*

» Presque toutes ont témoigné avoir connaissance de l'intérieur et du secret de la pensée, ce qui a paru particulièrement dans les *Commandements intérieurs* qui « leur ont été faits par les exorcistes en diverses occasions, auxquels elles ont obéi très exactement pour l'ordinaire, *sans que les commandements fussent exprimés ni par des paroles ni par aucun signe extérieur*, ce dont le dit évêque a fait plusieurs expériences, entre autres sur la personne de Denise Pariset, à laquelle *ayant fait commandement, dans le fond de sa pensée*, de le venir trouver pour être exorcisée, elle y est venue incontinent, quoique demeurant dans un quartier de la ville assez éloigné, disant au seigneur évêque qu'elle avait été commandée par lui de venir : ce qu'elle a fait plusieurs fois.

» Et encore en la personne de la sœur Jamin, novice, qui en sortant de l'exorcisme, lui dit le commandement intérieur qu'il avait fait au démon pendant l'exorcisme. Et en la personne de la sœur Borthon, à laquelle *ayant commandé mentalement* au plus fort de ses agitations de venir se prosterner devant le Saint-Sacrement, le ventre contre terre et les bras étendus, elle exécuta le commandement au même instant qu'il eut été formé avec une promptitude et une précipitation toute extraordinaire. »

Les religieuses d'Auxonne présentaient des phénomènes plus extraordinaires encore : au commandement, elles suspendaient les pulsations du pouls dans un bras, dans le bras droit par exemple, et faisaient ensuite le transfert des battements du bras droit au bras gauche. Ce fait, constaté par l'évêque et plusieurs ecclésiastiques, « fut exécuté ponctuellement en présence du médecin Morel, qui l'a reconnu et déposé. »

Une observation très remarquable de lucidité par transmission de pensée chez un enfant a été publiée, il y a deux ans, par le Dr Quintard.

Je la reproduis sans commentaires :

Ludovic X... est un enfant de moins de 7 ans, vif, gai, robuste et doué d'une excellente santé. Il est absolument indemne de toute tare nerveuse. Ses parents ne présentent également rien de suspect au point de vue neuropathologique. Ce sont gens d'humeur tranquille, qui ne savent rien des outrances de la vie. Aucun trouble ne saurait donc être relevé, ou même présumé chez Ludovic X..., dans l'harmonie des fonctions cérébro-spinales.

A l'âge de 5 ans, cependant, cet enfant sembla marcher sur les traces du célèbre Inaudi. Sa mère ayant voulu, à cette époque, lui apprendre la table de multiplication, s'aperçut, non sans surprise, qu'il la récitait aussi bien qu'elle ! Bientôt Bébé, se piquant au jeu, en arrivait à faire, de tête, des multiplications avec un multiplicateur formidable. Actuellement, on n'a qu'à lui lire un problème pris au hasard dans un recueil et il en donne aussitôt la solution. Celui-ci par exemple :

« Si on mettait dans ma poche 25 fr. 50, j'aurais trois fois ce que j'ai, moins 5 fr. 40. Quelle est la somme que j'ai ? »

A peine l'énoncé est-il achevé que Bébé, sans même prendre le temps de réfléchir, répond, ce qui est exact : 15 fr. 45. On va ensuite chercher à la fin du livre, parmi les plus difficiles, cet autre problème :

« Le rayon de la terre est égal à 6.366 kilomètres ; trouver la distance de la terre au soleil, sachant qu'elle vaut 24.000 rayons terrestres. Exprimer cette distance en lieues? »

Le bambin, de sa petite voix bredouillante, donne, également sans hésiter, cette solution qui est celle du recueil : 38.400.000 lieues!

Le père de l'enfant, ayant d'autres préoccupations, n'avait, tout d'abord, apporté aux prouesses de son fils qu'une attention relative. A la fin, il s'en émut pourtant, et, comme il est quelque peu observateur, au moins par profession, il ne tarda pas à remarquer que : 1° l'enfant n'écoutait que peu, et quelquefois pas du tout, la lecture du problème; 2° la mère, dont la présence est une condition expresse de la réussite de l'expérience, devait toujours avoir, sous les yeux ou dans la pensée, la solution demandée. D'où il déduisit que son fils ne *calculait* pas, mais *devinait*, ou pour mieux dire, pratiquait, sur sa mère, « la lecture des pensées »; ce dont, incontinent, il résolut de s'assurer. En conséquence, il pria madame X... d'ouvrir un dictionnaire et de demander à son fils quelle page elle avait sous les yeux, et le fils de répondre aussitôt : « C'est la page 456e. » Ce qui était exact. Dix fois il recommença et dix fois il obtint un résultat identique.

Voilà donc Bébé de mathématicien devenu sorcier, — disons devin pour ne pas l'offenser! Mais sa remarquable faculté de « double vue » ne s'exerce pas uniquement sur les nombres. Que madame X... marque de l'ongle un mot quelconque dans un livre; l'enfant, questionné à ce sujet, nomme le mot souligné. Une phrase est écrite sur un carnet; si longue soit-elle, il suffit qu'elle passe sous les yeux maternels, pour que l'enfant, interrogé, même par un étranger, répète la phrase mot pour mot, sans avoir l'air de se douter qu'il accomplit un tour de force. Pas n'est besoin même que la phrase, le nombre ou le mot soient fixés sur le papier; il suffit qu'ils soient bien précis dans l'esprit de la mère pour que le fils en opère la lecture mentale.

Mais le triomphe de Bébé ce sont les jeux de société. Il

devine l'un après l'autre toutes les cartes d'un jeu. Il indique, sans hésiter, quel objet on a caché à son insu, dans un tiroir. Si on lui demande ce que contient une bourse, il mentionnera jusqu'au millésime des pièces qui s'y trouvent. Où l'enfant est surtout drôle, c'est dans la traduction des langues étrangères. On croirait qu'il entend clairement l'anglais, l'espagnol, le grec. Dernièrement un ami de la maison lui demandait le sens de cette charade latine : *Lupus currebat sine pedibus suis.* Bébé s'en tira à la satisfaction générale. Le nom de *petit prodige* était sur toutes les lèvres !

Cette observation est suivie des réflexions suivantes du Dr Quintard :

« Nous connaissons les faits de la cause. Cherchons maintenant, messieurs, à soulever un coin du voile sous lequel s'abrite ce mystérieux phénomène de la « lecture des pensées ». Est-ce simplement de la suggestion ? Le fait que, dans l'observation précédente, l'enfant, pour deviner, a besoin de sa mère, miroir dans lequel se réfléchit pour ainsi dire la pensée qu'il perçoit, donne à cette hypothèse un certain fondement.

» En tout cas, il ne peut être ici question de suggestion hypnotique, car il n'y a jamais eu chez le jeune X... d'hypnose préalable. Ce serait, tout au plus, la suggestion à l'état de veille qui serait en cause. Mais vous n'ignorez pas que ce sont les sujets qui ont déjà été hypnotisés, ou dont le système nerveux n'est pas indemne, qui peuvent être ainsi suggestionnés, et j'ai déjà insisté sur ce point que l'état nerveux de l'enfant X... est parfait.

» Coulons à fond cependant cette hypothèse de la suggestion vigile. Les phénomènes suggestifs sont produits par la pénétration de l'idée de l'expérimentateur dans le cerveau du sujet. Donc, pour qu'il y ait suggestion dans le cas qui nous occupe, il faudrait constater chez la mère une certaine concentration psychique, un certain degré de *vouloir* indispensable au succès de l'expérience. Or, la lecture de sa pensée s'accomplit le plus souvent *contre son gré*. Toute médaille, en effet, a son revers. Quand Bébé fut en âge d'apprendre sérieusement à lire, sa maman, qui s'était dévouée à cette tâche, remarqua, non sans chagrin, que, sous sa direction, son fils ne faisait aucun progrès. Devinant tout, il n'exerçait ni son jugement, ni sa mémoire. Il fallut mille soins ingénieux pour mener la barque à bon port. On conçoit donc que madame X... dût avoir peu de goût pour la suggestion vigile.

» Mais serrons la question de plus près et examinons l'hypothèse de la « suggestion mentale ». On a qualifié ainsi la suggestion dans laquelle n'intervient aucune incitation extérieure apparente de la part de l'expérimentateur. On a alors l'illusion parfaite de la transmission directe de la pensée. Voici quelle interprétation on en donne : Tout phénomène psychique s'accompagne forcément de modifications dynamiques, vasculaires, sécrétoires, etc. Ces modifications imperceptibles constituent une sorte de parole mimée, que certains sujets hyperexcitables perçoivent et interprètent aisément. Ainsi comprise la suggestion peut être involontairement pratiquée. Néanmoins il serait difficile de l'adapter à notre observation. On a vu, en effet, combien Bébé représentait peu un sujet hyperexcitable et, de plus, loin de chercher à lire quoi que ce soit sur la physionomie de sa mère, je dois à la vérité de dire qu'il devine aussi bien sa pensée en fermant les yeux qu'en lui tournant le dos.

» Il nous faut donc renoncer à expliquer par la suggestion ce phénomène de la lecture des pensées et, pour en découvrir la véritable théorie, chercher une autre voie.

» Mais l'orientation est malaisée dans des terres désertes. La difficulté de trouver la bonne route n'a pas été pour rien dans le scepticisme qu'ont affiché certains savants à l'endroit de la « double vue ». Il n'est pourtant pas prudent de nier un fait parce qu'on ne peut l'expliquer. On a voulu autrefois empêcher par ce moyen la terre de tourner, et Dieu sait si l'on a réussi ! Les cas de *lucidité*, de *double vue*, de *lecture des pensées*, épars çà et là, sont nombreux. Il faudrait les grouper, les comparer, les scruter pour en faire jaillir l'étincelle. Une Revue de psychologie s'est imposé cette mission. J'ai foi dans son entreprise, car les résultats obtenus jusqu'ici ne sont pas pour me décourager.

» Essayons, en attendant, de faire avancer la question d'un pas. A l'instar de ce qui se passe dans notre corps, entre deux organes sympathiques, ne peut-on présumer qu'il existe, entre certaines individualités, une affinité spéciale, susceptible d'acquérir, dans des conditions encore mal étudiées, une puissance remarquable ? Cette affinité, cette force, ce courant, appelons-le fluide mesmérique avec les magnétiseurs, force neurique avec Baréty, électro-dynamisme avec Philips, influx rayonnant avec Dumontpallier, nous ne ferons, j'en conviens, que baptiser une hypothèse ; mais apportons une seule preuve de son existence et l'hypothèse se changera en loi ! Cette preuve a été empiriquement trouvée par madame X... Ayant observé que son fils n'émaillait d'aucune faute ses plus longues dictées quand elle était à son côté, elle eut l'idée d'aller se placer derrière un paravent, et alors le devoir de l'écolier devint à souhait rempli d'injures contre la grammaire ! Madame X.... interrompait le courant ainsi qu'avec un écran on intercepte un faisceau de lumière.

» Eh bien, ce courant, cette ondulation, cette irradiation, dont on continuera à discuter la nature, mais dont on ne peut nier l'existence, jette, selon moi, sur le chaos, une clarté ; et c'est avec cette lumière qu'on trouvera je l'espère, la solution du problème que je livre à vos méditations. »

Ce n'est qu'en 1885 que les expériences de Ch. Richet, d'Ochorowicz, de Gibert et de Janet vinrent établir officiellement la réalité de la transmission de pensée. La suggestion mentale fut produite par ces expérimentateurs à plusieurs kilomètres de distance, dans toutes les conditions de rigueur scientifique.

D'après Richet, il n'y a pas de limites absolues dans les phénomènes psychologiques ; il n'y a qu'une graduation. Si la suggestion mentale existe à un degré exceptionnel chez quelques privilégiés, elle doit exister plus ou moins imperceptible chez tout le monde...

Incontestablement, l'homme a une action sur l'homme et cette action a pour équivalent la puissance de la volonté de l'un et l'infériorité de l'autre. Cette inégalité des deux détermine ce qu'on appelle le *rapport* entre l'expérimentateur et le sujet.

Ochorowicz a traduit le fait en une loi ainsi formulée :

1° Tout être humain est un foyer dynamique.

2° Un foyer dynamique cherche toujours à propager le mouvement qui lui est propre.

3° Un mouvement propagé se transforme suivant le milieu qu'il traverse.

La pensée et la volonté et toutes les fonctions psychiques, en général, sont des actes dynamiques (1).

Dans la séance annuelle (1896) de la *Société d'hypnologie et de psychologie*, le docteur Joire, de Lille, a developpé cette thèse que certains phénomènes physiques devaient être interprétés par les états médianiques de l'hypnose. D'après lui, parmi les phénomènes psychiques qui ont une apparence mystérieuse, il en est qui exigent toujours le concours des deux sujets.

« Dans un premier groupe de faits, dit-il, l'un des sujets est averti, sans aucune transmission physique apparente, d'un phénomène qui se passe chez l'autre sujet, situé à une grande distance.

» Dans un second ordre de faits, les deux

(1) Cette loi aurait pu être vérifiée dans certaines sensationnelles apparitions... si une enquête scientifique avait été faite par des hommes initiés à la physiologie psychologique.

sujets sont en présence et l'un d'eux décrit des choses ou des événements qui ne sont connus que du second.

» Dans une troisième catégorie de cas, l'un des sujets annonce à l'avance un fait qui sera accompli par l'autre sujet, ou auquel il aura une part importante. Toujours, dans ces cas, le fait a reçu un commencement d'exécution au moment où il est prédit.

» Tous ces faits ne peuvent être expliqués que par un phénomène de la transmission de la pensée.

» L'année dernière, en écrivant les états hypnotiques nouveaux auxquels j'ai donné le nom d'états médianiques de l'hypnose, j'ai montré qu'un des caractères principaux de ces états était la possibilité de la transmission de la pensée et de la suggestion à distance entre les deux sujets.

» Les observations connues des faits qui rentrent dans le cadre de cette étude permettent de conclure qu'ils se passent entre deux sujets placés, d'une manière consciente ou inconsciente, dans les états médianiques de l'hypnose. »

Nous ne pouvons faire, à propos de cette communication, une discussion de mot, la question importante restant la même, puisqu'elle est exclusivement renfermée dans les faits.

De ces phénomènes, qui appartiennent encore aux Sciences occultes, beaucoup, comme on le voit, sont déjà rentrés dans le cadre des lois naturelles, et les autres y rentreront prochainement, malgré le merveilleux qui les entoure et certaines apparences plus ou moins contraires aux préjugés de la science acquise.

VIII

Lucidité.

Richet définit ainsi la lucidité : « la connaissance pour un individu d'un phénomène quelconque, non percevable et connaissable par les sens normaux, en dehors de toute transmission mentale consciente ou inconsciente. »

Parmi les expériences nombreuses de lucidité, le professeur de physiologie de la Faculté en prend une comme type : il enferme des dessins dans une enveloppe opaque et les fait décrire par les sujets. Ce phénomène appartient à la lucidité expérimentale, et se rapproche beaucoup de la transmission de la pensée.

Dans la lucidité spontanée, la caractéristique est la vision par un esprit de faits se passant à une grande distance, sans que ces faits soient reflétés par un autre esprit.

En d'autres termes, la lucidité est à la vision à distance la connaissance des choses cachées.

Les Annales des Sciences psychiques, de mai 1896, contiennent un article très intéressant du docteur Ferroul, de Narbonne, sous le titre de *Lucidité, expériences* du docteur Ferroul. En voici le résumé :

« Un jour, dans les rues de Narbonne, une jeune femme tombe dans une attaque d'hystérie. Ferroul, qui passait par hasard, en sa qualité de médecin, s'approcha de la jeune malade et lui ordonna de se lever, ce qu'elle fit immédiatement.

» Ferroul songea alors à faire sur elle des expériences d'hypnotisme ; il la fit venir chez lui et ne tarda pas à s'apercevoir de ses étranges facultés psychiques.

» Etant plongée dans le sommeil magnétique, elle lui faisait spontanément des révélations sur ses actes à lui, Ferroul, actes que la lucide ne pouvait préalablement connaître, et sans qu'il l'ait dirigée vers ses déclarations, M. Ferroul fut donc conduit progressivement à des essais divers et je vais relater quelques cas que je tiens de Ferroul lui-même, et qui ont eu du retentissement dans la ville ou qui ont pu être contrôlés par divers médecins... »

» I. — Ferroul attendait à Narbonne deux personnes qui devaient arriver par le train. Ces personnes n'arrivant pas, il endormit le sujet et l'envoya voir la cause de ce retard. Le sujet se transporte sur les lieux et voit que l'une des personnes attendues « est sur un lit, blessée à l'épaule et aux reins... la voiture a versé... le médecin fait un pansement... »

» L'expérimentateur télégraphie et une lettre arrivée le lendemain confirme tous les détails fournis par le sujet.

» II. — Une jeune fille disparaît. Ferroul endort le sujet, qui déclare que la jeune fille a été *enlevée*, fait qui est reconnu exact quelques jours après, au retour de la fugitive.

» III. — En juillet 1894, au moment des lois de réaction, Ferroul, comme chef du parti socialiste, était en lutte avec le parti gouvernemental. Un jour, le secrétaire de la mairie vint avertir M. Ferroul qu'un agent de la Sûreté, arrivé de Carcassonne, était venu prendre le commissaire central à la mairie, pour l'emmener chez le sous-préfet.

» M. Ferroul songea à se servir des facultés d'Anna ; il l'envoya chercher, l'endormit et l'envoya à la sous-préfecture. La lucide lui fournit les détails les plus circonstanciés sur une affaire très compliquée : et tous ces détails étaient rigoureusement exacts. »

La lucidité somnambulique serait donc scientifiquement reconnue, par ce fait. Mais il ne faut y voir que l'extériorisation du Corps psychique chez un sujet en état de somnambulisme.

Les phénomènes de lucidité, de vision à travers les corps opaques ne sont pas nouveaux, ils ont été consignés par un grand nombre d'auteurs de l'antiquité et du moyen âge.

On sait que Trajan, très sceptique au sujet des somnambules lucides de son temps, avait envoyé à l'oracle d'Héliopolis des demandes par écrit, scellées et cachetées. Le dieu ordonna de lui renvoyer du papier blanc. Trajan fut confondu; il avait envoyé en effet des tablettes vides d'écriture.

Reportons-nous, d'ailleurs, aux Pythonisses et aux Sybilles. C'étaient les voyantes d'autrefois. Il y en a eu à toutes les époques et dans toutes les civilisations.

Dès la plus haute antiquité, elles étaient inspirées par les Mages, les occultistes de la Chaldée et de l'Egypte; elles furent les initiatrices des Druidesses, les contemporaines de la fameuse Pythonisse d'Endor, qui eut le pouvoir d'évoquer devant Saül l'ombre de Samuel avant la bataille de Gelboé et de lui prédire sa mort.

De toutes, les Pythies furent les plus célèbres; elles étaient douées, d'après les légendes, du don de prophétie, elles prédisaient l'avenir. Elles vivaient dans le temple d'Apollon et ne rendaient que les oracles de ce dieu. Dans les temples des autres dieux, à Rome, c'étaient les Sybilles.

Le front de la Pythie, a dit Lucrèce, était ceint de laurier ainsi que le trépied sur lequel elle montait.

Pythia quæ tripode ex Phœbi lauroque profatur.

On les choisissait toujours dans le bas peuple, et cependant leurs réponses se faisaient régulièrement en vers hexamètres ou en vers iambiques, très rarement en prose vulgaire. Pour occuper les fonctions de prêtresse, il fallait encore remplir d'autres conditions : les pontifes n'acceptaient, comme l'a dit Maury, que des jeunes filles nerveuses, sujettes aux convulsions, c'est-à-dire des malades atteintes de ce que nous appelons aujourd'hui la grande hystérie, sur lesquelles naturellement les pratiques de l'hypnotisme devaient être faciles...

Une des Sybilles renommées de l'antiquité était Sambethes ou Sabée, connue sous le nom de la Sybille persique ou chaldéenne. Elle possédait le don de prophétie à un degré très élevé. On la disait fille de Belos, prêtre de Bélus. Elle a laissé vingt-quatre livres de prophéties ; et plusieurs de ses oracles ont été mentionnés par saint Augustin. Elle avait annoncé l'avènement de Jésus de Nazareth, sa vie et ses miracles.

Les Pythonisses et les Sybilles n'entraient généralement en faculté de prévision qu'après avoir passé par les crises du somnambulisme artificiel. D'ailleurs, le sommeil hypnotique se trouve décrit dans certains passages d'auteurs anciens :

« On faisait avec la main, dit Cœlius Aurelianus, des mouvements circulaires devant les yeux des patients... *Atque ita, si ante oculos eorum quisquam digitos circum moveat...* »

Il faut se souvenir des fameux oracles de la magicienne Erichto et des réponses non moins extraordinaires de la Pythonisse du temple de Delphes aux réponses d'Appius. Et Cassandre, prêtresse d'Apollon, dans la tragédie d'Agamemnon, de Senèque, n'est-ce pas encore le type de l'hystérique hypnotisable ?

Rappelons quelques-uns de ces faits. Pendant

qu'Erichto annonçait au jeune Sextus, le fils de Pompée, qu'une mort glorieuse était promise à son père et à ses amis, alors que les plus affreuses tortures étaient réservées aux vainqueurs, un autre officier avait été envoyé à Delphes ; c'était Appius. Le récit nous en a été transmis par Lucain, dans la *Pharsale* : sur son ordre, le pontife va prendre la Pythonisse, la chaste Phémonoé, et la conduit vers l'antre du temple... Elle consent à se laisser pénétrer du dieu, *qui s'empare de son corps, dès que l'âme en est chassée*. Elle parle, mais elle ne fait à Appius qu'une communication intéressant son sort. Pour le reste, Apollon lui a fermé la bouche. Elle se réveille, mais le dieu a versé le Léthé dans son âme : il a été défendu au médium de se souvenir. Nous agissons de même aujourd'hui.

Telle était la cérémonie qui se passait au temple de Delphes, quand on venait consulter les Pythies. Mon opinion est qu'il y a, à notre époque, bien des sujets qui pourraient jouer, dans les mêmes circonstances, le rôle des prophétesses de l'antiquité.

Les vierges de la Gaule qui allaient couper le gui sacré, notre Jeanne d'Arc et tant d'autres restées inconnues, furent aussi des Voyantes, des inspirées, des créatures humaines en communication avec le Monde invisible...

Les exemples de lucidité spontanée se retrouvent à toutes les époques ; — et, à moins de récuser l'autorité du témoignage des hommes, il faut les accepter comme des faits légués par l'histoire, sans commentaires. Mentionnons-en quelques-uns, qui sont classiques :

C'est Appolonios de Tyane, faisant une leçon de philosophie à Ephèse, s'arrêtant tout à coup pour crier au meurtrier qui, au moment même, assassinait Domitien à Rome : « Courage, Stephanus, tue le tyran. » C'est saint Ambroise averti à Rome de la mort de saint Martin à Tours. C'est l'archevêque de Vienne annonçant à Louis XI la mort et la défaite du duc de Bourgogne, à « laquelle heure coltée fut trouvée estre celle en laquelle véritablement avait été tué ledict duc ».

Et les prédictions du père Beauregard, treize ans avant la Révolution ; et celle de Cazotte en 1783 : « Vous, monsieur Condorcet, disait-il, vous expirerez sur le pavé d'un cachot, — il n'y aura plus que les temples de la raison. — Vous, monsieur Vicq d'Azyr, vous vous ferez ouvrir six fois les veines dans un jour, et vous mourrez dans la nuit. — Vous, M. de Nicolaï, vous mourrez sur l'échafaud. — Vous, M. Bailly, vous, M. de Malesherbes, sur l'échafaud, etc., et alors vous serez gouvernés par la seule raison. »

La littérature médicale moderne nous fournit des observations de lucidité non moins remarquables. Le Dr Pétetin a rapporté l'histoire d'une hystérique extrêmement intéressante.

Pendant une des phases de l'hypnose, elle chantait.

« Je chante, disait-elle, pour me distraire d'un spectacle qui m'épouvante. *Je vois mon intérieur*, les formes bizarres des organes enveloppés d'un réseau lumineux. Ma figure doit exprimer ce que j'éprouve, l'étonnement et la crainte. Un médecin qui aurait un quart d'heure ma maladie serait heureux sans doute, puisque la nature lui dévoilerait tous ses mystères ; et s'il aimait son état, il ne demanderait pas comme moi une prompte guérison.

« — Voyez-vous votre cœur, lui dit le Dr Pétetin ?

« — Le voilà, dit la malade, il bat en deux temps et des deux côtés à la fois. Quand la partie supérieure se resserre, l'inférieure s'enfle et se resserre bientôt après, le sang en sort tout lumineux et passe par deux gros vaisseaux qui sont peu éloignés l'un de l'autre. »

Chez un autre sujet, présentant des phénomènes de catalepsie et de somnambulisme, Pétetin a observé que la lucidité augmentait de puissance à mesure que la guérison de sa catalepsie avançait.

« Non seulement, dit-il, elle prévoyait ce qui devait lui arriver, et pouvait disserter avec une grande justesse sur des points les plus obscurs de la métaphysique et de la physiologie ; mais formait-on une pensée sans la manifester par la parole, elle en était instruite aussitôt et exécutait ce qu'on avait l'intention de lui commander, comme si la détermination fût venue d'elle-même ; quelquefois elle priait de suspendre l'ordre mental ou de le révoquer, lorsque ce qu'on lui prescrivait était au-dessus de ses forces ou qu'elle était fatiguée. »

Une autre cataleptique de Pétetin voyait l'intérieur d'une lettre qu'elle appuyait fermée sur ses doigts. Une autre distinguait le portrait qu'on plaçait sur son épigastre.

Une somnambule du Dr Chapelain voyait l'oreille interne d'un malade et en donnait une description anatomique exacte ; une autre, toujours d'après le même auteur, décrivait le ténia qui se mouvait dans les intestins d'un malade.

Chardel employait lui aussi les somnambules pour son diagnostic : une d'elles diagnostiqua un épanchement pleural, une péricardite.

Le Dr Bertrand fut fort étonné de voir un sujet faire la découverte à travers les robes d'une affection dartreuse des voies génitales ; un autre, prétend-il, diagnostiqua la boiterie de la hanche chez un enfant qu'on lui présentait au repos. Une autre enfin perçut une balle logée dans la tête et la découvrit exactement. Les rayons X étaient inconnus alors.

Sous la dénomination d'Auto-Représentation organique, plusieurs médecins aliénistes ont publié des observations de lucidité analogues à celle de l'hystérique de Petetin. Le Dr Comar en a publié trois, le Dr Sollier une, le Dr Buvat une également. Nos confrères considèrent que ces cinq cas sont uniques dans la science, assertion laissant supposer que leurs investigations n'ont porté que sur les sujets des asiles d'aliénés, et qu'ils ignorent ou veulent ignorer les phénomènes de lucidité somnambulique.

Dans l'observation du Dr Buvat, il s'agit d'une femme de 29 ans, entrée à l'asile de Villejuif en 1901, atteinte de « dégénérescence mentale avec dépression mélancolique et tendance au suicide. » De plus, elle est morphinomane. Enfin, il y a chez elle une double hérédité névropathique et tuberculeuse ; elle est hystérique, comme son père et ses trois sœurs, avec anesthésie de plusieurs régions, nombreux points douloureux sur plusieurs parties du corps, et hyperesthésie de l'abdomen et du thorax.

Au mois de juillet de la même année on commence le « traitement mécano-thérapique » de la névrose hystérique par les pieds. En arrivant dans la fosse iliaque droite, quelques jours après, on provoque l'hypnose par la pression sur un point de cette région, — et on suggère à la malade de « réveiller tout son abdomen. »

Le procédé employé par les médecins de Villejuif revient donc aux attouchements magnétiques sur un point hyperesthésié et à la suggestion verbale.

En insistant davantage pour que le sujet « réveille tout à fait son abdomen », le phénomène de lucidité somnambulique se produit tout à coup par les paroles suivantes :

« Comme c'est drôle le ventre... une pointe en os... puis l'utérus qui correspond aux ovaires... l'utérus est fendu, il est un peu ovale, rose... il y a un boyau derrière l'utérus, un gros boyau, c'est sale, c'est sale, c'est pour les matières, il aboutit à l'anus, c'est dégoûtant, ça fait mal au cœur de voir ça... » Puis la malade se tait. On trouve une anesthésie complète et généralisée à tout le corps, les plus fortes piqûres n'entraînent aucune réaction alors que le bas-ventre est le siège d'une sensibilité exquise. — Réveillez plus encore, lui dit-on. — Au bout d'un instant, la malade repart :

« Oh! ce tas de boyaux, ce qu'il y en a à droite, ils ont l'air mieux portants, plus clairs, la peau n'est pas terne, ils n'ont pas la même couleur, il y a de petits vaisseaux rouges avec du sang; de petits vaisseaux blancs, ils se tiennent tous ensemble, et ils ne sont pas de la même couleur... il y a une petite peau fine imperceptible qui couvre tout ça... il y a de l'eau qui se promène parmi tous ces boyaux, il y en a qui ont une drôle de forme, ça forme des petits ronds... pourquoi le côté gauche ne ressemble pas au côté droit, ils sont plus ternes... le côté gauche me fait plus mal, il n'est pas fait comme le droit, c'est terne... C'est quand on respire que ça forme des gros vers... en remontant vers l'estomac le boyau s'amincit... » — Puis la malade se tait, elle continue ses mouvements accompagnés de gémissements, encore pendant quelque temps; — on lui dit de se reposer, elle reste dans l'hypnose, gardant une sensibilité très marquée de toute sa paroi abdominale et une anesthésie profonde partout ailleurs; un peu plus tard, on lui dit de réveiller toute sa poitrine, en appuyant sur son point mammaire gauche : la malade s'étire, se met dans la position la plus favorable pour dilater sa poitrine; elle fait de grandes inspirations, se plaint de souffrir, puis au bout d'un instant elle dit :

« Je vois mes poumons... on dirait que j'ai des bêtes qui me rongent du côté gauche, à droite non... mais à gauche il n'est pas entier... et puis, c'est creux tout ça... c'est vide, ça fait mal... c'est drôlement fait, on dirait de l'éponge ».

En arrivant au cœur, la malade se plaint de souffrir de la région précordiale, son pouls bat à

128. Alors nouvelle suggestion formulée par ces mots : « Sentez plus. »

Elle reprend ainsi : « ... La pointe de mon cœur est malade, c'est pas gros comme un cœur de mouton... il y a une grosse veine... mais pourquoi le sang ne sort pas par la pointe, il passe tout par en haut (d'un geste elle esquisse la crosse de l'aorte)... C'est pas des veines qu'il y a dedans, on dirait de la petite peau blanche, c'est fin, fin, on pourrait en prendre pour coudre ;... ces fils ne tiennent pas à la chair... il y en a du sang là-dedans, c'est d'un beau rouge foncé... Oh ! comme ça tient après des fils, on dirait qu'il va se balancer, il fait pan pan mais ce n'est pas le cœur, c'est le sang qui afflue... Ah ! il ne fonctionne pas bien, c'est pour cela qu'il me fait mal... il y a une peau qui recouvre le cœur... et puis ce qu'il y en a de petites veines tout autour... »

Pendant qu'elle parle, sa physionomie exprime tour à tour l'étonnement, le dégoût, la curiosité, sa parole est lente comme si elle cherchait les mots pour exprimer ce qu'elle voit.

Elle se réveille ensuite, sur la suggestion qui lui en est donnée, sans garder le souvenir de ce qu'elle a dit dans l'hypnose.

L'auteur de l'observation termine ainsi :

« Quand nous en eûmes fini avec le tronc, les viscères et les membres, nous procédâmes au réveil de la tête : nous avons assisté à une régression de la personnalité, non pas en une seule séance, mais en plusieurs, à dix-sept ans en arrière : la malade se retrouvait à l'âge de douze ans, elle revivait toutes les périodes de sa vie mouvementée avec un dédoublement complet de sa personnalité : cela nous entraînerait trop loin de donner même en raccourci l'histoire de la malade, histoire à laquelle nous assistions comme si nous avions tenu le récepteur d'un téléphone et écouté la conversation d'un seul interlocuteur : c'était les scènes de la vie de la pauvre ouvrière qui se prostitue pour vivre, et qui malade s'adonne à la morphine ; compromise dans des vols, elle passe en jugement deux fois purge à Saint-Lazare, puis à Nanterre. En janvier 1902 la malade quittait l'asile sur sa demande, très améliorée sinon guérie : elle avait beaucoup engraissé, dormait spontanément la nuit, était active et travaillait. Elle rédigea à notre demande une note, où elle retraçait tous les incidents de sa vie ; cette note contrôlait tous les renseignements qu'elle nous avait fournis dans l'hypnose en retrouvant sa sensibilité cérébrale. »

Comme conclusion, le Dr Buvat émet l'hypothèse d'interpréter les phénomènes observés par les expériences de Schiff sur les réflexes médullaires !... en ajoutant que cette femme, d'ailleurs illettrée, a reconnu, comme les quatre autres sujets de Comar et de Sollier, « non seulement la position et le fonctionnement de leurs organes, mais aussi leur constitution anatomique et leur structure intime. »

L'*Auto-Représentation organique* n'est donc en réalité que de la lucidité somnambulique, développée dans l'hypnose.

Le Dr G. de Messimy, à l'appui de la lucidité de certains sujets, a rapporté plusieurs faits très probants de vision à travers les corps opaques.

Un de ses sujets, mis en demeure publiquement de dire ce que contient la poche d'un assistant qui niait les phénomènes de lucidité, répond sans hésiter : « La poche de droite contient une pièce d'or de quarante francs, une ficelle et une clef. »

C'était parfaitement exact.

« Pendant une séance donnée à Montpellier en 1885, ajoute M. de Messimy, nous obtînmes avec un autre sujet, dans l'état somnambulique, de remarquables phénomènes de lucidité.

» Les heures de deux montres, se trouvant dans le gousset de leurs propriétaires (lesquels ignoraient l'heure exacte qu'elles pouvaient marquer en ce moment), furent parfaitement dites par le sujet, qui ne se trompa pas non plus, quant à une troisième montre, en disant qu'elle était arrêtée.

» Des objets cachés dans les vêtements de plusieurs personnes présentes furent exactement nommés. Un jeune homme entre dans la salle. A cette question posée par nous, à notre sujet : Quel objet se trouve dans la poche droite du pantalon du nouvel arrivé? » il nous répond aussitôt : « Un paquet de tabac de cinquante centimes ! » ce qui fut immédiatement vérifié. Puis, deux canifs qui se trouvaient dans la poche droite de l'habit de M. Tr..., chef de gare de la station de Baillargues, furent également « *vus* » et parfaitement nommés, ainsi qu'une pièce de 0 fr. 50, dans la poche du gilet d'un jeune homme.

» La lucidité de mon sujet s'étendait jusqu'à la lecture même de la pensée des assistants, comme le fait suivant, qui a terminé la séance, le prouve, d'une façon irréfutable. Ayant prié douze personnes de la société de venir se ranger debout devant le sujet, de manière à former un arc de cercle, nous conseillons à chacune d'elles de penser, avec une attention soutenue, à une fleur choisie librement, sans en communiquer le nom à son voisin ni à nous, qui nous trouvions entre le sujet et ces personnes, que nous ne perdions pas de vue, de manière à empêcher la moindre communication de l'une d'elles avec le sujet, si l'envie lui en prenait. Puis, nous adressant à elles, nous leur dîmes : « Messieurs, pensez-vous bien à vos fleurs? — Oui, Monsieur. » — Alors nous tournant vers le sujet, nous lui ordonnons de nommer à haute voix la fleur pensée par chacune de ces personnes, et il les nomma toutes, sans se tromper et sans la moindre hésitation, lisant comme dans un livre la pensée humaine. »

Nous pourrions multiplier ces faits de lucidité constatés par beaucoup d'expérimentateurs dont plusieurs appartiennent au corps médical, et notamment par M. Ch. Richet et par M. Coste (1).

Tous ces phénomènes ont perdu, d'ailleurs, le prestige merveilleux qu'ils possédaient autrefois.

Le Corps psychique, dans l'état de somnambulisme, perçoit et transmet au cerveau les qua-

(1) Tout récemment on a pu constater la lucidité de madame Lay-Fonvielle, lorsqu'elle a révélé les détails de la mort du capitaine de France, et lorsqu'elle affirmait que les ambassadeurs européens à Pékin, qu'on disait massacrés par les Chinois, étaient vivants et se défendaient contre leurs ennemis.

lités lumineuses des corps avec leurs caractères de situation, de forme et de volume.

Dans cet état, les phénomènes physiques de la vision, ceux qui commencent à la cornée et finissent à la rétine, manquent chez les sujets, mais les phénomènes organiques, ceux qui dépendent des propriétés de l'appareil nerveux, qui commencent où cessent les autres, et cessent à la partie du cerveau qui perçoit, sont mis dans un état de suractivité spécial donnant à la vision des impressions plus exactes que celles par l'appareil externe, c'est-à-dire par l'œil.

Ce sont des voyants ; ils possèdent la double vue. Et cela, en restant indépendants aux lois de la lumière, de ses réfractions multiples et successives à travers les différents milieux de l'organe normal de la vision.

IX

Extériorisation de la motricité. Matérialisations.

De même que le Corps psychique a la possibilité de pouvoir, dans des cas donnés, extérioriser ses facultés sensibles et intellectuelles, il peut également extérioriser ses facultés actives. Les preuves en sont fournies par les phénomènes de médiumnité.

Ces phénomènes sont-ils l'apanage exclusif du Corps psychique pendant la vie? Les faits de médiumnité démontrent que la mort correspond à l'extériorisation complète du Corps psychique et de l'âme à laquelle il est lié.

Etablissons d'abord que l'étude des phénomènes médiumniques, comme l'a dit Aksakof, nous force à accepter les deux vérités suivantes :

« 1° Il existe dans l'homme une conscience intérieure, *en apparence* indépendante de la conscience extérieure, et qui est douée d'une volonté et d'une intelligence qui lui sont propres, ainsi que d'une faculté de perception extraordinaire; cette conscience intérieure, individuelle, n'est ni connue de la conscience extérieure sensorielle, ni contrôlée par elle; elle n'est pas une simple manifestation de cette dernière, car ces deux consciences n'agissent pas toujours simultanément, — c'est une individualité. En résumé, l'activité psychique de l'homme se présente comme *double :* activité consciente et activité inconsciente, — extérieure et intérieure, — les facultés de cette dernière surpassant de beaucoup celles de la première.

« 2° L'organisme humain peut agir à distance, en produisant un effet non seulement intellectuel ou physique, mais plastique même, dépendant, selon toutes les apparences, d'une fonction spéciale de la conscience intérieure. Cette activité extra-corporelle est indépendante, semble-t-il, de la conscience extérieure, car elle n'en a pas connaissance et ne la dirige pas.

« Quant à l'hypothèse d'une action extracorporelle intellectuelle de la conscience extérieure, elle peut également trouver sa justification dans les phénomènes médiumniques, — incidemment, car depuis longtemps elle s'appuie sur des faits autres que ceux du spiritisme : sur des expériences de somnambulisme et sur les phénomènes plus récemment étudiés de la télépathie. »

D'après cela, les phénomènes médiumniques pouvant être expliqués par une action de l'homme vivant au-delà de la limite de son corps doivent être classés dans l'*animisme*, avec certains phénomènes intellectuels et physiques et qui laissent supposer une activité extra-corporelle ou à distance de l'organisme humain.

Les phénomènes qui ne peuvent être expliqués par aucune des théories précédentes, offrant des bases sérieuses pour l'admission de l'hypothèse d'une communication avec le principe animique lorsqu'il n'est plus relié au corps, appartiennent au spiritisme, qu'il faut logiquement admettre comme une conséquence naturelle de l'animisme et comme la synthèse de certains faits médiumniques d'une évidence mathématique.

Les phénomènes de médiumnité ne se produisent généralement que sous l'influence de sujets nerveux, souvent névropathes, qu'on désigne sous le nom de médiums.

Le médium est un être sensitif dont le Corps psychique possède, dans certaines circonstances, et en raison d'un mouvement vibratoire plus intense qu'à l'état normal, une force particulière capable de produire des phénomènes extra-naturels, ressortissant à l'*animisme* ou au *spiritisme*. Dans le premier cas, le Corps psychique agit seul par extériorisation de ses facultés propres ou avec l'aide du Corps psychique extériorisé d'une personnalité vivante ; dans le second cas, il emprunte à une personnalité posthume une partie de cette même force.

« L'existence de la personnalité posthume, dit l'éminent psychologue russe, étant démontrée par des milliers de faits observés dans tous les siècles et chez tous les peuples, il reste à rechercher sa nature et son origine. Elle procède évidemment de la personnalité vivante, dont elle se présente comme la continuation avec sa forme, ses habitudes, ses préjugés, etc. Ce nombreux faits démontrent qu'il existe dans l'homme un principe qui, se détachant du corps lorsque la vie disparaît, abandonne ce dernier et continue pendant un temps donné l'action de l'individualité humaine. Ces faits se manifestent quelquefois pendant la vie, offrant en même temps le caractère de la personnalité vivante et ceux de la personnalité posthume. »

Les phénomènes médiumniques sont toujours des phénomènes objectifs, comme le démontrent rigoureusement les faits de matérialisation. Ceux-ci ont été classés ainsi par Aksakof :

MATÉRIALISATION D'OBJETS ÉCHAPPANT A LA PERCEPTION PAR LES SENS

Photographies de rayons lumineux invisibles à l'œil, sous l'influence d'un médium : taches, images, apparitions lumineuses, étoile entourant celui-ci. Ces photographies étaient faites par des photographes amateurs, MM. Beattie et le docteur Thomson. Les apparitions représentaient soit une figure humaine ombrée avec cheveux longs, soit des bustes lumineux avec les bras croisés. Ces photographies ont une certaine analogie avec celles des effluves obtenus par MM. Luys, de Rochas et Iodko.

Les phénomènes de matérialisation par les expériences photographiques doivent être répartis en cinq catégories (1) :

I. — Le médium est visible ; la figure matérialisée est invisible à l'œil, mais elle apparaît sur la plaque photographique.

II. — Le médium est invisible ; le fantôme est visible et reproduit par la photographie.

III. — Le médium et le fantôme sont vus en même temps ; seul ce dernier est photographié.

IV. — Le médium et le fantôme sont visibles tous deux et photographiés en même temps.

V. — Le médium et le fantôme sont invisibles ; la photographie se produit dans l'obscurité. Ce phénomène a été observé pour la première fois en 1886, c'est-à-dire dix ans avant la découverte des rayons de Rœntgen.

MATÉRIALISATION ET DÉMATÉRIALISATION D'OBJETS ACCESSIBLES A NOS SENS

Faits de pénétration de la matière, sous la forme d'*apports* : transport d'une ardoise hors d'une chambre close.

Matérialisation invisible de toute sorte d'objets inanimés, fleurs et étoffes, disparaissant graduellement.

Matérialisation et dématérialisation de formes humaines.

Obs. de D. Owen avec le médium Slade. En

1. Aksakof. *Animisme et spiritisme.*

pleine lumière, une main écrit une communication en anglais sur une feuille de papier posée sur une ardoise reposant sur les genoux de l'expérimentateur ; puis une autre main écrit sur la même feuille quelques lignes en grec.

Reproduction de formes matérialisées par des moulages en plâtre ou à l'aide de la paraffine.

Ces expériences, faites à Manchester par M. Reimers, peuvent se diviser en quatre catégories :

I. — Le médium est isolé ; l'agent occulte est invisible.

II. — Le médium est en évidence ; l'agent occulte reste invisible.

III. — Le médium reste isolé ; l'agent occulte apparaît.

IV. — L'agent et le médium sont simultanément visibles aux spectateurs.

Pesées. — Une preuve plus matérielle encore de l'objectivité des phénomènes médiumniques, c'est la pesée du médium avant et après, et les pensées de la forme matérialisée.

M. Armstrong pèse avec la balance de Blackburn son médium miss Wod. P = 176 livres.

Il enferme le médium, et son double apparaît. On le pèse. P = 34 livres. Dans une autre séance, on trouve encore pour celui-ci P = 84 livres.

A une séance de contrôle, miss Fairland, le médium, est cousue dans un hamac dont les supports étaient pourvus d'un enregistreur marquant les oscillations de poids, aux yeux des assistants. Le double du médium apparaît, et on constate une diminution graduelle de poids. L'enregistreur indique finalement une perte de 60 livres dans le poids du médium, soit la moitié de son poids normal. Le fantôme alors se dématérialise, et progressivement l'enregistreur indique une augmentation de poids, mais celle-ci ne dépasse pas 117 livres. L'expérience avait donc dépensé au médium la différence, c'est-à-dire 3 livres de son poids normal (1).

Dans les phénomènes d'apports, de disparition d'objets dans une chambre close et, en général, dans tous ceux qui touchent à la pénétration de la matière, il ne faut voir que la manifestation de la force psychique, — ne présentant pas un caractère plus mystérieux que certains phénomènes reconnus aux sciences physiques.

C'est à cette force qu'il faut attribuer également la dématérialisation et la rematérialisation d'objets dont nous donnons plusieurs observations dans le chapitre suivant sous le titre de : *Expériences de médiumnité*, qui démontreront la possibilité de la désagrégation momentanée de la matière solide.

Mais si les apports peuvent s'expliquer par le fait de la désagrégation momentanée de la matière, ils peuvent être, dans certains cas, les résultats de la matérialisation des atomes, dans

(1) Des faits semblables sont consignés dans : *The Spiritualist*, 1875 ; — *People from the Other World*, 1875 ; — *Light*, 1880.

le foyer neuro-dynamique où est placé le médium. C'est ainsi qu'il est possible d'expliquer la croissance extemporanée d'une plante par les fakirs de l'Inde, et la matérialisation d'un *Ixora crocata* avec sa tige, ses feuilles et ses fleurs sortant d'une carafe ne contenant que de l'eau et du sable, phénomène obtenu dans une séance à la lumière, en présence de vingt personnes, parmi lesquelles MM. Settin, Hare, Armstrong, Balder, Reimers, comme contrôleurs, sous la direction de M. Oxley, qui a pu photographier et dessiner cette plante (1).

Quant à la matérialisation et à la dématérialisation de formes humaines, elles ont été objectivement constatées, comme on le verra dans le compte-rendu des expériences de Richet, de de Rochas, d'Ochorowicz, de Maxwel, d'Aksakof, de Siemaradski, etc., avec les médiums Eusapia et Slade, et antérieurement par les expériences de W. Crookes et celles de Puel et Dupouy avec différents médiums.

Ces matérialisations ont été vues, touchées, photographiées; elles ont déterminé des mouvements divers rigoureusement constatés; elles ont laissé des empreintes sur des substances molles ou noircies; elles ont encore démontré leur réalité, quand elles représentaient une forme entière, par leurs rapports avec des poids à l'aide de balances.

Le doute sur leur valeur effective n'est donc pas possible, mais faut-il, avec l'hypothèse spirite, admettre ces matérialisations comme des

(1) Herald, 1889.

composés fluidiques émanant des médiums, sous l'action d'esprits désincarnés ; ou, avec la théorie animique, ne voir dans ces spectres et la force agissante et intelligente, qui semble les animer, que l'action inconsciente du Corps psychique des médiums ?

Cette dernière hypothèse se rapproche des doctrines physiologiques, mais j'avoue qu'il m'est impossible d'expliquer comment la force psychique d'un médium ayant une main douce et petite de femme, par exemple, peut donner à son fantôme une main grande et rugueuse d'homme. Je ne puis m'expliquer davantage la raison pour laquelle le médium en état de transe se dit possédé par une personnalité posthume affirmant son individualité...

Avec une jeune blonde aux yeux bleus on voit la matérialisation d'un homme ayant des yeux noirs, une figure au teint basané garnie de barbe et de moustache brunes (1).

Autre exemple : Miss Wood est enfermée dans une cage dont la porte est fermée au moyen de vis, et deux fantômes se présentent : un homme se disant *Benny* et une femme se disant *Meggie*, laissant l'un et l'autre le moulage d'un de leurs pieds (2).

Le Dr Nichols, de son côté, obtient la matérialisation de la main de sa fille, — et une dame,

(1) *Médium and Daybreak.* Londres.

(2) Pendant toutes les expériences de matérialisation de pieds et de mains, on a observé que les moules étaient intacts, ce qui indique la matérialisation du membre après le moulage. D'ailleurs, les épreuves en plâtre n'auraient pu être obtenues par un procédé quelconque de moulage.

assistant à la même séance, reconnaît dans une main matérialisée et moulée la main de sa fille morte depuis plusieurs années, et dont l'identité est établie par les difformités qui intéressaient deux doigts de la main. Le médium était Eglinton sous le contrôle sévère du Dr R. Friese.

Dans les expériences de Reimers à Manchester, le même type anatomique du membre matérialisé s'est reproduit malgré la substitution au médium féminin d'un médium homme.

Par contre, la matérialisation d'un pied droit obtenue avec le médium Eglinton a été la reproduction exacte du pied du médium, constatée par l'examen minutieux fait par le Dr Carter-Blake, professeur d'anatomie à Westminster, assisté de D. Fitz-Gérald, ingénieur des télégraphes. Pendant toute la durée de l'expérience le pied du médium est resté visible pour tous les assistants.

Par contre, l'expérience du Dr Willis démontre l'animisme des matérialisations. Le Dr Willis était médium. En état de transe une main se matérialise dans le champ neuro-dynamique. Un assistant, qui n'avait confié ses intentions à personne, porte un violent coup avec la lame aiguë d'un canif dans cette main matérialisée. Le médium pousse un violent cri de douleur en disant qu'il vient de recevoir un coup de couteau dans la main. Mais on constate immédiatement que la main du médium ne porte pas la moindre égratignure ni la moindre trace de sang. Le Corps psychique extériorisé avait donc éprouvé la même sensation de douleur que si l'action traumatique avait porté sur la main anatomique.

Les phénomènes de moulage des formes matérialisées obtenus en Angleterre et en Amérique ont été trop nombreux, et ils ont été constatés dans des circonstances trop variées pour qu'ils laissent un semblant de doute sur leur réalité. Voici, en effet, les conclusions des expériences de Boston faites par Reimers, avec l'assistance de MM. le colonel Pope, Epes Sargent, le Dr Gardner, le professeur Denton, expériences vérifiées par le sculpteur expert O'Brien :

1. *Le moule exact d'une main humaine, de grandeur naturelle, s'est produit dans une caisse fermée, par l'action intelligente d'une force inconnue* (1). (Expérience faite à la lumière.)

2. *Les conditions dans lesquelles l'expérience a été produite mettent hors de question la bonne foi du médium ; les résultats obtenus constatent, en même temps, d'une manière indiscutable, la réalité de sa puissance médianimique.*

3. *Toutes les dispositions prises étaient d'une simplicité et d'une rigueur telles, qu'elles excluent toute idée de supercherie, ainsi que toute possibilité d'illusion, de sorte que nous considérons notre témoignage comme définitif.*

4. *Cette expérience confirme le fait — depuis longtemps connu des chercheurs — que des*

(1) La caisse, dont le fond, les quatre supports et le couvercle étaient en bois, avait son corps en treillis de fer d'un morceau unique de fil. Le couvercle était verrouillé et fermé à clé. C'est dans cette caisse que furent placés un seau rempli d'eau froide et un autre seau rempli d'eau bouillante contenant de la paraffine en fusion.

mains temporairement matérialisées, dirigées par une intelligence et émanant d'un organisme invisible, peuvent être rendues visibles et palpables.

5. *L'expérience de la production des moules en paraffine liée à la photographie constitue une preuve objective de l'action d'une force intelligente en dehors des organismes visibles, et constitue un point de départ sérieux pour les recherches scientifiques.*

6. *La question de savoir comment ce moule s'est produit à l'intérieur de la caisse conduit à des réflexions qui sont appelées à exercer une influence des plus considérables tant sur la philosophie de l'avenir que sur les problèmes de la psychologie et de la physiologie, et qui ouvrent un nouvel horizon aux recherches sur les forces occultes et la destinée future de l'homme.*

X

Phénomènes de l'animisme.

Au point de vue de la répartition des phénomènes de l'animisme nous admettrons encore la classification d'Aksakof :

1° ACTION EXTRACORPORELLE DE L'HOMME VIVANT COMPORTANT DES EFFETS PHYSIQUES (PHÉNOMÈNES DE TÉLÉPATHIE). — TRANSMISSION D'IMPRESSIONS A DISTANCE.

Comme exemple, on peut citer le cas personnel de Solovioff. Une nuit, vers deux heures du matin, il est pris d'un désir irrésistible d'écrire. Il prend un crayon et trace inconsciemment les lignes suivantes : « Je dors, mais je suis ici, et je suis venue pour vous dire que nous nous verrons demain au Jardin d'Eté. Véra M... ». Le lendemain Solovioff va à 3 heures au Jardin d'Eté et rencontre ses deux parentes Véra M... et sa mère. Celle-ci prie Solovioff de venir la voir dans la soirée ; elle lui raconte que sa fille lui avait dit être venue chez lui en songe la nuit précédente et lui avoir annoncé leur rencontre de la journée. Solovioff et Véra M... sont tous deux médiums.

Des cas analogues abondent et ont été relatés dans le travail de Max Perty, sous le titre de *Nouvelles expériences dans le domaine des faits mystiques.*

Dans *Essais dans le Monde des Esprits* de Adelma de Vay, médium écrivain, nous trouvons le fait suivant : Le lendemain de la bataille de Kœniggraetz le comte Wurmbrand, qui avait été porté, par erreur, parmi les morts, communique à madame de Vay, sa cousine, qu'il n'a pas été tué. Ce fait était exact, et rentre dans le cadre des *phénomènes télépathiques.*

Un fait encore tout récent a été observé à Vouziers, dans le département des Ardennes : Une vieille paysanne des environs de la ville était à l'agonie, lorsqu'elle reprit subitement connaissance. Après avoir poussé un cri de surprise et d'horreur, devant une dizaine de personnes qui l'assistaient, elle fit entendre, dans une agitation fébrile, les paroles suivantes :

« *Oh! mon Dieu... voilà le feu... c'est le feu... mais ils ne voient pas que ça brûle, ils ne voient rien encore. Voilà le feu qui éclate. Les pauvres femmes! elles se bousculent vers la porte. Pas par là... pas par là, vous ne sortirez pas, il n'y a pas de porte par là... Les pauvres jeunes filles, toutes si bien habillées... sauvez-les, sauvez-les, les voilà qui prennent feu...*

» *Mais sauvez-les donc! elles se groupent là, dans le coin. En voilà une dont le chapeau prend feu... et cette autre... oh! toutes les jupes qui flambent! quels cris!... et toutes celles-là qui tombent l'une sur l'autre. Elles pourraient se sauver si bien, par là, par là... il y a une porte là. Les voilà tombées en travers de la porte... tout flambe, il pleut sur elles des gouttes de feu, le plafond s'écroule... Oh! celles qui sont dans le champ derrière : elles ne voient pas la sortie, elles roulent, elles s'entassent. La pauvre femme, tirez-la, tirez-la donc...* »

Cette scène dura cinq à six minutes. Puis, la malade se tut, et resta pendant une demi-heure dans un état de prostration absolue. Elle mourut vers cinq heures. C'était le 4 mai 1897.

Cette femme ne connaissait pas Paris ni aucune des personnes qui périrent dans l'incendie du Bazar de la Charité. Et le soir même ce fait étrange était raconté à Vouziers par le confrère qui en fut le témoin *de visu* et *de auditu*.

Bien d'autres faits, d'ailleurs, pourraient établir l'authenticité de communication entre personnes vivantes à l'état de *transe* (1).

C'est la télépathie.

Celle-ci se rapproche beaucoup de la lucidité, mais il est facile de les différencier. Ainsi, quand un phénomène est caractérisé par la connaissance directe acquise par un esprit d'un fait qui s'est passé au loin et qui n'est reflété par aucun autre esprit, il appartient à la lucidité.

(1) Mémoire à l'Association britannique des spiritualistes, 1875 (Démonstration de la nature double de l'homme). — *The Spiritualist*, 1875. — *Light*, 1886. — *Human Nature*, 1877. — *Revue Magnétique*, 1879. — *Revue Philosophique*, expériences de Richet.

Dans la télépathie, le fait vient impressionner un esprit, mais il se manifeste sous l'influence d'un autre esprit.

Dans la lucidité, dit Coste, le sujet existe seul ; dans la télépathie il y a un agent et un sujet. L'agent, c'est le Corps psychique extériorisé.

La télépathie ou télépsychie est un de ces phénomènes, qui consiste, comme l'a dit Ch. Richet, dans « la transmission à distance et sans aucun intermédiaire appréciable d'une *impression* ressentie par un organisme A à un autre organisme B sans que cet organisme B soit en rien averti (1). »

Or, sous le nom *d'impression*, il faut comprendre non seulement la pensée et la volonté, mais les sentiments et les sensations. Et il faut également comprendre les phénomènes de télépathie dans lesquels A venant de mourir à une heure donnée, B aperçoit à la même heure, quoique à une grande distance, l'image ou le fantôme de A. Donc, dans ce cas, le corps psychique de A peut apparaître à B, lorsqu'il s'est extériorisé complètement par la mort.

2° Action extra-corporelle de l'homme vivant, sous forme d'effets physiques.

Un expérimentateur A ordonne à un sujet B, en état de somnambulisme, chez lequel il se trouve, d'aller frapper à la porte du domicile de A. Et le fait est reconnu exact.

(1) Ce phénomène peut s'expliquer par la vibration sur un cerveau A émanant d'un cerveau B, — vibrations se transmettant au foyer vital de B, lequel extériorise l'image de la personnalité A.

Un sujet B en état de maladie manifeste sa présence chez A, à une grande distance, soit par des coups frappés, soit en tirant la sonnette de la porte. Même phénomène lorsque le sujet est sur le point de mourir, comme en fait mention le professeur Perty, dans son travail *Action à distance du mourant.*

Cette action physique extra-corporelle d'un agent éloigné se retrouve dans les observations des esprits frappeurs des *maisons hantées*, auxquelles nous consacrerons un chapitre spécial.

3° **Action extra-corporelle de l'homme vivant, se traduisant par l'apparition de sa propre image.**

Les faits *d'apparition de doubles* ont été exposés par la *Société des Recherches psychiques* de Londres, publiés sous le titre de *The Phantasm of the living.* Un des plus intéressants, rapporté par Perty, est le cas d'Emilie Sagée, professeur au pensionnat de jeunes filles de Neuwelcke. Au moment même où elle était vue dans telle partie de l'établissement, elle était rencontrée dans une autre partie. Un jour même, les élèves aperçurent leur professeur au tableau noir et près d'elle son double faisant les mêmes gestes et les mêmes mouvements qu'elle.

Une autre fois, quarante-deux élèves de l'établissement furent témoins du phénomène suivant : Réunies dans une salle, elles avaient devant elles le double d'Emilie assise dans le fauteuil de la surveillante, pendant que dans le jardin elles pouvaient voir la véritable Emilie cueillant des fleurs avec des mouvements lents et lourds comme une personne très fatiguée. Une des pensionnaires s'étant approchée du fauteuil, put toucher l'apparition, en éprouvant une sensation analogue à celle que donnerait un tissu léger de mousseline. Elle *traverse* ensuite le fantôme qui disparut progressivement. Immédiatement, Emilie fut aperçue continuant sa cueillette de fleurs, mais alors avec sa vivacité ordinaire.

La frayeur causée par ces phénomènes, qui se reproduisaient journellement, fut cause du renvoi d'Emilie, qui avoua alors que depuis l'âge de seize ans cette faculté de dédoublement de sa personnalité avait déjà plusieurs fois brisé sa position.

Il est inutile de discuter la question d'hallucination collective, qui a fait désormais son temps. Il est évident que cette apparition présentait au contraire un caractère nettement objectif.

C'est en raison de ce caractère que peuvent s'expliquer certaines photographies d'un double persistant à la place où le sujet avait posé quelques instants auparavant ; la communication d'un sujet coïncidant avec l'apparition de son fantôme. Voici quelques exemples : La fille du professeur Mapes a vu le double d'une de ses amies, miss Laure Edmonds, lui apparaissant alors qu'elle lui délivrait des messages, quoique ces jeunes filles fussent séparées l'une de l'autre de plus de 20 milles anglais. « Miss Laure, dit Colman, pouvait extérioriser son esprit à volonté et délivrer ainsi des messages aux personnes qui lui étaient sympathiques. » Le Dr Carl du Prel a mentionné également plusieurs observations récentes de ce phénomène de dédoublement (1).

4° ACTION EXTRA-CORPORELLE DE L'HOMME VIVANT SE MANIFESTANT SOUS FORME DE L'APPARITION DE SON IMAGE AVEC CERTAINS ATTRIBUTS DE CORPORÉITÉ.

Une des preuves les plus importantes de la réalité objective de ce phénomène ce sont les expériences de Crookes avec Mrs. Fay et miss Florence Cook, ses deux médiums.

Voici en quels termes M. Cox, qui assistait aux expériences, en a rendu compte :

« Dans son excellente description de la séance dont il s'agit, M. Crookes dit qu'une forme humaine entière a été vue par moi ainsi que par d'autres personnes. C'est la vérité. Lorsqu'on me remettait mon livre, le rideau s'écartait suffisamment pour me permettre de voir la personne qui me le tendait. C'était la forme de Mrs. Fay, dans son intégralité : sa chevelure, sa figure, sa robe de soie bleue, ses bras nus jusqu'au coude, et portant des bracelets ornés de pierres fines. A ce moment le courant galvanique n'enregistra pas la moindre interruption, ce qui se serait produit inévitablement si madame Fay avait dégagé ses mains des fils conducteurs. Le fantôme apparut au côté du rideau opposé à celui où se trouvait madame Fay, à une distance d'au moins huit pieds de sa chaise, de sorte qu'il lui eut été impossible, de toutes manières, d'atteindre le livre sur le rayon sans être obligée de se dégager des fils conducteurs.

(1) Doctrine monistique de l'âme.

Et, cependant, je le répète, le courant n'a pas subi la moindre interruption.

» Il y a un autre témoin qui a vu la robe bleue et les bracelets. Personne de nous n'a fait part aux autres de ce qu'il avait vu, avant que la séance ne fût terminée; par conséquent, nos impressions sont absolument personnelles et indépendantes de toute influence (1). »

On a eu d'autres preuves encore du dédoublement du sujet par la photographie de Katie King et celle de Florence Cook, qui se ressemblaient beaucoup, par les empreintes des mains sur du papier noirci et par les moulages avec la paraffine.

Les expériences faites par MM. Fitz-Gerald, Harrisson, le Dr Assévedo (avec Eusapia) ont donné les mêmes résultats concluants. Le moulage des mains ou des pieds des doubles donnait quelquefois la forme même de ceux des médiums.

Le double de Home jouant de l'accordéon fut aperçu par Crookes et par tous les assistants à une des séances du célèbre chimiste anglais.

Dans le fait relaté par le Dr Kousnetzoff, il s'agissait de la forme d'un enfant âgé de cinq ans environ, mais aucun enfant n'assistait à la séance.

Comme autres exemples de dédoublement avec les attributs de corporéité, il faut mentionner l'observation de lord Lytton : Une jeune fille mise en état de transe put envoyer son double à son domicile, apparaître à deux domestiques et les toucher ;

(1) *The Spiritualist*, 1875.

L'observation du professeur Daumer, dont le double du médium apparut au Dr Ruffli et éteignit sa bougie ;

L'observation de H. Weywood : Madame T..., son beau-frère et une domestique apercevant le double de M. T... rentrant dans sa maison avec différents objets dont il venait de faire l'acquisition, une heure avant l'arrivée de M. T... par le chemin de fer ;

L'observation du docteur Georges Wyld : Miss J... rentre au domicile de sa famille, va se chauffer à la cuisine, apparaît ainsi aux servantes de la maison et disparaît. C'était le double de miss J... qui arrivait en réalité une demi-heure après.

Les observations analogues d'Oxon, du Dr Britten, démontrent l'*action extra-corporelle de l'esprit* de l'homme.

Enfin, le fait de Robert Dale Owen, rapporté par le Dr Perty : l'équipage d'un navire sauvé d'une perte imminente grâce à l'action extra-corporelle — apparition d'un inconnu dans la cabine du capitaine, laissant un message écrit. Le message contenait ces mots : « *Gouvernez au nord-ouest.* » Après quelques heures de navigation, on rencontrait un navire en détresse brisé dans les glaces. Les voyageurs étaient dans un état désespéré et parmi eux le capitaine Bruce reconnut l'homme dont le double lui était apparu et lui avait donné le message.

De ces observations, Aksakof formule la conclusion suivante qu'il faut accepter, comme « une des plus brillantes acquisitions des sciences anthropologiques » : *l'action physique et psychique de l'homme n'est pas confinée à la périphérie de son corps.*

D'après ces faits que j'ai empruntés à dessein à des observateurs différents, j'estime qu'on peut admettre la loi suivante :

Le champ psychique dans lequel le médium extériorise ses facultés peut être plus ou moins étendu, ses limites étant particulières à chaque sujet. Ce champ neuro-dynamique comprend non seulement ses facultés de sensibilité, de volonté, d'activité extériorisées, — mais encore, et avec un caractère d'objectivité, les images subjectives fournies par ses idées et ses pensées, emmagasinées consciemment ou inconsciemment dans son sensorium. Peut-être pourrait-on ajouter que certains sujets qui se trouvent dans ce champ psychique sont susceptibles d'éprouver des sensations semblables ou identiques à celles du médium.

Alors s'expliqueraient certaines affections nerveuses collectives qui ont été considérées par les manigraphes comme des épidémies de délire hallucinatoire et autres, — lorsque ces affections présentent un caractère rémittent et coïncident avec un affaiblissement général des facultés intellectuelles (1).

(1) Il ne faudrait donc pas confondre ces sensations avec la perception des phénomènes médiuminiques affirmés par des savants de premier ordre munis d'appareils enregistreurs destinés à couper court à toutes les discussions.

XI

Phénomènes spiritiques.

« Si le spiritisme, dit Aksakof, n'offrait que des phénomènes physiques et des matérialisations sans contenu intellectuel, nous aurions dû, logiquement, les attribuer à un développement spécial des facultés de l'organisme humain ; — et même le phénomène le plus difficile à classer, la pénétration de la matière, nous serions forcé de la ramener, en vertu de ce même raisonnement, à la puissance magique que notre volonté, à l'état de surexcitation exceptionnelle, exerce sur la matière.

» Mais étant donné que les phénomènes physiques du médiumnisme sont inséparables de ses phénomènes intellectuels, et que ces derniers nous obligent, par la force de cette même logique, à reconnaître, pour certains cas, l'existence d'un tiers agent, en dehors du médium, — il est naturel et logique de chercher également dans ce tiers agent la cause de certains phénomènes physiques d'ordre exceptionnel. Ce troisième facteur existant, il est évident qu'il se trouve en dehors des conditions de temps et d'espace qui nous sont connues, qu'il appartient à une sphère d'existence supraterrestre. Nous pouvons donc supposer, sans pécher contre la logique, que ce troisième facteur possède sur la matière un pouvoir dont l'homme ne dispose pas. »

Comme conclusion, Aksakof se place en face de trois hypothèses. Cet être humain peut représenter :

1° Un être humain vivant sur terre ;

2° Ou un être humain qui a vécu sur terre ;

3° Ou bien un être humain extraterrestre d'une espèce inconnue de nous.

Dans tous les cas il est inutile de recourir, pour résoudre le problème, à la Métaphysique et à l'Absolu.

Les phénomènes médiumniques appartenant au spiritisme se reconnaissent aux caractères suivants :

Ils sont en contradiction avec la volonté et les sentiments du médium. Les communications peuvent être reçues dans des langues inconnues au médium et aux personnes qui l'assistent ; elles peuvent être données en chiffres au lieu de lettres, en anagrammes, en mots écrits à l'envers avec des complications ou des transformations, etc.

Les phénomènes d'obsession et de persécution constituent également un caractère d'origine spiritique. Les persécutions de la famille Fox en sont un exemple remarquable.

Il en est de même des communications dont

la nature est au-dessus du niveau intellectuel du médium.

Exemples : 1° terminaison par un jeune homme illettré du roman de Charles Dickens (*Edwin Drod*); ce jeune homme était un médium très puissant, apprenti mécanicien, et n'avait aucune prédisposition à la littérature.

2° Réponses *exactes* et *immédiates* faites par un médium femme d'une instruction médiocre à un grand nombre de questions scientifiques ardues. Parmi ces questions, en voici deux choisies par M. Barkas, le géologiste distingué de Newcastle :

Comment peut-on calculer la relation qui lie entre eux les battements spécifiques de l'air pris sous un volume constant et sous une pression constante d'après la vitesse observée du son et la vitesse déterminée au moyen de la formule de Newton ?

Quelle est l'origine des consonnances imparfaites ?

Les autres questions concernaient l'anatomie, la chimie et les sciences physiques et les personnes qui assistaient aux séances étaient des profanes en ces matières.

3° Solution de problèmes astronomiques non encore résolus par la science, par une dame médium. Une des questions était celle-ci : Pourquoi les satellites d'Uranus font-ils leur révolution de l'Est à l'Ouest (1) ? Une autre était la description des deux satellites de Mars dix-huit ans

(1) La réponse du médium fut que les satellites d'Uranus tournent, comme les satellites des autres planètes, de l'Occident à l'Orient, et l'erreur provient de ce que le pôle Sud

avant leur découverte. (Fait observé par le général Drayson.)

On reconnaîtra encore la nature des manifestations : 1° dans la médiumnité des petits enfants ; 2° dans la conversation en langues étrangères inconnues des médiums, dans l'exécution de morceaux de musique par des sujets n'ayant aucune instruction musicale ; 3° par la communication de faits que ne connaissent ni le médium ni les assistants, et qui ne peuvent être expliqués par la transmission de pensée, en raison même des conditions dans lesquelles ces messages sont délivrés ; 4° par les communications venant de personnes complètement inconnues des médiums aussi bien que des assistants ; 5° par la transmission de messages et d'objets à une grande distance ; etc.

Ces phénomènes, dont nous donnerons la description détaillée dans un chapitre ultérieur, sont aujourd'hui tellement multiples, ils ont été constatés à l'aide d'appareils enregistreurs par des hommes d'une probité scientifique si absolue, et leur caractère objectif est à ce point manifeste qu'on peut conclure qu'ils appartiennent essentiellement à la science positive. Tout en leur donnant le nom de phénomènes occultes, Richet n'a-t-il pas, lui-même, formulé, dans sa lettre à Dariex, les conclusions suivantes : « Nous avons la ferme conviction qu'il y a, mêlées aux forces connues et décrites, des forces que nous ne connaissons pas ; que l'explication mécanique,

d'Uranus était tourné vers la terre au moment de la découverte de cette planète. Cette vérité a été reconnue depuis la communication du médium.

simple, vulgaire, ne suffit pas à expliquer tout ce qui se passe autour de nous ; en un mot qu'il y a des phénomènes psychiques occultes. »

Pour que les communications médiumniques présentent des traits indubitables de l'identité de la personnalité appartenant à l'au-delà, elles doivent se produire en l'absence de la personne intéressée, — la présence de celle-ci pouvant être la source inconsciente de la manifestation, — et être caractérisée par des traits intérieurs ou extérieurs que la présence de cette personne ne peut affecter. Dans le cas contraire, les phénomènes rentrent dans le cadre de ceux de l'animisme.

L'identité de la personnalité posthume a été constatée par des traits différents qu'Aksakof a classés ainsi :

1° Communications de la personnalité dans sa langue maternelle, inconnue du médium ;

2° Communications délivrées par la personnalité dans un style caractéristique ou par des expressions particulières qui lui étaient familières reçues en l'absence de personnes connaissant cette personnalité ;

3° Communications dans une écriture identique à celle de la personnalité, celle-ci inconnue du médium ;

4° Communications provenant de la personnalité contenant un ensemble de détails relatifs à sa vie et reçues en l'absence de toute personne ayant connu la personnalité ;

5° Communications reçues en l'absence de toute personne ayant connu la personnalité et trahissant certains états psychiques ou physiques propres à celle-ci ;

8° La personnalité attestée par l'apparition de sa forme terrestre.

Voici quelques faits, comme exemples, qui ne peuvent se rapporter ni aux phénomènes de lucidité, ni aux phénomènes d'animisme, et qu'il faut admettre comme des phénomènes spiritiques, — à moins de vouloir rejeter ceux-ci a *priori*, systématiquement, comme les pontifes de la science acquise rejetaient autrefois les expériences de Galilée et celles de Galvani, à l'exemple des Académiciens modernes, niant les aérolithes et les phénomènes magnétiques :

1. Une jeune Américaine, miss Laure Edmonds, fille d'un magistrat des Etats-Unis, médium très remarquable, se rencontre dans une séance avec un Grec, M. Evangelidès. Cette jeune fille, ne sachant pas un mot de grec, converse néanmoins pendant des heures entières et avec grande facilité avec M. Evangelidès, et apprend à celui-ci des faits tellement précis qu'il « reconnaît dans l'invisible parlant par la bouche de miss Laure, un ami intime, mort quelques années auparavant en Grèce, et qui n'était autre que le frère du fameux patriote Botzaris.

Le médium parle d'ailleurs de différentes questions de famille et de politique avec une parfaite exactitude ; — et dans une autre séance annonce à M. Evangelidès la mort d'un de ses enfants qu'il avait laissé bien portant en Grèce avant son départ pour l'Amérique (1).

Ce fait me paraît concluant. Quel intérêt, en effet, pourrait avoir la Force intelligente parlant

(1) In *Facts* 1885, Boston.

grec pour se dire la personnalité posthume de Botzaris, et faire gratuitement ainsi un mensonge ?

Plusieurs autres faits analogues sont consignés dans l'ouvrage d'Aksakof (*Animisme et Spiritisme*).

2. C. Hall, littérateur distingué, a publié l'observation suivante (1) : « J'ai reçu par le médium D. Home un message de la fille de Robert Chambers, concernant une affaire de famille d'ordre intime, et me demandant d'en donner connaissance à mon ami M. Chambers. Je refusai de le faire, à moins d'obtenir une preuve qui pût le convaincre que c'était réellement l'esprit de sa fille qui m'avait parlé. L'esprit me répondit : « Dites-lui : papa, mon amour ! » Je demandai à M. Chambers ce que signifiait cette expression. « C'étaient, fit-il, les dernières paroles de mon enfant avant de mourir, pendant que je lui soulevais la tête au-dessus de l'oreiller. » Je me considérai dès lors comme autorisé à lui faire part du message qui m'avait été transmis à son intention. »

3. L'observation suivante est de M. Owen, publiée en 1884 (2) : « Il y a de cela douze ans, je comptais au nombre de mes amis un sénateur de Californie, fort connu, directeur d'une banque à San-José. Le Dr Knox — c'était son nom, était un partisan résolu des doctrines matérialistes. Très malade d'une affection pulmonaire, il ne voyait dans la mort qui l'attendait

(1) *Ligth* 1883.
(2) *Philosophical Journal.*

que l'oubli éternel. « Faisons un pacte, Docteur ; si, là-haut, vous vous sentez vivre, vous viendrez me communiquer ces mots : « *Je vis encore.* »

« Trois ans après sa mort, je me rencontrai avec un médium à matérialisations, étranger à notre état. Dans une séance, je plaçai une ardoise soigneusement nettoyée, ainsi qu'un crayon sur la surface intérieure de la table. Le médium plaça une de ses mains sur la mienne et l'autre sur la table. Nous entendîmes alors le bruit du crayon sur l'ardoise, et nous trouvâmes écrites les lignes suivantes :

« Ami Owen, les phénomènes que nous offre
» la nature sont irrésistibles, et le soi-disant
» philosophe, qui lutte souvent contre un fait
» qui contrecarre ses théories favorites, finit
» par être lancé dans un océan de doute et d'in-
» certitude. Ce n'est pas précisément le cas avec
» moi, bien que mes anciennes idées sur la vie
» future soient maintenant bouleversées de fond
» en comble ; mais, je l'avoue, ma désillusion
» a été agréable, et je suis heureux, mon ami,
» de pouvoir vous dire : « *Je vis encore.* »

» Votre ami toujours,

» Vm. KNOX. »

M. Owen fait observer que le médium n'avait jamais connu le Dr Knox, et que l'écriture de l'ardoise et la signature furent immédiatement reconnues par le personnel de la banque présidée par le Dr Knox.

Or, pour quiconque connaît la valeur de la

graphologie, il ne pouvait pas rester le moindre doute sur l'identité de la personnalité.

4. Observation du Dr Brittan, de *Waterford*, New-York. Dans une séance composée de douze personnes, le médium John Prosser, en état de transe, donne la communication suivante :

« Je ne suis connu de personne dans l'assistance, mais je me sens attiré vers votre cercle. Je me suis désincarné à l'âge de plus de cent ans, j'ai été soldat sous la révolution ; j'ai souvent vu Washington pour lequel j'ai conservé le plus grand respect. Je vous donne le conseil, comme fruit de mon expérience personnelle, de vivre d'après votre propre intelligence et de suivre les enseignements du grand livre de la nature. Tout ce que je vous dis est juste. Si vous voulez vous en donner la peine, vous verrez que tout est exactement ainsi que je vous le dis. Je demeurais à Point-Pleasant, New-Jersey, et il ne tient qu'à vous de vous assurer si John Chamberlain vous a dit la vérité. Je suis mort le vendredi 15 janvier 1847, père de onze enfants. »

Vérification faite, tout ce qui a été dit par le soi-disant Chamberlain fut reconnu d'une exactitude rigoureuse.

5. Observation du Dr Davey, de Bristol. Son fils meurt en mer sur un bâtiment dont il était le médecin. En arrivant à Londres, le capitaine informe le père et lui remet une somme de 22 livres sterling trouvée sur le défunt. Il lui délivre également un extrait du journal du bord où tous ces détails étaient inscrits. Le Dr Davey, pour récompenser le procédé du capitaine, lui fit cadeau d'un porte-mine en or.

Dans une séance tenue à Londres à laquelle assistaient le Dr Davey et sa femme, un médium donne un message dans lequel il disait que le jeune Davey était mort empoisonné.

Le Dr Davey, désireux de s'assurer de l'identité de cette personnalité, la pria de lui en donner une preuve. Alors son interlocuteur occulte lui dit quel cadeau il avait fait au capitaine, chose qu'aucune des personnes présentes ne pouvait savoir. Il apprit aussi que la mort de son fils était due à l'imprudence de l'économe, qui avait fait une préparation toxique au lieu de celle demandée par le jeune médecin.

A la suite de ces communications, le Dr Davey se fit délivrer par l'armateur une copie du journal du bord, laquelle ne s'accordait pas avec celle que lui avait remise le capitaine. On découvrit encore d'autres détails mystérieux qu'il fut interdit de divulguer (1).

6. L'observation suivante est extraite du *Cleveland-Paindealer*, de Philadelphie. Le médium s'appelait Powel, et la séance était nombreuse et ne comptait que des personnes honorablement connues.

Les demandes adressées au médium lui étaient remises sur des petits rouleaux ne contenant que le nom d'une personnalité posthume.

Ces rouleaux étaient préparés à l'avance et à l'insu du médium. Pour cette séance, l'un des assistants avait prié une dame de sa connaissance d'écrire un nom sur une bande de papier, de la rouler et de la lui remettre.

(1) *Light* 1885 et *Bristol-Journal*.

Cette dame ne *se trouvait pas à la séance, et lui-même ne savait pas quel nom elle avait écrit.* Au cours de la séance, ce rouleau fut clandestinement mêlé aux autres.

M. Powell appliqua ce bout de papier roulé à son front. Et subitement sa face pâlit et il tomba lourdement en arrière sur le plancher.

Il se releva et prononça d'une voix faible les paroles suivantes : « Dites à Hattie (la dame qui avait écrit la question) que ce n'est pas un accident ni un suicide, mais un lâche assassinat... et c'est mon mari qui l'a commis. Des lettres existent qui le prouveront. On retrouvera ces lettres. Je suis Mrs Sallie Laner. »

C'était le nom écrit sur la bande de papier, et le nom de la femme qui avait été trouvée morte, quelques jours auparavant, à Omaha, tuée par un coup de feu ; mais à ce moment on ignorait encore si cette mort était due à un suicide ou à un crime commis par son mari. Elle avait habité Claveland et avait connu la dame qui écrivit la question.

Comment le médium a-t-il pu avoir connaissance des faits contenus dans sa réponse ? Il n'a pas ouvert le rouleau; il ignorait les événements ; *et pas une des personnes présentes ne savait quel nom était écrit sur la bande de papier*. Or ce phénomène s'est produit dès que le médium eût porté à son front le billet roulé où était écrit Mrs Sallie Laner. Le nom était juste, la réponse précise. Le lendemain, Laner, le mari, était arrêté sous l'inculpation d'avoir tué sa femme.

Il n'y avait là aucune connaissance préalable

des faits, aucune connivence, aucune divination ni lecture de pensées.

Quelle est donc la Force intelligente qui s'est manifestée, si ce n'est la personnalité posthume de Mrs Laner ?

7. L'observation suivante tend à prouver que les individus aliénés continuent à être affectés pendant quelque temps, après leur mort, de la même aberration mentale dont ils avaient été atteints durant leur vie.

Un médium, mademoiselle S..., reçoit une communication étrange en langue française, et signée Napoléon. Elle croit à une mystification et n'y ajoute aucune importance.

Elle reçoit ensuite une seconde communication dans laquelle on lui donne la clef du mystère. La communication émanait d'un individu qui avait été fou, de son vivant s'imaginant être Napoléon.

Ce fait dans les annales de la médiumnité se présente assez souvent. D'où l'étonnement profond des assistants en voyant la signature d'un homme de génie au-dessous de quelques lignes de banalités.

D'ailleurs l'aliénation mentale n'est pas la seule affection persistant, pendant plus ou moins de temps après la mort. Les grandes sensations physiques produisent le même phénomène, et sont souvent ressenties par le médium dans l'état de transe.

8. Observation présentée à la Société *Spiritual Alliance*, par le major général Drayson (1).

(1) *Light* 1884.

« Je reçus un matin un télégramme m'informant de la mort d'un de mes amis intimes, un ecclésiastique, qui habitait le nord de l'Angleterre.

» Le jour même j'assistais à une séance médiumnique, pendant laquelle toutes mes pensées étaient absorbées par la mort de mon ami.

» Je demandai au médium si elle ne voyait pas un esprit tout récemment désincarné. Elle me répondit affirmativement; et en pensée, je voyais l'image du prêtre, mon ami. Mais le médium ajouta qu'elle voyait un homme en uniforme qui lui disait qu'il venait de mourir d'une mort violente. Elle me cita ensuite ses nom et prénoms, ainsi que le sobriquet que ses camarades lui avaient donné. Sur mes questions relativement aux incidents de sa mort, il me fut répondu qu'on lui avait tranché la tête, que son corps avait été jeté dans un fossé, que cela avait eu lieu en Orient, mais non pas aux Indes. Je n'avais pas vu cet officier depuis trois ans; d'après les dernières nouvelles que j'avais reçues de lui, il se trouvait dans les Indes.

» L'enquête que je fis ensuite à Woolvich m'apprit que cet officier avait dû se trouver aux Indes, mais qu'il avait ensuite été en Chine.

» Quelques semaines plus tard, on reçut la nouvelle qu'il avait été fait prisonnier par les Chinois. Une rançon considérable avait été offerte pour sa libération, mais il avait disparu sans trace.

» Pendant mon dernier séjour aux Indes, je rencontrai le frère de cet officier et lui demandai s'il ne savait rien sur la mort de son frère en Chine. Il me dit que son frère était allé en Chine où il apprit de source certaine que le commandant des troupes mongoles, furieux d'avoir perdu un de ses amis, avait fait décapiter son prisonnier sur la digue d'un petit canal, au fond duquel on jeta son corps. »

Pour le général Drayson ce fait suffit à réfuter la théorie animiste que « Rien ne peut se manifester dans le médium qui n'ait été dans les personnes présentes. »

Cette formule n'est que la traduction nouvelle du *Nihil est in intellectu quin prius fuerit in sensu*, de l'école de Locke.

XII

Expériences médiumniques.

EN AMÉRIQUE

C'est à Hydesville, un petit bourg du comté de Wayne, Etats-Unis, que se manifestèrent publiquement, dans les temps modernes, les premiers phénomènes médiumniques. Cela remonte aux années 1848, 1849.

Voici la relation qui en a été donnée à l'époque dans l'ouvrage d'E. Hardinge, *History of Modern Spiritualism* :

En décembre 1847, une famille du nom de Fox vint demeurer dans le village d'Hydesville. Cette famille était composée du père, de la mère, et de trois filles, dont les deux plus jeunes, Marguerite et Kate, étaient âgées la première de 15, la seconde de 12 ans.

Quelques jours après leur installation dans la maison qu'ils avaient achetée à Hydesville, des faits étranges s'y passèrent. Cela commença par des coups frappés qui semblaient généralement venir d'une chambre à coucher ou du cellier situé au-dessous.

Madame Fox attribua d'abord ces bruits à un cordonnier, son voisin ; mais elle fut forcée de reconnaître que sa propre maison en recélait la cause, quand le mystérieux frappeur se mit à agiter les meubles et à imprimer des mouvements d'oscillation au lit dans lequel dormaient les enfants. Parfois les bruits ressemblaient à des pas sur le parquet, parfois encore les enfants se sentaient touchés par quelque chose d'invisible, semblable à une main froide, ou à un gros chien se frottant contre leur lit.

En février 1848, les bruits devinrent si distincts et si continus, que le repos de la famille était troublé toutes les nuits. M. et madame Fox s'épuisèrent en vains efforts pour en découvrir la cause.

Le vendredi 31 mars, la famille se sépara plus tôt que de coutume, fatiguée des *troubles* de la nuit précédente.

La mère avait bien recommandé aux enfants de dormir tranquilles et de ne faire aucune attention aux bruits accoutumés. Mais, comme pour narguer cette détermination, les coups frappés retentirent bientôt plus forts et plus obstinés que jamais, rendant tout repos impossible. Les enfants appelèrent et se dressèrent sur leur lit pour écouter. M. et madame Fox, accourus au bruit, firent jouer pour la centième fois les fenêtres et les portes, afin de s'assurer que le tapage ne venait pas de là ; les coups frappés, comme par moquerie, imitaient le bruit produit par les volets qu'agitait M. Fox. A la fin la plus jeune des filles, Kate, qui, dans sa naïve innocence, s'était familiarisée avec l'invisible frappeur, à tel point qu'elle s'amusait beaucoup plus qu'elle ne s'alarmait de sa présence, fit claquer gaiement ses doigts, et s'écria : — Ici, monsieur Pied-Fourchu, faites comme moi ! — L'effet fut instantané; M. Pied-Fourchu fit entendre aussitôt les mêmes claquements de doigts en nombre pareil. L'enfant fit en l'air un certain nombre de mouvements avec ses doigts et son pouce, mais sans bruit, et son étonnement joyeux redoubla, quand elle entendit frapper un nombre de coups égal à celui des mouvements silencieux qu'elle avait faits...

— Mère, s'écria-t-elle, écoute, il voit aussi bien qu'il entend.

La mère, aussi émerveillée que sa fille, dit au frappeur mystérieux : — Compte dix ! — Il obéit. — Quel âge a ma fille Marguerite ? — Quel âge a Kate? — Il fut répondu correctement aux deux questions. — Combien ai-je d'enfants ? — La réponse, cette fois, ne fut pas exacte. Sept coups furent frappés. Madame Fox n'avait que six enfants vivants. Elle répéta sa question auquel répondit encore le nombre sept. Soudain elle s'écria : — Combien en ai-je de vivants ? — Six, fut-il répondu. — Combien sont morts ? — Un seul coup fut frappé.

A cette nouvelle question : — Êtes-vous un homme, vous qui frappez ? aucune réponse ne fut faite ; mais à celle-ci : — Êtes-vous un esprit ? il lui fut répondu par des coups secs et rapides. Enfin à cette autre demande : — Voudriez-vous frapper, si j'appelais des voisins ? des coups répondirent. Et tous les voisins procédèrent aux mêmes expériences avec le même succès.

Telle fut la première communication établie avec une enfant de 12 ans!

Un jour un visiteur s'avise de réciter à haute voix, l'une après l'autre, les lettres de l'alphabet, en invitant l'esprit à désigner par des rappings celles qui composaient les mots qu'il voulait faire entendre. L'expérience réussit. La communication avec l'invisible était trouvée. Et comme le phénomène se manifestait surtout en présence des demoiselles Fox, la *médiumnité* fut constatée.

Dans les communications avec l'alphabet, l'invisible fit connaître sa personnalité. C'était un colporteur nommé Rosna, assassiné dans la maison d'Hydesville et enterré par le meurtrier dans le cellier de la maison. On fit pratiquer des fouilles; et on trouva un fragment de crâne, des os, des cheveux d'un être humain, du charbon et de la chaux. Preuve évidente qu'un homme avait été enterré là, la chaux et le charbon ayant très probablement été employés pour faire disparaître les traces de cette mystérieuse inhumation.

Quant à la famille Fox, elle quitta Hydesville pour aller se fixer à Rochester, où la suivit l'esprit frappeur, et où se reproduisirent les mêmes phénomènes.

Ces phénomènes observés en Amérique furent contrôlés par de nombreux cercles spiritualistes et de hautes personnalités. Les premiers expérimentateurs qui constatèrent les faits de médiumnité furent le juge Edmonds, de la Cour de Cassation de New-York, président du Sénat, P. Tallmadge, sénateur des États-Unis, S. Mapes, professeur de chimie à l'Académie nationale, le Dr Robert Hare, professeur de chimie à l'Université, un autre savant très connu, Dale Owen. C'est à eux que nous devons les premières publications faites sur la médiumnité. Le Dr R. Hare fut le premier qui constata l'altération du poids des corps par la présence d'un médium auprès d'un *appareil enregistreur* que les critiques ne pourront pas soupçonner de participer aux hallucinations des expérimentateurs.

EN FRANCE, EN ANGLETERRE, EN ALLEMAGNE

Les phénomènes étranges observés en Amérique le furent bientôt en Europe.

En 1854, le comte de Gasparin procède à quelques expériences sans l'aide de médium. Avec quelques amis, il parvient à obtenir facilement le mouvement avec et sans contact et la lévitation, dans les mêmes conditions et avec les précautions rigoureuses prises l'année précédente par M. F. de Rougemont.

Ces expériences furent contestées naturellement par les pontifes de l'époque auxquels M. de Gasparin répondit, dans son travail, par les lignes suivantes :

— Au moment, dit-il, où l'orgueil des sciences exactes éclate comme jamais il n'avait éclaté, au moment où elles multiplient leurs découvertes et pensent avoir pénétré tous les secrets de la création, survient une petite observation fâcheuse, imprévue, qui ne se laisse classer dans aucune des catégories officielles. Ira-t-on refaire les catégories pour si peu de chose? les savants renonceront-ils à leur infaillibilité? Confesseront-ils leur ignorance et leurs limites? Non, il est plus simple de contester d'avance au fait nouveau le droit d'exister. Il ne doit pas exister, donc il n'existe pas; il n'y a pas de place pour lui dans ce monde. Les académies qui savent tout et qui comprennent tout ne sauraient qu'en faire. Jugez s'il est difficile de crier haro sur lui, d'ameuter la masse des ignorants qui affichent la prétention d'être les *gens sensés* par excellence, — gens dont la profession ici-bas consiste à se tenir « au gros de l'arbre », selon l'expression de Bassompierre, ne s'occupant jamais des opinions orthodoxes, affirmant d'autant plus qu'ils pensent moins et manifestant leur supériorité par un rigorisme hautain à l'égard des idées suspectes! »

Après M. de Gasparin, en 1860, vint le Dr Durand (de Gros) qui émit la théorie du polypsychisme pour expliquer les phénomènes médiumniques, déjà étudiés par Eugène Nus en collaboration avec l'ingénieur Franchot et le Dr de Bonnard.

Puis, parut la *Revue de psychologie expérimentale* du Dr T. Puel, en 1874, avec le concours de savants français et étrangers, dans laquelle furent relatées les expériences faites par les savants anglais.

En Angleterre, ce fut d'abord M. Barkas,

membre de la Société de géologie de Newcastle, qui commença les premières investigations publiées en 1862 sous le titre de : *Outliness of investigations into modern spiritualism.* Les phénomènes qu'il constata furent à peu près la répétition des phénomènes observés en Amérique : mouvements avec et sans contact, écriture directe, « production d'une musique très compliquée et parfaitement belle sortant de pianos, de guitares ou d'accordéons, sans que personne n'eut la main sur les cordes ou sur les touches. »

En 1869, la Société dialectique de Londres, ayant pour président J. Lubbock, membre de la Société royale de Londres (Académie des sciences), pour vice-présidents H. Huxley l'éminent professeur, et H. Lewes le savant physiologiste, nomma une commission chargée d'étudier la question.

Les expériences durèrent dix-huit mois et furent faites sans l'aide ou la présence d'aucun médium de profession. Les rapports présentés par la commission établirent les propositions suivantes :

1° Des bruits de nature très variée, provenant en apparence de meubles ou des murs de la chambre, et accompagnés de vibrations qui souvent sont perceptibles au toucher, se présentent sans être produits par l'action musculaire ou par un moyen mécanique quelconque ;

2° Des mouvements de corps pesants ont lieu sans l'aide d'appareils mécaniques d'aucune sorte, et sans un développement équivalent de force musculaire de la part des personnes présentes, et même fréquemment sans contact ou connexion avec personne ;

3° Ces bruits et ces mouvements se produisent souvent au moment voulu et de la façon demandée par les personnes présentes ; et par le moyen d'un simple code de signaux, ils répondent aux questions et écrivent des communications cohérentes ;

4° Les réponses et communications obtenues sont, en grande partie, d'un caractère banal ; mais quelquefois elles donnent des faits et des renseignements qui ne sont connus que d'une personne présente.

Comme annexe à son rapport, la Commission donna les observations suivantes faites en dehors de ses membres, complétant les expériences faites par elle-même :

1° Corps pesants s'élevant dans l'air (dans certains cas des hommes) et y restant quelque temps, sans support visible ou tangible.

2° Apparitions de mains et de formes n'appartenant à aucun être humain, mais semblant vivantes par leur aspect et leur mobilité. Ces mains ont été quelquefois touchées et même saisies par les assistants, convaincus par conséquent qu'elles n'étaient point le résultat d'une imposture ou d'une illusion.

3° Exécution de morceaux de musique, très bien joués sur des instruments sans qu'aucun agent constatable eût joué de ces instruments.

4° Exécution de dessins et de peintures, produits dans un temps si court et dans des conditions telles, que toute intervention humaine était impossible.

Parmi les membres de la Commission se trouvait Russell Wallace, émule et collaborateur de Darwin, qui écrivit ensuite ses observations personnelles sur la réalité des phénomènes (1); et parmi les expérimentateurs pris en dehors des membres il faut signaler le professeur A. Morgan, président de la Société mathématique de Londres, et M. F. Varley, ingénieur en chef des Compagnies de télégraphie internationale et transatlantique, tous deux convaincus de l'objectivité des phénomènes obtenus avec D. Home, comme médium.

M. A. Morgan ne craignit pas d'ajouter à ce rapport les lignes suivantes : « Je suis parfaitement convaincu de ce que j'ai vu et entendu, d'une manière qui me rend le doute impossible. Les spiritualistes, sans aucun doute, sont sur la trace qui mène à l'avancement des sciences physiques; les opposants sont les représentants de ceux qui ont entravé tout progrès. »

M. Varley écrivait, de son côté, au célèbre professeur Tyndal : « Je me suis efforcé de rechercher la nature de la Force qui produit ces phénomènes; mais jusqu'à présent je n'ai pu découvrir autre chose que la source d'où émane cette *force physique*, c'est-à-dire des systèmes vitaux des assistants et surtout du médium. Nous ne faisons qu'étudier ce qui a été l'objet des recherches des philosophes, il y a deux mille ans... esprits hardis qui se sont élevés au-dessus des préjugés étroits de leur siècle, et semblent avoir approfondi le sujet en question, dans des

(1) *Miracles and modern Spiritualism.*

proportions qui, sous plusieurs rapports, dépassent de beaucoup nos connaissances actuelles. »

De son côté, M. Oxon, professeur à la Faculté d'Oxford, publiait le résultat de ses propres *expériences dans l'investigation des phénomènes psychiques*. Celles-ci, faites avec le médium Slade, portèrent principalement sur la psychographie. Il obtint ainsi de l'écriture directe sur un papier scrupuleusement marqué et placé dans une position spéciale, soit dans des boîtes fermées, soit dans une enveloppe cachetée, soit placé sous son coude. Il l'obtint également sur des ardoises attachées ensemble.

XIII

Expériences de W. Crookes en Angleterre, des Drs Puel et Dupouy à Paris.

Parmi les expérimentateurs, qui ont le plus contribué à faire entrer dans le domaine scientifique les faits se rapportant à la Force psychique, il faut placer en première ligne M. W. Crookes (1).

Les Recherches expérimentales de ce savant ont été classées par lui dans les treize classes suivantes, adoptées par les Drs Puel et Dupouy pour leurs expériences personnelles faites en collaboration pendant plusieurs années et publiées en 1888 (2).

(1) M. W. Crookes, membre de la Société royale de Londres (Académie des sciences d'Angleterre), membre de l'Institut de France, est un des maîtres les plus illustres de la science moderne : il a découvert le *thallium*, la matière radiante, le photomètre de polarisation, le microscope spectral. C'est un chimiste et un physicien de premier ordre, habitué aux procédés minutieux des recherches expérimentales.

(2) Dupouy. *Moyen-âge médical.*

Classe I. — *Mouvements de corps pesants, avec contact, mais sans effort mécanique.* — Crookes.

« Ce mouvement est une des formes les plus simples des phénomènes observés. Il présente des degrés qui varient depuis le tremblement ou la vibration de la chambre et de ce qu'elle contient, jusqu'au soulèvement complet en l'air, d'un corps pesant, lorsque la main est placée dessus.

» On objecte communément que, quand on touche un objet mis en mouvement, on peut le pousser, le tirer ou le soulever. J'ai prouvé expérimentalement que cela était impossible dans un grand nombre de cas; mais, comme affaire d'évidence, j'attache peu d'importance à cette classe de phénomènes considérés en eux-mêmes, et je n'en fais mention qu'en qualité de préliminaires à d'autres mouvements du même genre, mais sans contact.

» Ces mouvements (et je puis vraiment ajouter tous les phénomènes analogues) sont généralement précédés par un rafraîchissement particulier de l'air, s'élevant quelquefois jusqu'à un véritable vent. Ce vent a dispersé des feuilles de papier et fait baisser un thermomètre de plusieurs degrés.

» Dans quelques circonstances, au sujet desquelles je donnerai un jour plus de détails, je n'ai découvert aucun mouvement de l'air; mais le froid était si intense que je ne pouvais le comparer qu'à celui qu'on éprouve en plaçant la main à quelques pouces de distance du mercure en état de congélation. »

Nous avons obtenu très souvent, comme l'éminent membre de la société royale de Londres, le mouvement de corps pesants avec contact, avec une grande facilité, non seulement le soulèvement de tables massives, d'un poids supérieur à la force musculaire d'un homme très robuste, mais encore le mouvement de ce meuble dans une direction donnée; de même celui du battant d'une petite table carrée, quelquefois même ce mouvement d'après une cadence déterminée. Ce phénomène bien connu des expérimentateurs peut se produire sans l'intervention d'un puissant médium. Il était bien connu dans l'antiquité, mais il n'en est pas fait mention dans les écrits sur la sorcellerie du moyen âge.

CLASSE II. — *Phénomènes de percussion et autres bruits analogues.* — CROOKES.

Le nom populaire de *coups frappés* (*raps*) donne une idée très fausse de cette classe de phénomènes.

En différentes occasions, pendant ses expériences, M. Crookes a entendu des coups (*tiks*) délicats, comme s'ils étaient produits avec la pointe d'une épingle; une cascade de sons (*sounds*) aigus, comme s'ils provenaient d'une bobine d'induction (*induction coil*) en pleine activité; des détonations dans l'air; des coups aigus et d'un son métallique; un craquement semblable à celui qu'on entend lorsqu'une machine à frottement est en action; des bruits comme si l'on grattait (*scratching*); des gazouillements comme ceux d'un oiseau, etc.

« On observe ces bruits, dit M. Crookes, avec la plupart des médiums, chacun d'eux ayant une particularité spéciale. Ils étaient plus variés avec M. Home; mais, pour la force et la certitude du résultat, je n'ai jamais rencontré personne qui approchât de Miss Kate Fox. Pendant plusieurs mois j'ai joui, d'une manière pour ainsi dire illimitée, de la faculté de vérifier les diverses manifestations qui survenaient en présence de cette dame, et j'ai spécialement examiné les phénomènes relatifs à ces bruits.

» Avec les médiums, en général, il est nécessaire qu'on soit méthodiquement assis pour la *séance*, avant qu'aucun bruit ne se fasse entendre ; mais, quant à Miss Fox, il semble qu'il suffit qu'elle place sa main sur un objet quelconque pour qu'on y entende des coups violents, semblables à un triple battement, et quelquefois assez bruyants pour être entendus des différentes pièces de l'appartement.

« De cette manière, j'ai entendu ces sortes de bruits sur un arbre vivant ; — sur un fragment de verre ; — sur une membrane tendue ; — sur un tambourin ; — sur la capote d'un cabriolet ; — et sur le parquet d'une salle de théâtre.

« En outre, le contact effectif n'est pas toujours nécessaire. J'ai entendu du bruit sortir du parquet, des murs, etc., — lorsque les mains et les pieds du médium étaient tenus : — quand Miss Fox était debout sur une chaise ; — quand elle était sur une escarpolette suspendue au plafond ; — quand elle était enfermée dans une cage en fil métallique ; — enfin, quand elle était tombée en défaillance sur un canapé.

« J'ai entendu ces mêmes bruits sur un harmonica ; — je les ai sentis sur mon épaule et sous mes mains ; — je les ai entendus sur une feuille de papier tenue entre les doigts, à l'aide d'un fil passé dans un des coins.

« Avec une parfaite connaissance des nombreuses théories qui ont été émises, principalement en Amérique, pour expliquer ces bruits, je les ai vérifiés par tous les moyens que j'ai pu imaginer, jusqu'à ce que j'aie acquis la conviction de leur réalité objective, et la certitude qu'il était impossible de les produire par artifice ou par quelque moyen mécanique.

« Une question importante s'impose ici d'elle-même à l'attention : *Ces mouvements et ces bruits sont-ils gouvernés par une Intelligence ?* (1)

(1) Lorsqu'on questionne les fakirs de l'Inde sur les phénomènes de spiritisme, ils répondent qu'ils sont produits par les *esprits*. « Les esprits, disent-ils, qui sont les âmes de nos ancêtres, se servent de nous comme un instrument ; nous leur

Dès le début des recherches on avait reconnu que le pouvoir qui produit les phénomènes n'était pas simplement une force aveugle, qu'il était associé à une Intelligence ou dirigé par elle.

Pendant les nombreuses années que je me suis livré aux expériences de psychologie expérimentale avec le Dr Puel et plusieurs de nos confrères, il n'est pas une séance où nous n'ayons constaté des phénomènes de percussion plus ou moins importants. Une expérience que j'ai faite souvent consistait soit « à frapper un ban » sur la table avec ma main, soit à imiter avec mes ongles une batterie militaire ou un air connu, et immédiatement le même bruit s'entendait sur la surface inférieure du meuble, avec le même rythme, paraissant produit par une main invisible agissant sous la table. Ce phénomène se manifestait même quelquefois spontanément sur ma demande ou celle d'un assistant. Je l'ai observé un soir chez moi, sans l'avoir provoqué, pendant plus d'un quart d'heure, au moment où je rentrais, sous la forme d'un roulement précipité, qui semblait partir de la surface métallique d'un meuble. C'est une personne de ma famille qui attira d'abord mon attention et me fit remarquer ce bruit anormal d'autant plus curieux que je pus, à ma volonté, lui donner les nuances et les variations exprimées par le mouvement de

prêtons notre fluide naturel pour le combiner avec le leur, et, par ce mélange, ils se constituent un *corps fluidique*, à l'aide duquel ils agissent sur la matière, ainsi que vous l'avez vu. » (Dr PAUL GIBIER. *Le Spiritisme.*)

ma main. Pour répondre d'avance à toute objection, je dirai qu'il était deux heures du matin quand ce phénomène se produisit, et qu'il ne passait à ce moment aucune voiture pouvant imprimer une vibration quelconque.

Ces phénomènes de percussion se sont quelquefois produits avec une intensité extraordinaire, comme dans l'observation de Kate Fox, dans la maison d'Hydesville. Et ce n'étaient que des phénomènes de percussion semblables, qui se firent entendre à Louviers, dans la maison de madame Le Gay, sous l'influence de la médiumnité de Françoise Fontaine, en 1591, phénomènes qui furent alors attribués au diable, et plus tard à l'état d'hallucination des témoins, par les psychologues du dix-neuvième siècle.

Classe III. — *Altération du poids des corps.*

Les expériences faites par M. Crookes, se rapportant à l'altération du poids des corps, rentrent dans la catégorie des phénomènes physiques constatés avec l'exactitude la plus mathématique, à l'aide d'appareils enregistreurs. C'est dans ces expériences que le célèbre physicien anglais a pu mesurer la Force psychique développée par son médium :

J'en ai donné la description, avec le dessin des appareils, dans le *Moniteur de la Policlinique* des 7 et 14 mai 1882.

Il serait trop long de les reproduire dans ce travail, mais nous avons le droit de les considérer comme le point de départ de la psycho.

logie expérimentale, car non seulement ils n'ont pas été contestés, ni en France ni dans d'autres pays, mais encore ils ont été reconnus absolument vrais par les collègues de M. Crookes, à la *Société royale de Londres.*

M. Boutlerow, professeur de chimie à l'Université de Saint-Pétersbourg, a vérifié les expériences de Crookes avec M. Home, alors, en Russie. L'appareil du savant chimiste avait été disposé de telle façon que la pression des mains du médium à l'endroit où elles étaient appliquées, devait diminuer la tension si ce dernier avait fait le moindre effort. Le dynanomètre servant à l'expérience marquait une tension normale de 100 livres. Lorsque M. Home eut appliqué ses mains, la tension du dynanomètre fut portée à 150 livres.

Classe IV. — *Mouvements d'objets lourds placés à distance du médium.* — Crookes.

« Il y a des cas nombreux dans lesquels des objets lourds, tels que tables, chaises, canapés, etc..., ont été mis en mouvement, lorsque le médium ne les touchait pas. Je mentionnerai brièvement quelques-uns des plus frappants.

» Ma propre chaise fit un demi-tour, tandis que mes pieds étaient éloignés du parquet.

» Au vu de toutes les personnes présentes, une chaise partant d'un coin éloigné s'avança lentement vers la table, pendant que nous étions tous en observation.

» Une autre fois, un fauteuil se dirigea vers le point où nous étions assis, et puis, sur ma demande, retourna lentement en arrière, à la distance d'environ trois pieds.

» Pendant trois soirées consécutives, une petite table fut mise en mouvement à travers la chambre, dans des conditions que j'avais spécialement fixées d'avance, de manière à pouvoir répondre victorieusement à toutes les objections qui auraient pu être soulevées contre la réalité du phénomène.

« J'ai répété plusieurs fois l'expérience considérée comme concluante par le Comité de la Société Dialectique, c'est-à-dire le mouvement d'une lourde table, en pleine lumière, le dossier des chaises étant tourné vers la table, à un pied environ de distance, et chaque personne étant agenouillée sur sa chaise, les mains placées sur le dossier, au-dessus de la table, mais sans la toucher.

« Dans une de ces occasions, l'expérience eut lieu pendant que je tournais tout autour de la table, afin de voir comment chacun était placé. »

Dans nos séances avec madame Rosine L. B..., nous avons vu bien des fois une petite table, dont les pieds étaient pourvus de roulettes, s'avancer ou reculer vers nous, comme mue par l'action d'une force d'attraction ou de répulsion.

Un phénomène semblable s'est produit très souvent, dans mon cabinet, sous l'influence médiumnique de M. D..., avec une puissance de propulsion extraordinaire, qui semblait provenir d'une force brutale. Les traces des chocs violents de cette table contre mon bureau de travail témoignent de la réalité de ce fait.

Classe V. — *Chaises et tables soulevées de terre, sans contact de la part d'aucune personne.* — Crookes.

« Une remarque qu'on fait généralement, lorsqu'il est question des faits de ce genre, est celle-ci : *Pourquoi ces choses ont-elles lieu seulement avec des tables et des chaises?*

Pourquoi est-ce le privilège des meubles? Je pourrais répondre que j'observe simplement des faits, et que je les rapporte sans avoir la prétention d'entrer dans les *Pourquoi* et les *Comment;* mais en vérité, il est bien évident que si un objet inanimé et d'un certain poids doit être soulevé de terre dans une salle à manger ordinaire, ce ne peut être autre chose qu'une table ou une chaise.

» Que ce phénomène ne soit pas un privilège spécial attaché aux meubles, j'en ai des preuves nombreuses ; mais, comme les autres expérimentateurs, l'Intelligence ou la Force, quelle qu'elle puisse être, qui produit les phénomènes, ne peut opérer qu'avec des matériaux qui sont à sa disposition.

» Dans cinq occasions distinctes, une lourde table à manger s'éleva du sol à une hauteur variant entre quelques pouces et un pied et demi, dans des conditions spéciales qui rendaient toute supercherie impossible.

» Dans une autre occasion, une lourde table se souleva du plancher, en pleine lumière, pendant que je tenais les pieds et les mains du médium.

» Une autre fois, la table s'éleva au-dessus du sol, non seulement sans que personne la touchât, mais dans des conditions que j'avais préalablement disposées, de façon à rendre incontestable la preuve du fait. »

Les phénomènes dont il est question dans cette classe, appartiennent à ce qu'on appelle le *mouvement sans contact*. Je les ai observés plusieurs fois ; j'ai vu chez moi une table massive se soulever à 8 ou 10 centimètres du sol, dix ou quinze secondes après la cessation de tout contact.

Les expériences faites en 1888 et en 1889 dans mon cabinet avec mon fils aîné, alors étudiant en médecine, et un de ses amis, M. Paul G. P..., médium très remarquable, furent plus concluantes encore.

Une table en chêne de 1m10 de longueur et de 0m75 de largeur, munie de quatre pieds, fut plusieurs fois soulevée à près de deux mètres du sol. Une fois nous eûmes de la peine, mon fils et moi, à la faire retomber en exerçant sur les pieds les plus grands efforts. Une autre fois, je m'étais assis sur une table et celle-ci fut soulevée à un mètre du sol environ. Une autre fois encore, la table étant en état de lévitation fut projetée avec une violence telle sur le parquet qu'un de ses pieds se cassa.

Le 6 avril 1889, les phénomènes présentèrent leur maximum d'intensité. Nous observâmes en pleine lumière, entre 10 heures du soir et minuit, les faits suivants :

1° Le changement de place d'une lourde bibliothèque remplie de livres, qui se recula du mur contre lequel elle était placée de 60 centimètres environ, sans aucun contact, le médium placé à trois mètres au moins du meuble et en état d'hypnose.

2° Le déplacement d'un grand fauteuil-voltaire pour spéculum qui roula spontanément sur une distance d'environ deux mètres et s'approcha, comme une personne étrangère venant s'asseoir auprès de nous pour prendre part à notre conversation.

3° L'extinction subite d'une lampe à essence minérale placée à une certaine distance de nous.

4° La production de lueurs dans les cheveux du médium, lueurs ayant l'aspect et la coloration de l'étincelle électrique.

5° Déplacement, puis lévitation, sans aucun

contact et toujours en pleine lumière, de la table à expérience.

6° L'écriture spontanée, sans aucun contact sur une ardoise neuve.

7° L'apport d'un lourd cachet tampon en métal qui se trouvait sur mon bureau de travail et qui vint se placer sur notre table et s'imprima sur un journal placé devant nous.

Le procès-verbal de cette séance fut rédigé le jour même par mon fils Marcel, aujourd'hui docteur en médecine.

Classe VI. — *Soulèvement d'êtres humains.* — Crookes.

« Ce phénomène a eu lieu quatre fois en ma présence, dans l'obscurité. Les conditions d'épreuve sous lesquelles ils se présentèrent furent complètement satisfaisantes au point de vue du jugement ; mais la démonstration oculaire, d'un fait pareil est tellement nécessaire pour empêcher l'effet de nos opinions préconçues, par exemple, sur ce qui est *naturellement possible ou impossible*, —. que je mentionnerai uniquement ici les cas dans lesquels les déductions du raisonnement ont été confirmées par le sens de la vue.

» J'ai vu un jour, en qualité de spectateur, une chaise sur laquelle une dame était assise, se soulever de terre à la hauteur de plusieurs pouces.

» Dans une autre occasion, pour éviter d'être soupçonnée de produire le phénomène par quelque moyen artificiel, la dame s'agenouilla sur la chaise, de sorte que les quatre pieds de celle-ci étaient visibles aux yeux de nous tous. Alors la chaise se souleva de trois pouces environ, resta suspendue à peu près dix secondes puis descendit lentement.

» Une autre fois, mais séparément, deux enfants furent soulevés du plancher avec leurs chaises, en pleine lumière, dans des conditions entièrement satisfaisantes (pour moi) ; car j'étais à genoux et je surveillais attentivement les pieds de la chaise, pour que personne ne pût les toucher.

» Les cas les plus remarquables de soulèvement dont j'ai été témoin, sont ceux qui ont eu lieu avec M. Home. Je l'ai vu, dans trois occasions différentes, s'élever complètement du plancher de la chambre. La première fois, il était assis dans un fauteuil ; la seconde fois, il était à genoux sur sa chaise ; et la troisième fois, il était debout. Dans chaque cas, j'ai eu toute facilité pour examiner le fait au moment même où il s'est produit.

» On a raconté au moins une centaine de cas de soulèvement de M. Home au-dessus du sol, en présence d'un nombre égal de personnes différentes, et j'ai entendu de la bouche même des trois témoins de la séance la plus extraordinaire en ce genre : le comte de Dunrayen, lord Lindsay et le capitaine C. Wynne, — le récit le plus minutieux de ce qui est survenu.

» Rejeter les dépositions présentées à ce sujet, c'est rejeter tout témoignage humain, quel qu'il soit ; car aucun fait, dans l'histoire sacrée ou profane, ne s'appuie sur des preuves plus solides.

» Les témoignages nombreux qui établirent les soulèvements de M. Home sont accablants. Il serait grandement à désirer que quelques personnes, dont la déclaration pourrait être acceptée comme concluante par le monde scientifique, — si, toutefois, il existe une personne dont le témoignage *en faveur* de semblables phénomènes puisse être agréé, — voulussent bien examiner sérieusement et avec patience les faits allégués.

» La plupart des témoins oculaires de ces soulèvements sonts encore vivants, et assurément ils donneraient volontiers leur témoignage ; mais, dans quelques années, il sera difficile, sinon impossible, d'obtenir un pareil témoignage *direct.* »

C'est dans cette classe de phénomènes qu'il

faut placer les faits de lévitation de Françoise Fontaine, constatés dans plusieurs procès-verbaux, faits qui étonnèrent si fortement les témoins, soit à la prison de Louviers, soit à la juridiction, soit à l'église (1).

Les symptômes cataleptiques, qui accompagnaient le mouvement ascensionnel de cette femme, viennent témoigner de l'état nerveux spécial dans lequel se développe la Force psychique, soit spontanément, soit à la suite de manœuvres hypnotiques.

Un des bienfaits de la science future sera de donner l'explication de faits considérés comme surnaturels, relatés par l'histoire, auxquels la suffisance de nos académies a refusé d'ajouter foi, mettant sur le compte de l'hallucination les assertions des écrivains et de ceux qui en témoignaient, quand ces compagnies « savantes » ne stigmatisaient pas celles-ci des noms de mensonge, d'imposture ou de supercherie (2).

(1) Voir le chapitre sur les maisons hantées.

(2) Pour donner une idée de l'ignorance des pseudo-savants matérialistes, il faut lire au mot *Somnambulisme* du dictionnaire de médecine de Littré, les lignes suivantes, à propos des phénomènes de percussion : « Ces bruits sont dus à un léger déplacement préalable de la rotule, du tibia sur le fémur, ou du tendon du long péronier latéral ramenés ensuite brusquement à leur situation première. Ce déplacement est déterminé à l'aide de contractions musculaires dont on prend facilement l'habitude. » L'auteur de cet article s'appuie sur les prétendues expériences de Flint et de Schiff ; il aurait pu ajouter sur les assertions de Jobert de Lamballe et de Velpeau, qui ont commis, en cette circonstance, une grossière erreur de physiologie.

Classe VII. — *Mouvements de divers petits objets, sans contact d'aucune personne.* — Crookes.

« Sous ce titre, je me propose de décrire certains phénomènes particuliers dont j'ai été témoin.

» Je me contenterai de faire allusion ici à quelques-uns des faits les plus surprenants, qui tous, qu'on se le rappelle, sont survenus dans des circonstances qui rendent toute supercherie impossible ; mais il serait insensé d'attribuer ces résultats à une tromperie, car je rappellerai de nouveau à mes lecteurs que ce que je rapporte ne s'est pas passé dans la maison d'un médium, mais dans ma propre maison, où toute préparation était complètement impossible.

» Un médium, venu dans ma salle à manger, ne peut pas, quand il est assis dans une partie de la chambre où un certain nombre de personnes le surveillent attentivement, faire jouer, à l'aide d'un artifice quelconque, un accordéon que je tiens dans *ma propre main*, avec les touches renversées, ou faire flotter en l'air ce même accordéon pendant tout le temps qu'il joue.

» Il n'aurait pas pu introduire en secret une machine capable d'agiter les rideaux des fenêtres, de soulever des stores vénitiens, à huit pieds de distance, — de faire un nœud à un mouchoir, et de le placer dans un coin éloigné de la chambre, de faire résonner des notes sur un piano éloigné, — de faire flotter un plateau autour de la chambre, — d'enlever de la table une carafe et un verre, — de faire qu'un collier de corail se soutienne sur une de ses extrémités, — de faire qu'un éventail soit mis en mouvement et évente la société, — ou de mettre en mouvement un pendule, lorsqu'il est enfermé dans une vitrine fortement scellée à la muraille. »

Le même phénomène se produit avec les fakirs. Un certain nombre de feuilles de figuier, ou toutes autres feuilles, sont embrochées par le milieu sur autant de bambous fixés en terre. Dès que le *charmeur* a étendu les mains, les feuilles commencent à monter et à descendre le long des bâtons qui les traversent.

Autre expérience : un vase rempli d'eau se meut spontanément sur une table, se penche, oscille, s'élève à une hauteur sensible, sans qu'une goutte de liquide soit renversée.

Des instruments de musique rendent des sons, jouent des airs sous les yeux des assistants, à plusieurs mètres du fakir et sans que celui-ci se départisse de son immobilité. Le Dr Gibier a cité ces phénomènes, d'après des témoignages dignes de foi.

Pendant les grandes séances chez le Dr Puel, avec madame L. B..., nous avons été témoins de phénomènes analogues. Plusieurs fois mon confrère et moi avons vu les rideaux de damas de la fenêtre de son cabinet s'agiter et s'ouvrir, nous avons entendu le son d'une petite trompette placée au milieu de la table, dans l'obscurité, il est vrai, mais en faisant la chaîne avec les mains, et dans toutes les conditions possibles pour ne pas être dupes de supercheries.

Classe VIII. — *Apparitions lumineuses.* — Crookes.

« Ces apparitions, étant assez faibles, exigent généralement que la chambre soit dans l'obscurité. J'ai à peine besoin de rappeler à mes lecteurs que, dans ces occasions, j'avais pris les précautions nécessaires pour éviter d'être trompé par des lueurs dues à de l'huile phosphorée ou à d'autres moyens. En outre, parmi ces lumières, il en est quelques-unes que j'ai vainement essayé d'imiter artificiellement.

» J'ai vu, sous les conditions expérimentales les plus sévères, un corps solide ayant une lumière propre de la grosseur et à peu près la forme d'un œuf de dinde, flotter sans bruit autour de la chambre, montant quelquefois à une hauteur supérieure à celle qu'un assistant quelconque aurait pu atteindre en s'élevant sur la pointe des pieds, puis redescendre doucement sur le parquet.

» Ce globe lumineux resta visible pendant plus de dix minutes, et avant de disparaître, il frappa trois fois sur la table avec un son pareil à celui qu'aurait produit un corps dur et solide.

» Pendant ce temps, le médium était appuyé contre le dos d'un fauteuil dans lequel il était assis, et dans un état apparent d'insensibilité.

» J'ai vu des points lumineux s'élancer de tous côtés et s'arrêter au-dessus des têtes de différentes personnes.

» J'ai obtenu des réponses à des questions par des éclairs d'une brillante lumière, le nombre de fois que je désirais, et juste en face de moi.

» J'ai vu des étincelles de lumière s'élever de la table au plafond et retomber sur la table, en la frappant avec un bruit qu'on pouvait entendre distinctement.

» J'ai obtenu, par l'alphabet, une communication qui m'a été donnée au moyen d'éclairs lumineux, produits dans l'air, en face de moi, tandis que ma main se promenait partout au milieu de ces lueurs. J'ai vu un nuage lumineux flotter en montant vers un tableau.

» Plusieurs fois, et dans les mêmes conditions de contrôle sévère, un corps solide et d'apparence cristalline, ayant une lumière propre, a été placé dans ma main par une main qui ne pouvait appartenir à aucune des personnes présentes dans la chambre. En pleine *lumière*, j'ai vu un nuage lumineux voltiger au-dessus d'un héliotrope placé sur une console, casser une petite branche et la porter à une dame.

» J'ai vu quelquefois de semblables nuages lumineux se condenser *visiblement*, prendre la forme d'une main et porter, çà et là, de petits objets. Mais ces phénomènes appartiennent plus spécialement à la classe suivante. »

Ces apparitions lumineuses sont fréquentes ; elles ont été observées dans presque toutes les expériences faites avec des médiums. J'ai souvent entendu des personnes, qui assistaient à nos séances, affirmer la réalité de ces phénomènes, mais je dois avouer que je ne les ai jamais perçus.

On a comparé ces lueurs à des feux follets, se produisant simultanément près ou loin du médium.

Tantôt elles apparaissent avec un vif éclat, ayant une certaine analogie avec la lumière du magnésium, mais sans ambiance lumineuse ; tantôt avec un éclat moindre, se dédoublant, changeant de forme, n'ayant probablement d'autre raison d'être que de rendre visibles les formes matérialisées.

Aussi est-ce toujours dans l'obscurité qu'il a été possible d'apercevoir ces lueurs, que M. de Siemiradski a comparées à de petits globes lumineux phosphorescents qui voltigent au-dessus des assistants.

Il serait, paraît-il, impossible d'imiter artificiellement ces lueurs avec du phosphore, en raison de leur multiplicité et des changements de forme et d'éclat qu'elles présentent. Et, quant à leur valeur objective, il est difficile d'en douter, puisqu'elles ont été photographiées, notamment par Donald Mac-Nab, qui a, d'ailleurs, constaté sur ses clichés des empreintes dues à des doigts lumineux.

Ce fait viendrait à l'appui de leur rôle dans les matérialisations.

CLASSE IX. — *Apparition de mains, soit lumineuses par elles-mêmes, soit visibles à l'aide de la lumière ordinaire.* — CROOKES.

« On se *sent* fréquemment touché par quelque chose ayant la forme de mains (*Forms of hands*), dans les *séances* qui ont eu lieu avec l'obscurité, ou dans des circonstances qui ne permettent pas de voir ces mains. Plus rarement, j'ai *vu* les mains.

» Je ne parlerai pas ici des cas dans lesquels les phénomènes se sont passés dans l'obscurité, mais je choisirai simplement quelques-uns des cas nombreux dans lesquels j'ai vu les mains à la lumière.

» Une petite main, d'une forme charmante, s'éleva d'une fente de la table et me donna une fleur ; cette main apparut et disparut trois fois, à divers intervalles, en me donnant ainsi toute facilité pour me convaincre qu'elle était, en apparence, aussi réelle que la mienne. Ceci eut lieu en pleine lumière, dans ma propre chambre, pendant que je tenais les mains et les pieds du médium.

» Dans une autre occasion, une petite main et un bras pareils à ceux d'un enfant apparurent en jouant autour d'une dame qui était assise près de moi : la main passa ensuite de mon côté, frappa légèrement mon bras et tira plusieurs fois mon habit.

» Une autre fois, on vit un bras et un pouce effeuillant les pétales d'une fleur placée à la boutonnière de M. Home, et les posant en face de quelques personnes qui étaient assises près de lui.

» J'ai vu plusieurs fois, et d'autres personnes ont vu comme moi, une main toucher les clefs d'un accordéon et en jouer, tandis que les deux mains du médium étaient visibles en même temps, et quelquefois même tenues par les personnes assises près de lui.

» Les mains et les doigts ne m'ont pas toujours paru solides et semblables à ceux des personnes vivantes. Quelquefois, en effet, ils présentaient plutôt des apparences nébuleuses, condensées, en partie, sous la forme d'une main.

» Ces phénomènes ne sont pas visibles, au même degré, pour toutes les personnes présentes. Par exemple, on voit se mouvoir une fleur ou tout autre objet de petite dimension. Une personne de la société verra un nuage lumineux voltiger au-dessus de la fleur ; une autre découvrira une main d'apparence nébuleuse, tandis que d'autres verront simplement le mouvement de la fleur.

» J'ai vu, plus d'une fois, d'abord un objet se mouvoir, puis l'apparence d'un nuage lumineux se former autour de lui, et enfin le nuage se condenser pour prendre la forme parfaitement exacte d'une main. A partir de ce moment, la main est visible pour toutes les personnes présentes.

» Ce n'est pas toujours une simple forme, mais quelquefois la main ressemble parfaitement à celle d'une personne vivante, et elle en a la grâce ; les doigts se meuvent, les chairs présentent une apparence humaine, absolument comme celles des personnes présentes. Au poignet ou au bras, cela devient nébuleux et se fond dans une vapeur lumineuse.

» Au toucher, la main m'a paru quelquefois froide, glacée et comme morte ; dans d'autres occasions, chaude et comme vivante, serrant la mienne avec force comme un vieil ami la serrerait.

» J'ai retenu une de ces mains dans la mienne, fermement résolu à ne pas la laisser échapper. Elle ne fit ni résistance ni effort pour se dégager, mais elle parut se résoudre graduellement en vapeur, et se débarrassa ainsi de mon étreinte. »

J'ai entendu plusieurs personnes affirmer avoir aperçu des mains et avoir été touchées par elles, *en pleine lumière*. Je n'ai jamais eu cet avantage, mais je puis certifier que, pendant huit ou dix séances, moi et les cinq ou six personnes qui m'assistaient avons parfaitement senti sur les mains et sur la face une petite main d'enfant, à la température normale, nous toucher et nous faire des caresses. Le médium présent était encore madame L. B... qui, pendant les expériences, était renversée dans un fauteuil et maintenue par madame P... dont nous étions certains de la scrupuleuse attention, *scientifiquement* nécessaire, car nous expérimentions dans l'obscurité (1). Plusieurs fois, cette petite main s'enfonça dans ma manche et prit plaisir à tirer mes manchettes et à les porter à une personne éloignée de moi. Mon lorgnon me fut également enlevé une fois et apporté à l'un des assistants.

CLASSE X. — *Ecriture directe.* — CROOKES.

C'est l'expression qu'on emploie pour désigner un écrit qui n'est produit par aucune personne présente. M. Crookes en donne la description suivante :

« J'ai eu souvent des mots et des messages écrits sur du papier auquel j'avais fait une marque particulière, sous les conditions de contrôle les plus sévères, et j'ai entendu, dans l'obscurité, le bruit du crayon mis en mouvement sur le papier. — Les précautions — préalablement prises par moi-même — ont été assez strictes pour que mon esprit soit aussi convaincu que si les caractères de l'écriture s'étaient formés sous mes yeux.

(1) Un de mes amis, M. B..., avait toujours à la main une allumette-bougie qu'il allumait de temps en temps pour constater qu'il ne se passait aucune supercherie dans l'assistance. Aucun enfant d'ailleurs n'assistait à nos séances.

» Mais, comme l'espace ne me permet pas d'entrer dans des détails complets, je choisirai simplement deux cas dans lesquels mes yeux aussi bien que mes oreilles ont été témoins de l'opération.

» Le premier cas que je citerai eut lieu, il est vrai, dans une *séance* avec obscurité, mais le résultat n'en fut pas pour cela moins satisfaisant.

» J'étais assis près du médium miss Fox, et il n'y avait que deux personnes présentes, ma femme et une dame de nos parentes : je tenais les deux mains du médium dans une des miennes, pendant que ses pieds étaient sur les miens. Il y avait devant nous du papier sur la table et ma main libre tenait un crayon.

» Une main lumineuse descendit de la partie supérieure de la chambre, et après avoir plané près de moi pendant quelques secondes, elle prit le crayon de ma main, écrivit rapidement sur une feuille de papier, jeta le crayon, s'éleva ensuite au-dessus de nos têtes, et disparut graduellement dans l'obscurité.

» Le second cas peut être considéré et enregistré comme un échec. *Souvent un bon échec instruit plus que l'expérience qui a le mieux réussi.*

» Le fait eut lieu à la lumière, dans ma propre chambre, en présence de M. Home et de quelques amis seulement.

» Diverses circonstances qu'il n'est pas nécessaire de rapporter avaient montré que ce soir-là le pouvoir était fort. J'exprimai alors le désir d'être témoin de la production réelle d'un message écrit, semblable à celui dont j'avais entendu parler par un de mes amis, peu de temps auparavant. A l'instant même une communication par l'alphabet nous donna ce qui suit : *Nous essaierons.*

» Un crayon et quelques feuilles de papier se trouvaient placés au milieu de la table. Bientôt le crayon se dressa sur la pointe et s'avança vers le papier par saccades et avec une sorte d'hésitation, puis il retomba. Il se releva, et retomba encore. Il essaya une troisième fois, mais sans un meilleur résultat.

» Après ces trois tentatives infructueuses, une petite latte de bois qui était tout près, sur la table, glissa vers le crayon et s'éleva de quelques pouces au-dessus de la table. Le crayon s'éleva de nouveau en s'étayant contre la latte, et tous deux firent un effort commun pour tracer des marques sur le papier. Cela ne réussit pas, et alors ils firent ensemble un nouvel essai.

» Après une troisième tentative, la latte abandonna la partie et revint à sa place; le crayon resta dans la position où il était tombé sur le papier, et un message par l'alphabet nous dit : *Nous avons essayé de faire ce que vous nous avez demandé, mais notre pouvoir est épuisé.* »

Dans l'Inde, les fakirs obtiennent facilement de l'écriture directe ; ils étendent du sable fin sur une table ou sur toute autre surface unie et placent sur ce sable un petit bâtonnet de bois. A un moment donné, le petit bâtonnet se dresse et trace sur le sable des caractères, qui constituent la réponse à la pensée de l'un des assistants (1).

Dans les expériences faites avec mon savant ami, le Dr Puel, nous avons obtenu de l'écriture directe sur une vingtaine d'ardoises. Un morceau de craie était par moi placé sur une ardoise neuve, et celle-ci posée sur une table éloignée de celle où nous nous trouvions avec le médium, madame L. B... Ces expériences étaient faites avec toute la rigueur possible : examen préalable des deux surfaces de l'ardoise, isolement de la table, obstacles apportés à toute supercherie. Je tenais moi-même les mains de madame L. B... qui était toujours en état d'hypnose pen-

(1) Jacolliot.

dant les expériences, auxquelles assistaient d'ailleurs plusieurs personnes, capables de contrôler les faits dont elles étaient témoins.

Presque toutes les communications portaient une signature, et beaucoup la date de 1900, comme l'époque où le spiritualisme commencera à être scientifiquement reconnu dans le monde.

Sur l'une des ardoises, on lit distinctement « à *bientôt.* » Sur une autre, d'un côté, « *Rosine* » (c'était le prénom du médium) et au-dessous deux lignes illisibles. Sur l'autre côté : « *Sois en 1900.* » Sur une troisième, d'un côté, de l'écriture illisible et au-dessus : « *Babinet.* » Sur l'autre côté : « *Je te suis, Elise, ici.* » Le reste est illisible. Elise était le prénom d'une dame qui assistait régulièrement aux séances. Sur une quatrième, il n'y avait que « *Puel, 1900.* » Une autre contenait six lignes d'écriture, mais on n'arrive à déchiffrer que quelques mots parmi lesquels : « *Puel, Rosine, Elise... amis... en 1900.* » Sur une autre, d'un côté, on voit écrit : « *Dupouy encore au...* (*mot illisible.*) » Sur l'autre face est représenté un triangle équilatéral et à côté trois barres parallèles, — dessin qu'on retrouve, d'ailleurs, sur plusieurs autres ardoises. Une dernière portait ces mots : « *Souviens-toi* », et de l'autre côté ces deux initiales « *E. D.* », et toujours la date « *1900* » et les trois côtés d'un triangle dont les angles n'étaient pas formés.

A propos de cette date, un de nos médiums écrivit devant nous, en état de transe : « *Encore quelques années 1900 Jean.* »

Cette signature se retrouve également dans

un grand nombre de communications typtographiques et autres. Une de ces dernières est assez remarquable pour être reproduite *in extenso :*

« Notre ami Puel ayant le mérite très rare de chercher, je veux faire avec lui des essais qui lui permettent d'achever sa tâche déjà si aride pour la science.

» Il doit couronner sa carrière par l'apport de données scientifiques dans le domaine des phénomènes spiritualistes, pour convaincre les savants qui croient que tout finit où s'arrête leur contrôle, quand au contraire tout commence là où ils cessent de poursuivre les évolutions de la matière.

» J'ai répété plusieurs fois cette date 1900, parce que c'est à cette époque que le spiritualisme sera reconnu comme science et prouvé par toutes les démonstrations scientifiquement spirituelles.

» Cette clé qui fouille depuis longtemps des serrures embrouillées ouvrira sûrement toutes les portes, parce que de tous les points cardinaux la lumière aura percé les ténèbres de l'ignorance conduisant au matérialisme qui frappe de cécité.

» Notre œuvre à nous autres esprits est d'écarter les obstacles en apportant à l'homme, d'abord la vérité grossière pour les sens, particulièrement le toucher et la vue ; — et l'homme a le devoir de faire connaître par ses sensations, ses sentiments et le travail qui en résulte, le rôle des molécules lointaines contenues dans la nature dont l'homme est le réceptacle. Tout être bien pensant et de bonne volonté doit s'acheminer avec son butin vers la fourmilière pour y entasser et disséquer les atomes dérobés au secret du Créateur ; il doit en savourer le bien-être en travaillant comme l'abeille qui, en se désaltérant dans le calice des fleurs, apporte à la ruche la rosée du ciel qui se change en miel nourricier descendu des collines célestes.

» Comme tous les chercheurs, les penseurs, les déshrités, les meurtris, je demeure dans la voie qui mène aux vérités éternelles. C'est pourquoi je restreins mon esprit aux combinaisons de la matière; car avant de voir l'eau qui s'écoule du rocher l'homme a besoin de frapper la pierre.

» Esprit JEAN. »
» 12 décembre 1880. »

Je ne veux pas faire de commentaires sur cette communication écrite avec la rapidité de l'écriture médiumnique. Mais, j'affirme que ce n'est pas l'extériorisation psychique du Dr Puel qui a pu *seule* la dicter ou l'inspirer; ce n'est pas non plus l'extériorisation psychique du médium. Celui-ci était une dame aussi accessible aux idées de sentimentalité que le Dr Puel l'était peu dans le domaine scientifique au moins. Admettons donc qu'il y a eu une collaboration d'esprits extériorisés, ou que « *l'esprit Jean* » est une personnalité posthume s'intéressant aux progrès de l'humanité... Je n'affirme rien, bien entendu, mais cette hypothèse ne me paraît pas plus impossible qu'une autre.

CLASSE XI. — *Exemples particuliers qui semblent indiquer l'intervention d'une Intelligence extérieure.* — CROOKES.

« Il a été déjà démontré que les phénomènes sont gouvernés par une Intelligence. Une question importante est maintenant de savoir quelle est la source de cette Intelligence.

» Est-ce l'Intelligence du médium ou de quelqu'une des autres personnes présentes dans la chambre? ou bien est-ce une Intelligence extérieure? Sans vouloir, quant à présent, me prononcer sur ce point d'une manière positive, je puis dire que, si j'ai observé, en effet plusieurs circonstances qui paraissent démontrer que la

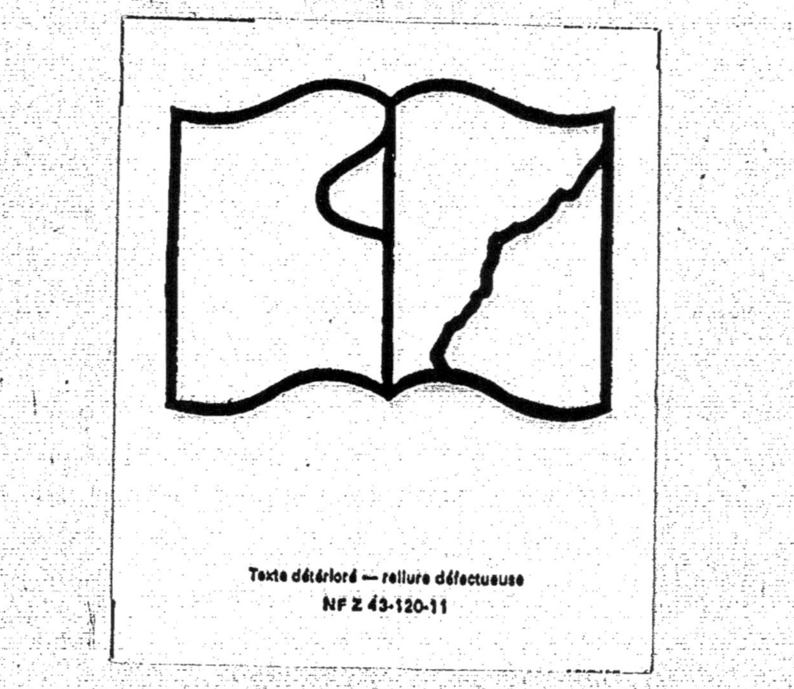
Texte détérioré — reliure défectueuse
NF Z 43-120-11

volonté et l'intelligence du médium ont une grande influence sur ces phénomènes, j'en ai également observé quelques autres qui semblaient prouver, d'une manière concluante, l'intervention d'une intelligence entièrement indépendante de toute personne se trouvant dans la chambre.

» L'espace ne me permet pas de donner ici tous les arguments qui pourraient servir à prouver ces propositions, mais je mentionnerai brièvement une ou deux circonstances choisies parmi beaucoup d'autres. J'ai vu plusieurs fois des phénomènes qui ont eu lieu simultanément, quelques-uns d'entre eux étant inconnus du médium. J'ai vu miss Fox écrire automatiquement un message pour une personne présente, tandis qu'un message pour une autre personne était donné par l'alphabet, au moyen de coups frappés, et pendant tout le temps elle conversait avec une troisième personne sur un sujet totalement différent des deux autres.

» Le cas suivant est peut-être encore plus étonnant :

» Pendant une séance avec M. Home, une petite latte que j'ai déjà mentionnée traversa la table pour venir à moi, en pleine lumière, et me donna un message, en frappant légèrement ma main ; je répétais l'alphabet et la latte me frappait aux lettres convenables. L'autre extrémité de la latte reposait sur la table, à quelque distance des mains de M. Home.

» Les coups étaient si clairs et si distincts, la latte était si évidemment sous la dépendance du pouvoir invisible qui en gouvernait les mouvements, que je dis : *L'intelligence qui gouverne le mouvement de cette latte peut-elle changer le caractère des mouvements, et me donner un message télégraphique, au moyen de l'alphabet de Morse, par des coups frappés sur ma main?*

« J'ai toute raison de croire que l'alphabet de Morse était entièrement inconnu de toutes les autres personnes présentes, et je ne le connaissais moi-même qu'imparfaitement.

» Immédiatement après que j'eus dit cela, le caractère des coups changea et le message fut continué de la manière que j'avais demandée. Les lettres furent données trop rapidement pour qu'il me fût possible de saisir autre chose qu'un mot çà et là, et par conséquent, je perdis le message ; mais ce que j'entendis suffit pour me convaincre qu'il y avait un bon opérateur de Morse à l'autre extrémité de la ligne, en quelque lieu qu'elle pût être.

» Autre exemple : une dame écrivait automatiquement à l'aide de la planchette : Je cherchais à découvrir le moyen de prouver ce que la dame écrivait n'était pas dû à la *cérébration inconsciente*. La planchette, comme elle le fait toujours, affirma que, quoique le mouvement fût produit par la main et le bras de la dame, il y avait une *Intelligence* qui provenait d'un être invisible, lequel jouait sur son cerveau comme sur un instrument de musique et mettait ainsi ses muscles en mouvement.

» Je dis alors à cette Intelligence : *Pouvez-vous voir ce qui est contenu dans cette chambre?* La planchette répondit : *oui. Pouvez-vous lire ce journal?* dis-je, en plaçant mon doigt sur un exemplaire du *Times*, qui se trouvait sur une table derrière moi, mais sans le regarder. *Oui*, fut la réponse de la planchette. *Eh bien*, dis-je, *si vous pouvez le lire*, écrivez le *mot qui est maintenant couvert par mon doigt, et je vous croirai*. La planchette commença à se mouvoir, et le mot *However* fut écrit lentement et avec une grande difficulté. Je me retournai et je vis que le mot *However* était couvert par le bout de mon doigt. J'avais à dessein évité de regarder le journal, lorsque j'avais tenté cette expérience, et il était impossible à la dame, l'eût-elle essayé, de voir aucun mot, car elle était assise à une table, et le journal était sur une autre table en arrière, mon corps étant interposé. »

Dans les expériences de typtologie auxquelles j'ai assisté, à toutes les demandes adressées à la Force psychique, les réponses ont toujours présenté un caractère particulier indépendant de celui des assistants (1). J'ai quelquefois essayé de concentrer ma volonté sur la réponse attendue et j'ai toujours échoué dans mes tentatives de pression mentale.

J'ai constaté également que ces réponses ne pouvaient pas être dictées par l'esprit du médium dont les connaissances scientifiques et littéraires n'étaient pas toujours à la hauteur de la communication reçue.

Cette observation concorde avec les faits observés chez les prétendues démonomanes, qui avaient, dans leurs accès, le don des langues, et répondaient en latin aux exorcistes, faisant même des discours entiers en cette langue dont elles ignoraient les éléments.

Autre document : c'est un message psychographique reçu par M. V... quelque temps après la mort de sa femme :

« *Mon cher ami, je suis loin de toi et je serais heureuse cependant si je n'avais une souf-*

(1) Comme exemples des réponses obtenues par la psychographie, nous pouvons citer les définitions données par celle-ci à M Eugène Nus et à ses collaborateurs, médecins, artistes philosophes et hommes de lettres :

Physique : Connaissance des forces matérielles que produisent la vie et l'organisme des mondes.

Chimie : Etude des diverses propriétés de la matière au simple et au composé.

Mathématiques : Propriétés des forces et des nombres, découlant des lois de l'ordre universel.

Electricité : Force directe de la terre, émanant de la vie particulière aux mondes.

Magnétisme : Force animale, enchaînement des êtres entre eux, lien de la vie universelle.

Galvanisme et *Electro-magnétisme :* Force combinée des forces terrestre et animale.

france qui me vient de la tienne. Tu ne te résignes pas assez à une séparation qui a été cruelle pour tous deux, parce que nous ne connaissions pas la Vérité et que nous n'avions pas au cœur l'inaltérable espérance de nous voir et de nous retrouver. Eh bien, cette espérance je te la donne. Je veux que tu saches que nous ne nous sommes pas quittés. Ce que tu ne vois plus, c'est l'enveloppe de cette âme qui t'aimait tant, mais l'âme est là toujours près de toi, elle voudrait te consoler, te guider, jeter encore dans ton cœur un reflet de joie transformé dans ton être en un regard d'espoir vers Dieu, vers ces mondes où les esprits s'aiment toujours sans avoir la tristesse et les ennuis de cette terre. Je t'en supplie, je t'en conjure au nom de Dieu auquel tu crois, au nom de celle que tu pleures, sèche tes larmes, lève les yeux au ciel et regarde, puis rentre en toi-même et ton âme verra passer la mienne. »

Aux sceptiques qui liront ces lignes, je demanderai si, le principe spiritique étant admis par eux, ils auraient le moindre doute qu'un tel message ne soit celui d'une honnête femme au mari qui pleure sa mort? Et aux animistes, quelle peut être l'activité extracorporelle ou à distance de l'organisme humain capable d'exprimer de semblables sentiments, qui sont incompréhensibles par la seule « action que l'homme vivant peut exercer au-delà des limites de son corps... »

Je dirai encore, — tout en faisant les plus

expresses réserves, — que parmi les innombrables communications que nous avons reçues, il y en a certaines qui paraissent démontrer l'identité de la personnalité qui se manifeste, et qui n'auraient aucune signification de la part d'une autre.

Un récent fait d'identité, venant s'ajouter à tous ceux qui ont déjà été publiés, est celui de René Le Bon (1).

L'auteur, au courant de la sience psychique, dans une séance à laquelle assistaient cinq personnes non initiées aux Sciences occultes, rend compte de la communication suivante :

S'adressant à l'invisible qui venait de se manifester par des phénomènes physiques, il lui demande :

— Qui es-tu ?

— Je suis ton oncle.

— Prouve-le moi.

— J'ai déjà causé avec toi, au mois d'octobre, l'an dernier. Puis cet hiver, en décembre et en février.

C'était exact, et personne parmi ceux qui m'entouraient ne connaissait ces détails et ces dates.

— Je désire me transporter dans le piano, continue « l'esprit ». Tu sais comme j'aimais la musique.

A peine la table avait-elle manifesté ce désir bizarre que nous entendîmes, très distinctement, les cinq personnes qui se trouvaient là et moi-même, la note *la* résonner, comme frappée par une main mystérieuse.

(1) *L'Echo*, 1er oct. 1902.

Croyant être le jouet d'une hallucination, je priai « l'esprit » de vouloir bien recommencer. Alors, non seulement nous perçûmes la note *la*, mais l'arpège tout entier de cette note, ce qui prouve bien qu'une force, une intelligence quelconque était là et frappait les cordes du piano d'une façon voulue et cherchée. Les touches restant immobiles, c'était donc à l'intérieur même du piano que le phénomène se produisait.

Pour bien nous en convaincre, nous ouvrîmes le dessus de ce meuble. A peine avions-nous terminé cette opération que toutes les cordes vibrèrent les unes après les autres, depuis les notes basses jusqu'aux notes hautes. Nous étions encore sous le coup de l'étonnement que le phénomène se reproduisit, mais à l'inverse, des notes hautes aux notes basses. Les sons étaient très clairs, très distincts et on les entendait parfaitement de la pièce à côté.

Pendant que ces phénomènes se produisaient, nous étions restés les mains sur le guéridon, à quatre mètres au moins du piano, ce qui écarte d'une façon absolue l'idée d'une supercherie quelconque. « L'esprit, » quittant alors le piano, revint dans la table et nous dit :

— Je vous ai prouvé mon existence. Je vais vous prouver maintenant mon identité, puisque vous me le demandez. J'ai frappé tout à l'heure des notes voulues. Allez vous mettre maintenant autour du piano ; j'y retourne.

A peine avions-nous posé les mains sur le meuble indiqué que nous entendons les premières notes d'un morceau de piano composé par mon oncle quelques jours avant sa mort !...

Enfin des plaintes d'abord étouffées, puis allant *crescendo*, se font entendre. C'est au moyen des cordes du piano qu'elles sont émises. Or, pour obtenir ce résultat, pour pousser l'harmonie jusqu'à donner l'illusion de voix humaines, plaintives, — j'en appelle à n'importe quel musicien — il faut un art consommé. Il y a donc là une intelligence quelconque qui veut et qui peut.

Le phénomène dure encore quelques instants, puis soudain le piano, comme mu par une force mystérieuse, se soulève sur ses pieds et retombe lourdement. Une fois, deux fois. Un fort craquement : c'est fini.

— Mon oncle, fait observer René Le Bon, était un musicien remarquable, et sa plus grande satisfaction était d'interpréter les œuvres des Maîtres français. « L'esprit » se transporte dans un piano et là manifeste sa présence par des sons intelligents. « L'esprit, » comme l'humain sous le nom duquel il se présente, est musicien. « L'esprit » fait entendre ensuite les premières notes d'une œuvre musicale inconnue, inédite, composée par l'humain dont il prend le nom. L'esprit est donc bien celui qu'il dit être et ne peut en être un autre. Car il serait impossible alors d'expliquer la connaissance parfaite de ce morceau tout spécial.

Et, par conséquent, s'il est impossible d'expliquer cette connaissance, il faut admettre que l'identité est bien et dûment établie.

Voici quelques autres communications qui caractérisent bien l'identité des manifestants :

A l'adresse des personnes qui assistaient ordinairement aux séances : « *L'âme en sa délivrance verra marcher les mondes.* »

» BABINET. »

Il faut rapprocher celle-ci de la lettre de Babinet à un ami de Puel, M. Feytaud, lui disant qu'il veut « revoir les *incroyables phénomènes* dont il a été témoin » ; et finalement : « *Je suis décidé à marcher en avant.* » (1).

Cette lettre, que nous allons reproduire, est bien du mathématicien célèbre, membre de l'Institut, qu'on considérait comme un matérialiste endurci. Comme beaucoup d'autres savants, il ne paraissait pas se préoccuper de la question psychologique dans ses fonctions officielles, mais il ne s'en désintéressait pas en dehors.

On le verra, en effet, par cette lettre écrite à M. Feytaud, dans laquelle il fait allusion à quelques phénomènes dont il avait été témoin :

« Monsieur,

» Si madame Milner Gibson n'est pas partie je voudrais bien avoir avec vous et avec cette dame une conférence sur les moyens à prendre pour pouvoir revoir chez votre ami, qui m'est très sympathique et près duquel je crois avoir quelque autorité, les *incroyables* phénomènes dont j'ai été témoin et dont votre visite m'a persuadé que nous pourrions *démontrer* la

(1) L'original de cette lettre est entre mes mains ; il m'a été légué par mon ami Puel. Je le tiens à la disposition de quiconque voudra en prendre connaissance

réalité. Pourriez-vous, *d'après sa demande expresse*, me faire une visite avec elle.

» Réponse au plus tôt, je vous prie, s'il est besoin, autrement à dimanche prochain.

» Je sors rarement jamais avant deux heures.

» Voyez ce qu'il y a à faire, j'ai perdu l'adresse de madame Aréthuse Gibson.

» Votre très humble et très obéissant serviteur.

» Babinet,
» Rue Servandoni, n° 15. »

« P. S. — Si vous m'indiquez une heure je serai chez moi.

» Je suis décidé à marcher *en avant*. »

Il est intéressant de mettre en parallèle cette lettre *ante mortem* avec la communication suivante, qui est encore de Babinet *post mortem* :

« *Vous aurez bien de la peine à convaincre l'homme de la vérité, il est aveugle, il met un bandeau sur ses yeux pour y voir encore moins. Les croyances spiritualistes sont belles mais elles tendent au ridicule quand on ne sait pas s'en servir. C'est ce qui arrive pour la majorité des adeptes. Vous qui êtes intelligents sachez diriger la question du bon côté, n'agissez pas comme les hommes politiques qui ne savent pas ce qu'ils veulent.*

« Jacques Babinet. »

« *Décidément, dans certaines circonstances la volonté humaine peut neutraliser les lois de l'attraction.* »

Les pensées exprimées dans cette communication paraissent vraisemblables de la part de l'astronome du bureau des longitudes, qui s'était rallié à « *la réalité des phénomènes qu'il espérait arriver à pouvoir démontrer*, » comme, avant sa mort, il n'a pas craint de nous l'écrire.

La même réflexion peut être faite pour celle-ci, qui a également un caractère de vraisemblance : elle est d'Allan Kardec :

« *La Vérité est longue à établir, il faut la chercher avec soin et on en trouve une parcelle.* »

Une autre qui me paraît également caractéristique ; elle est du 17 avril 1883 :

« *La France est bien malade. Que de choses pourtant ne pourrait-elle faire si l'austérité venait avec le travail s'asseoir à son foyer !*

« ROBESPIERRE. »

Cette pensée ne rentre-t-elle pas dans le cadre des idées du terrible dictateur auquel certainement personne ne pensait alors ?

La grande artiste qui vient de mourir, l'auteur des *Argonautes*, madame Augusta Holmès, devint spirite et médium, à la suite d'une communication typtologique d'Ambroise Thomas, qui lui disait être l'auteur d'une bouffonnerie musicale, composée dans sa jeunesse et ignorée de tous : le *Perruquier de la Régence*. Le fait fut vérifié après des recherches nombreuses.

Un jour, elle reçut un apport : une rose.

C'était son ancien maître et fidèle ami, César Franck, l'auteur de *Ruth*, de *Ghiselle*, et de plusieurs autres opéras très appréciés des mélomanes, mort en 1890, qui l'avait jetée à ses pieds. Aussitôt une communication s'engage sur la musique en général et particulièrement sur un grand ouvrage auquel madame Holmès travaillait à ce moment. « Il y a une erreur, dit César Franck, dans la huitième mesure du second violon. L'erreur vient du copiste. » C'était exact.

Ce sont bien là des preuves d'identité.

Classe XII. — *Cas variés d'un caractère complexe.*

Crookes.

Sous ce titre, M. Crookes cite quelques faits qui ne peuvent être classés autrement en raison de leur caractère complexe.

Comme exemples, il rapporte ces deux faits : en faisant une expérience de typtologie chez lui avec miss Fox et une autre dame, il constata qu'une sonnette qui se trouvait dans son cabinet de travail fut apportée sur la table, comme une preuve de puissance annoncée par la Force intelligente, qui communiquait avec lui. La chambre dans laquelle il se trouvait était séparée de son cabinet par une porte qu'il avait fermée à clef; et il était absolument certain que la sonnette en question était dans son cabinet.

Ces phénomènes de dématérialisation et de rematérialisation, dont le plus bel exemple est l'expérience du bracelet, qu'on trouvera plus loin, — expliquent les *apports* de fleurs et autres objets dans une chambre d'expérience dont les portes sont hermétiquement closes et verrouillées.

Dans les expériences de Rome faites avec Eusapia et dont je donnerai l'analyse, la carte de visite d'un assistant, le Dr Dobrzycki, placée sous un verre disparaît. Elle fut retrouvée à la fin de la séance par Richet dans l'antichambre, dans laquelle on ne pouvait pénétrer qu'en ouvrant une porte fermée au verrou.

Le fait est incompréhensible évidemment, mais pas plus que les autres phénomènes, pas plus que l'observation adressée au Dr Puel, en 1875, par un lecteur de la *Psychologie expérimentale*, observation pouvant se résumer ainsi : une pièce de monnaie reconnaissable à certains indices est mise dans la main d'un assistant, par un autre assistant qui aussitôt saisit la main du premier et la tient fortement et hermétiquement fermée. A un moment donné, indiqué par le médium, la pièce disparaît de la main et va se placer à l'endroit indiqué par lui. Ce phénomène aurait été observé à deux reprises différentes, en pleine lumière.

« Le second cas que je veux rapporter, dit M. Crookes, eut lieu à la lumière, un dimanche soir ; M. Home et les membres de ma famille étaient seuls présents.

» Ma femme et moi, ayant passé la journée à la campagne, avions rapporté chez nous quelques fleurs que nous avions cueillies ; en arrivant à la maison, nous les avions données à une domestique pour les mettre dans l'eau. M. Home vint peu de temps après, et nous allâmes de suite dans la salle à manger. Au moment où nous allions nous asseoir, la domestique apporta les fleurs qu'elle avait arrangées dans un vase ; je le plaçai au centre de la table, qui était sans nappe. C'était la première fois que M. Home voyait ces fleurs.

» Après la manifestation de plusieurs phénomènes, la conversation tomba sur quelques faits qui ne paraissaient pouvoir être expliqués qu'en supposant que la matière passait réellement à travers un corps solide.

» Immédiatement un message nous fut donné au moyen de l'alphabet : *Il est impossible que la matière passe à travers la matière, mais nous vous montrerons ce que nous pouvons faire.* Nous attendîmes en silence. Bientôt une apparition lumineuse fut aperçue flottant au-dessus du bouquet de fleurs, et puis, parfaitement à la vue de toutes les personnes présentes, une branche de *Chinagrass* de 15 pouces de long, qui ornait le centre du bouquet, s'éleva lentement du milieu des autres fleurs et puis descendit sur la table en avant du vase, entre celui-ci et M. Home ; la branche ne s'arrêta pas en approchant de la table, mais elle la traversa directement, et nous surveillâmes tous la plante avec soin jusqu'à ce qu'elle fut passée complètement au travers. Immédiatement après qu'elle eut entièrement disparu, ma femme, qui était assise près de M. Home, vit sortir de dessous la table une main qui tenait cette branche ; elle en fut frappée deux ou trois fois sur l'épaule avec un bruit que tout le monde entendit, puis la main laissa tomber la branche à terre et disparut.

» Deux personnes seulement virent la main, mais toutes celles qui étaient dans la chambre virent les divers mouvements de la branche tels que je les ai décrits.

» Pendant le temps que dura ce phénomène, tout le monde vit que les mains de M. Home étaient placées devant lui sur la table et restaient immobiles ; elles étaient à dix-huit pouces de la place où la plante avait disparu.

» C'était une table de salle à manger qui s'ouvrait à coulisses, mais il n'y avait pas de rallonge, et la jointure des deux côtés présentait au milieu une fente étroite. La plante était passée à travers cette ouverture, que je mesurai et qui avait à peine un huitième de pouce de large.

» La tige de cette branche était trop épaisse pour qu'il me fût possible de faire passer la plante à travers la fente sans que la tige fût brisée ; cependant nous l'avions tous vue passer lentement et avec facilité, et quand on l'examina, on ne remarqua pas le plus petit signe de pression ou de déchirure. »

Comme contribution aux faits mentionnés dans cette classe, je puis rapporter la fameuse expérience du bracelet faite par le Dr Puel, expérience dont j'ai été témoin une dizaine de fois au moins, ainsi que d'autres personnes : un bracelet en laiton, sans ouverture ni soudure, découpé à l'emporte-pièce, était mis à l'un des avant-bras de madame L. B... Les deux mains de cette dame reposaient à plat sur une table ou étaient tenues dans les mains d'un des expérimentateurs. A un moment donné, souvent au milieu de la conversation, on entendait un cri perçant poussé par madame L. B..., et au même instant le bruit que produisait le bracelet en tombant avec force sur le parquet ou sur un meuble. Plusieurs fois, nous avons constaté, dans les mêmes circonstances, c'est-à-dire les mains du médium étant appuyées sur la table et maintenues par la pression des mains d'un assistant, le passage du bracelet d'un bras à l'autre.

Aussi en opposition avec les lois physiques que ce fait paraisse être, puisqu'il laisse supposer que la matière peut traverser la matière, j'affirme sa réalité, et d'autres comme moi, et pas plus que moi sujets aux hallucinations, peuvent l'affirmer. Et quelles que soient les conséquences que pourront avoir, à mon égard, les étonnements de la critique, je maintiendrai mon affirmation avec toute l'énergie d'une conviction imposée par le témoignage de mes sens (1).

D'ailleurs, je ne suis pas le seul ayant la prétention de croire à ce que j'ai vu, que cela soit ou non « *en harmonie avec nos connaissances acquises* » : aux noms des savants français, anglais et allemands que j'ai cités, aux noms des expérimentateurs de tous les pays qui ont eu le courage de croire aussi à ce qu'ils ont vu, je rappellerai celui d'un savant géologue de l'Angleterre qui, *après dix ans* de recherches et de contrôle des phénomènes spirites, les déclara sincères et véritables, tirant de son travail la conclusion suivante : « Qui peut déterminer, dit P. Barkas, les limites du possible, limites que la science et l'observation reculent chaque jour? Examinons, doutons, mais ne soyons pas assez hardis pour nier la possibilité de pareilles occurrences. »

Ayons donc le courage de gravir les hauts sommets où réside la vraie Science, sans craindre les ignorantins de nature ou d'opinion : *Ad alta per alta.*

(1) Un fait de dématérialisation analogue a été cité par Janin dans son cours de physique à l'Ecole Polytechnique : une dame, pendant un temps orageux, étend la main pour fermer une fenêtre. « La foudre part et le bracelet que porte la dame, disparaît si complètement, qu'on n'en retrouve plus aucun vestige. »

Classe XII. — *Formes et figures de fantômes.* — Crookes.

« Ce sont les plus rares des phénomènes dont j'ai été témoin. Les conditions exigées pour leur apparition semblent si délicates, et il faut si peu de chose pour empêcher leur production, que c'est seulement dans un très petit nombre d'occasions que je les ai constatés sous des conditions d'épreuves satisfaisantes. Je citerai deux cas :

» Au moment du crépuscule, dans une séance avec M. Home, dans une maison, les rideaux d'une fenêtre, éloignés de lui à la distance de huit pieds environ, furent vus en mouvement. Puis toutes les personnes présentes, placées près de la fenêtre aperçurent une forme d'abord obscure, puis sombre, enfin demi-transparente, semblable à celle d'un homme et agitant le rideau avec sa main. Pendant que nous regardions, la forme s'évanouit et les rideaux cessèrent de se mouvoir.

» L'exemple suivant est encore plus frappant. Comme dans le cas précédent, M. Home était le médium. Une forme de fantôme vint du coin de la chambre, prit un accordéon dans sa main, glissa tout autour de la chambre, en jouant de l'instrument, et resta visible pour toutes les personnes présentes pendant plusieurs minutes, M. Home étant, en outre, visible en même temps. Puis, comme le fantôme s'était trop rapproché d'une dame qui était assise seule, un peu plus loin des autres personnes de la société, cette dame poussa un petit cri et le fantôme disparut. »

XIV

Miss Cook et Katie King.

Miss Cook, âgée de quinze ans, était le médium, et Katie King était le fantôme matérialisé qui apparaissait, lorsque miss Cook était en état de *transe*.

Katie King s'est manifestée, en pleine lumière, sous la forme d'une femme jeune, grande, belle, blonde, pendant trois ans. Ce fantôme n'avait pas seulement un corps humain, des organes, des sens, elle causait, racontait des histoires, et se prêtait volontiers à toutes les expériences, notamment à celles de W. Crookes. C'est dans la maison même de cet illustre savant que Katie King a *vécu*, faisant son entrée dès que son médium était *intransed*, c'est-à-dire dans un état particulier d'hypnose.

Le cabinet de W. Crookes est une pièce, fermée par des rideaux, derrière lesquels, pendant les séances, se trouve endormie mademoiselle Cook. C'est là que s'opère le dédoublement mystérieux et d'où sort Katie pour se montrer à Crookes et aux nombreux assistants qui l'ont vue et qui ont témoigné de la réalité objective de cet être incompréhensible.

Voici en quels termes M. Crookes a décrit une des séances de *matérialisation de Katie King*, d'après la publication faite dans plusieurs journaux de l'Angleterre :

La formalité ordinaire d'inspecter la chambre et d'examiner les fermetures ayant été effectuée, mademoiselle Cook pénétra dans le cabinet.

Au bout de peu de temps, la forme de Katie apparut à côté du rideau, séparant le cabinet-salon de la chambre où se tenaient les assistants ; mais elle se retira bientôt en disant que son médium n'était pas bien et ne pouvait pas être mis dans un sommeil suffisamment profond pour qu'il fût sans danger pour elle de s'en éloigner. J'étais placé à quelques pieds du rideau derrière lequel mademoiselle Cook était assise, le touchant presque, et je pouvais entendre ses plaintes et ses sanglots comme si elle souffrait. Ce malaise continua par intervalles presque pendant toute la durée de la séance, et une fois comme la forme de Katie était devant moi dans la chambre, j'entendis distinctement le son d'un sanglot plaintif, identique à ceux que mademoiselle Cook avait fait entendre par intervalles, tout le temps de la séance, et qui venait de derrière le rideau où elle devait être assise. J'avoue que la figure était frappante d'apparence de vie et de réalité, et autant que je pouvais voir à la lumière un peu indécise, ses traits ressemblaient à ceux de mademoiselle Cook; mais cependant la preuve positive donnée par un de mes sens, que le soupir venait de mademoiselle Cook, dans le cabinet, tandis que la figure était au dehors, cette preuve, dis-je, est trop forte pour être renversée par une simple supposition du contraire, même bien soutenue.

Pour le moment je ne parlerai pas de la plupart des preuves que Katie m'a données dans les nombreuses occasions où mademoiselle Cook m'a favorisé de séances chez moi, et je n'en décrirai qu'une ou deux qui ont eu lieu récemment. Depuis quelque temps, j'expérimentais avec une lampe à phosphore, consistant en une bouteille de six à huit onces, qui contenait un peu d'huile phosphorée et qui était solidement bouchée. J'avais des raisons pour espérer qu'à la lumière de cette lampe quelques-uns des mystérieux phénomènes du cabinet pourraient se rendre visibles, et Katie espérait, elle aussi, obtenir le même résultat.

Le 12 mars, pendant une séance chez moi, et après que Katie eût marché au milieu de nous, qu'elle nous eût parlé pendant quelque temps, elle se retira derrière le rideau qui séparait mon laboratoire, où l'assistance était assise, de ma bibliothèque qui, temporairement, faisait l'office de cabinet. Au bout d'un moment elle revint au rideau et m'appela à elle en disant : « Entrez dans la chambre et soulevez la tête de mon médium, elle a glissé à terre. » Katie était alors debout devant moi, vêtue de sa robe blanche habituelle et coiffée de son turban.

Immédiatement, je me dirigeai vers la bibliothèque pour relever mademoiselle Cook, et Katie fit quelques pas de côté pour me laisser passer. En effet, mademoiselle Cook avait glissé en partie de dessus le canapé, et sa tête penchait d'une façon très pénible. Je la remis sur le canapé, et, en faisant cela, j'eus, malgré l'obscurité, la vive satisfaction de constater que mademoiselle Cook n'était pas revêtue du costume de Katie, mais qu'elle portait son vêtement ordinaire de velours noir et se trouvait dans une profonde léthargie. Il ne s'était pas écoulé plus de trois secondes entre le moment où je vis Katie en robe blanche devant moi, et celui où je relevai mademoiselle Cook sur le canapé en la tirant de la position où elle se trouvait. En retournant à mon poste d'observation, Katie apparut de nouveau et dit qu'elle pensait qu'elle pourrait se montrer à moi en même temps que son médium. Le gaz fut baissé, et elle me demanda ma lampe à phosphore. Après s'être montrée à sa lueur pendant quelques secondes, elle me la remit dans les mains en disant : « Maintenant, entrez et venez voir mon médium. »

Je la suivis de près dans ma bibliothèque et, à la lueur de ma lampe, je vis mademoiselle Cook reposant sur le sofa exactement comme si je l'y avais laissée. Je regardai autour de moi pour voir Katie, mais elle avait disparu. Je l'appelai, mais je ne reçus pas de réponse.

Je repris ma place, et Katie réapparut bientôt et me dit que tout le temps elle avait été debout auprès de mademoiselle Cook. Elle demanda alors si elle ne pourrait pas elle-même essayer une expérience, et prenant de mes mains la lampe à phosphore, elle passa derrière le rideau, me priant de ne pas regarder dans le cabinet pour le moment. Au bout de quelques minutes, elle me rendit la lampe en me disant qu'elle n'avait pas pu réussir, qu'elle avait épuisé tout le fluide du médium, mais qu'elle essayerait de nouveau une autre fois. Mon fils aîné, un garçon de quatorze ans, qui était assis en face de moi, dans une position telle qu'il pouvait voir derrière le rideau, me dit qu'il avait vu distinctement la lampe à phosphore flotter dans l'espace au-dessus de mademoiselle Cook et l'éclairant pendant qu'elle était étendue sans mouvement sur le sofa, mais qu'il n'avait pu voir personne tenir la lampe.

Je passe maintenant à la séance tenue hier soir à Hackney.

Jamais Katie n'est apparue avec une aussi grande perfection ; pendant près de deux heures, elle s'est promenée dans la chambre en causant familièrement avec ceux qui étaient présents. Plusieurs fois, elle prit mon bras en marchant et l'impression ressentie par mon esprit que c'était une femme vivante qui se trouvait à mon côté et non pas un visiteur de l'autre monde, cette impression, dis-je, fut si forte, que la tentation de répéter une récente et curieuse expérience devint irrésistible.

Pensant donc que je n'avais pas un esprit près de moi, il y avait tout au moins une dame, je lui demandai la permission de la prendre dans mes bras, afin de me permettre de vérifier les intéressantes observations qu'un expérimentateur hardi avait récemment fait connaître d'une manière tant soit peu prolixe. Cette permission me fut gracieusement donnée, et, en conséquence, j'en usai — convenablement — comme tout homme bien élevé l'eût fait dans ces circonstances. M. Volckman sera charmé de savoir que je puis corroborer son assertion que le « fantôme » (qui du reste, ne fit aucune résistance) était un être aussi matériel que mademoiselle Cook elle-même. Mais la suite montrera combien un expérimentateur a tort, quelque soignées que ses observations puissent être, de se hasarder à formuler une importante conclusion quand les preuves ne sont pas en quantité suffisante. Katie dit que cette fois elle se croyait capable de se montrer en même temps que mademoiselle Cook. Je baissai le gaz, et ensuite, avec ma lampe à phosphore, je pénétrai dans la chambre qui servait de cabinet. Mais préalablement, j'avais prié un de mes amis, qui est habile sténographe, de noter toute observation que je pourrais faire pendant que je serais dans ce cabinet, car je connais l'importance qui s'attache aux premières impressions, et je ne voulais pas me confier à ma mémoire plus qu'il n'était nécessaire. Ces notes sont en ce moment devant moi.

J'entrai dans la chambre avec précaution ; il y faisait noir, et ce fut à tâtons que je cherchai mademoiselle Cook. Je la trouvai accroupie sur le plancher.

M'agenouillant, je laissai l'air entrer dans ma lampe, et à sa lueur, je vis cette jeune dame vêtue de velours noir, comme elle l'était au début de la séance, et ayant toute l'apparence d'être complètement insensible. Elle ne bougea pas lorsque je lui pris sa main et tins la lampe tout à fait près de son visage ; mais elle continua à respirer paisiblement.

Élevant la lampe, je regardai autour de moi et je vis Katie qui se tenait debout tout près de mademoiselle Cook et derrière elle. Elle était vêtue d'une draperie blanche et flottante comme nous l'avions déjà vue pendant la séance. Tenant une des mains de mademoiselle Cook dans la mienne, et m'agenouillant encore, j'élevai et j'abaissai la lampe, tant pour éclairer la figure entière de Katie, que pour pleinement me convaincre que je voyais bien réellement la vraie Katie que j'avais pressée dans mes bras quelques minutes auparavant, et non pas le fantôme d'un cerveau malade. Elle ne parla pas, mais elle remua la tête en signe de reconnaissance. Par trois fois différentes, j'examinai soigneusement mademoiselle Cook accroupie devant moi, pour m'assurer que la main que je tenais était bien celle d'une femme vivante, et, à trois reprises différentes, je tournai la lampe vers Katie pour l'examiner avec une attention soutenue, jusqu'à ce que je n'eusse plus le moindre doute qu'elle était bien là devant moi. A la fin, mademoiselle Cook fit un léger mouvement, et aussitôt Katie me fit signe de m'en aller. Je me retirai dans une autre partie du cabinet et cessai alors de voir Katie, mais je ne quittai pas la chambre que mademoiselle Cook ne se fût éveillée et que deux des assistants eussent pénétré avec de la lumière.

Avant de terminer cet article, je désire faire connaître quelques-unes des différences que j'ai observées entre mademoiselle Cook et Katie. La taille de Katie est variable ; chez moi je l'ai vue plus grande de six pouces que mademoiselle Cook. Hier soir, ayant les pieds nus et ne se tenant pas sur la pointe des pieds, elle avait quatre pouces et demi de plus que mademoiselle Cook. Hier soir, Katie avait le cou découvert, la peau était parfaitement douce au toucher et à la vue, tandis que mademoiselle Cook a au cou une cicatrice qui, dans des circonstances semblables, se voit distinctement et est rude au toucher. Les oreilles de Katie ne sont pas percées, tandis que mademoiselle Cook porte ordinairement des boucles d'oreilles. Le teint de Katie est très blanc, celui de mademoiselle Cook est très brun. Les doigts de Katie sont beaucoup plus longs que ceux de mademoiselle Cook et son visage aussi est plus grand. Dans les façons et manières de s'exprimer, il y a aussi bien des différences marquées.

DERNIÈRE APPARITION DE KATIE KING. — SA PHOTOGRAPHIE A L'AIDE DE LA LUMIÈRE ÉLECTRIQUE. — (*Obs. de Crookes.*)

Durant la semaine qui a précédé le départ de Katie, mademoiselle Cook a donné ses séances chez moi, presque tous les soirs, afin de me permettre de la photographier à la lumière artificielle. Cinq appareils complets de photographie furent donc préparés à cet effet. Ils consistaient en cinq chambres noires, une de la grandeur de plaque entière, une de demi-plaque, une de quart et deux chambres stéréoscopiques binoculaires, qui devaient toutes être dirigées sur Katie en même temps chaque fois qu'elle poserait pour obtenir son portrait. Cinq bains sensibilisateurs et fixateurs furent employés et nombre de glaces furent nettoyées à l'avance, prêtes à servir, afin qu'il n'y eût ni hésitation ni retard pendant les opérations photographiques que j'exécutai moi-même assisté d'un aide.

Ma bibliothèque servit de cabinet noir : elle avait une porte à deux battants qui s'ouvrait sur le laboratoire, un de ces battants fut enlevé de ses gonds et un rideau fut suspendu à sa place pour permettre à Katie d'entrer et de sortir facilement. Ceux de nos amis qui étaient présents étaient assis dans le laboratoire en face du rideau, et les chambres noires étaient placées un peu derrière eux, prêtes à photographier Katie quand elle sortirait et à prendre également l'intérieur du cabinet, chaque fois que le rideau serait soulevé dans ce but. Chaque soir il y avait trois ou quatre expositions de glaces dans les cinq chambres noires, ce qui donnait au moins quinze épreuves par séance.

Quelques-unes se gâtèrent au développement, d'autres en réglant la lumière. Malgré tout, j'ai quarante-quatre négatifs, quelques-uns médiocres, quelques-uns passables, d'autres excellents. Katie donna pour instruction à tous les assistants de rester assis et d'observer cette condition ; seul, je ne fus pas compris dans cette mesure, car, depuis quelque temps, elle m'avait donné la permission de faire ce que je voudrais, de la toucher, d'entrer dans le cabinet et d'en sortir chaque fois qu'il me plairait.

Je l'ai souvent suivie dans le cabinet et je l'ai vue quelquefois, elle et son médium, en même temps ; mais le plus généralement, je ne trouvais que le médium en léthargie et reposant sur le parquet ; Katie et son costume blanc avaient instantanément disparu. Durant ces six derniers mois, mademoiselle Cook a fait chez moi de nombreuses visites et y est demeurée quelquefois une semaine entière. Elle n'apportait avec elle qu'un petit sac de nuit ne fermant pas à clef ; pendant le jour elle était constamment en compagnie de Me Crookes, de moi-même, ou de quelque autre membre de ma famille ; et ne dormant pas seule, il y a eu manque absolu d'occasions de rien préparer, même d'un caractère moins achevé, qui fût apte à jouer le rôle de Katie King. J'ai préparé et disposé moi-même ma bibliothèque ainsi que le cabinet noir ; et d'habitude, après que mademoiselle Cook avait dîné et causé avec nous, elle se dirigeait droit au cabinet, et à sa demande je fermais à clef la seconde porte, gardant la clef sur moi pendant toute la séance : alors on baissait le gaz et on laissait mademoiselle Cook dans l'obscurité. En entrant dans le cabinet, mademoiselle Cook s'étendait sur le plancher, sa tête sur un coussin, et bientôt elle était en léthargie. Pendant les séances photographiques, Katie enveloppait la tête de son médium avec un châle, pour empêcher que la lumière ne tombât sur son visage.

Fréquemment, j'ai soulevé un côté du rideau lorsque Katie était debout tout auprès, et alors il n'était pas rare que les sept ou huit personnes qui étaient dans le laboratoire pussent voir en même temps mademoiselle Cook et Katie, sous le plein éclat de la lumière électrique. Nous ne pouvions pas, alors, voir le visage du médium à cause du châle, mais nous apercevions ses mains et ses pieds; nous la voyions se remuer péniblement sous l'influence de cette lumière intense, et par moments nous entendions ses plaintes.

J'ai une épreuve de Katie et de son médium photographiés ensemble; mais Katie est placée devant la tête de mademoiselle Cook. Pendant que je prenais une part active à ces séances, la confiance qu'avait en moi Katie s'accroissait graduellement, au point qu'elle ne voulait plus donner de séance à moins que je ne me chargeasse des dispositions à prendre, disant qu'elle voulait toujours m'avoir près d'elle et près du cabinet. Dès que cette confiance fût établie, et quand elle eut la satisfaction d'être sûre que je tiendrais les promesses que je pouvais lui faire, les phénomènes augmentèrent beaucoup en puissance, et des preuves me furent données qu'il m'eût été impossible d'obtenir si je m'étais approché du sujet d'une manière différente.

Elle m'interrogeait souvent au sujet des personnes présentes aux séances et sur la manière dont elles seraient placées, car dans les derniers temps, elle était devenue très nerveuse à la suite de certaines suggestions malavisées, qui conseillaient d'employer la force pour aider à des modes de recherches plus scientifiques.

Une des photographies les plus intéressantes est celle où je suis debout à côté de Katie; elle a son pied nu sur un point particulier du plancher. J'habillai ensuite mademoiselle Cook comme Katie; elle et moi nous nous plaçâmes dans la même position et nous fûmes photographiés par les mêmes objectifs placés absolument comme dans l'autre expérience et éclairés par la même lumière.

Lorsque ces deux dessins sont placés l'un sur l'autre, les deux photographies de moi coïncident parfaitement quant à la taille, etc., mais Katie est plus grande d'une demi-tête que mademoiselle Cook, et auprès d'elle, elle semble une grosse femme. Dans beaucoup d'épreuves la largeur de son visage et la grosseur de son corps diffèrent essentiellement de son médium et les photographies font voir plusieurs autres points de dissemblance.

Mais la photographie est aussi impuissante à dépeindre la beauté parfaite du visage de Katie, que les mots le sont eux-mêmes à décrire le charme de ses manières. La photographie peut, il est vrai, donner un dessin de sa pose; mais comment pourrait-on reproduire la pureté brillante de son teint, ou l'expression sans cesse changeante de ses traits si mobiles, tantôt voilés de tristesse lorsqu'elle racontait quelque amer événement de sa vie passée, tantôt souriant avec toute l'innocence d'une jeune fille lorsqu'elle avait réuni mes enfants autour d'elle et qu'elle les amusait en leur racontant des épisodes de ses aventures dans l'Inde.

J'ai si bien vu Katie récemment, lorsqu'elle était éclairée par la lumière électrique, qu'il m'est impossible d'ajouter quelques traits aux différences que, dans un précédent article, j'ai établies entre elle et son médium. J'ai la certitude la plus absolue que mademoiselle Cook et Katie sont deux individualités distinctes, du moins en ce qui concerne leurs corps. Plusieurs petites marques qui se trouvent sur le visage de mademoiselle Cook font défaut sur celui de Katie. La chevelure de mademoiselle Cook est d'un brun si foncé qu'elle paraît presque noire ; une boucle de celle de Katie, qui est là sous mes yeux et qu'elle m'avait permis de couper au milieu de ses tresses luxuriantes après l'avoir suivie de mes propres doigts jusque sur le haut de sa tête et m'être assuré qu'elle y avait bien poussé, est d'un châtain doré.

Un soir, je comptai les pulsations de Katie : son pouls battait régulièrement 75, tandis que celui de mademoiselle Cook peu d'instants après atteignait 90, son chiffre habituel. En appuyant mon oreille sur la poitrine de Katie, je pouvais entendre un cœur battre à l'intérieur, et ses pulsations étaient encore plus régulières que celles du cœur de mademoiselle Cook, lorsque après la séance elle me permettait la même expérience. Eprouvés de la même manière, les poumons de Katie se montrèrent plus sains que ceux de son médium, car, au moment où je fis mon expérience, mademoiselle Cook suivait un traitement médical pour un gros rhume. Lorsque le moment de nous dire adieu fût arrivé pour Katie, je lui demandai la faveur d'être le dernier à la voir. En conséquence, quand elle eut appelé à elle chaque personne de la société et qu'elle leur eut dit quelques mots en particulier, elle donna des instructions générales pour notre direction future et la protection à donner à mademoiselle Cook. De ces instructions qui furent sténographiées, je cite la suivante :

« M. Crookes a très bien agi constamment, et c'est avec la plus grande confiance que je laisse Florence entre ses mains, parfaitement sûre que je suis qu'il ne trompera pas la foi que j'ai en lui. Dans toutes les circonstances imprévues, il pourra faire mieux que moi-même, car il a plus de force. » Ayant terminé ses instructions, Katie m'engagea à entrer dans le cabinet avec elle, et me permit d'y demeurer jusqu'à la fin. Après avoir fermé le rideau, elle causa avec moi pendant quelque temps, puis elle traversa la chambre pour aller à mademoiselle Cook qui gisait inanimée sur le plancher. Se penchant sur elle, Katie la toucha et lui dit : « Eveillez-vous, Florence, éveillez-vous ! Il faut que je vous quitte maintenant ! »

Mademoiselle Cook s'éveilla tout en larmes, elle supplia Katie de rester quelque temps encore. « Ma chère, je ne puis pas, ma mission est accomplie. Que Dieu vous bénisse ! » répondit Katie ; et elle continua à parler à mademoiselle Cook. Pendant quelques minutes elles causèrent ensemble, jusqu'à ce qu'enfin les larmes de mademoiselle Cook l'empêchèrent de parler. Suivant les instructions de Katie, je m'élançai pour soutenir mademoiselle Cook qui allait tomber sur le plancher et qui sanglotait convulsivement. Je regardai autour de moi, mais Katie et sa robe blanche avaient disparu. Dès que mademoiselle Cook fut assez calmée, on apporta une lumière, et je la conduisis hors du cabinet.

Quelque épreuve que j'aie proposée à mademoiselle Cook pendant les séances, elle a accepté de s'y soumettre avec la plus grande bonne volonté ; sa parole est franche et va droit au but, et je n'ai jamais rien vu qui pût en rien ressembler à la plus légère apparence du désir de tromper. Vraiment, je ne crois pas qu'elle pût mener une fraude à bonne fin, si elle venait à l'essayer ; et si elle le tentait, elle serait très promptement découverte, car une telle manière de faire est tout à fait étrangère à sa nature. Et quant à imaginer qu'une innocente écolière de quinze ans ait été capable de concevoir et de mener pendant trois ans avec un plein succès une aussi gigantesque imposture que celle-ci, et que, pendant ce temps, elle se soit soumise à toutes les conditions qu'on a exigées d'elle ; qu'elle ait supporté les recherches les plus minutieuses ; qu'elle ait voulu être inspectée à n'importe quel moment soit avant, soit après les séances ; qu'elle ait obtenu encore plus de succès dans ma propre maison que chez ses parents, sachant qu'elle y venait expressément pour se soumettre à de rigoureux essais scientifiques, quant à imaginer dis-je, que la Katie King des trois dernières années est le résultat d'une imposture, cela fait plus de violence à la raison et au bon sens que de croire qu'elle est ce qu'elle affirme elle-même.

A propos de cet incroyable phénomène, de cette étrange matérialisation, il est nécessaire de rappeler que M. Crookes est un des plus grands savants de l'Angleterre, qu'il est membre de notre Académie des sciences et qu'il jouit dans le monde entier de la réputation d'être d'une probité scientifique absolue.

Or, en réponse aux observations qui lui furent faites, il ne répondit que par ces simples paroles : « *Je ne dis pas que cela est possible, je dis que cela est est.* »

Ces apparitions de formes et de figures de fantômes étaient vraisemblablement plus fréquentes au moyen âge que de nos jours, si l'on s'en rapporte aux nombreux faits consignés dans l'ouvrage de Pierre Le Loyer (1).

Cet auteur ne nous laisse en effet aucun doute sur la nature du sujet qu'il a étudié, car il ajoute en sous-titre à son livre :

« *Aussi est traicté des extases et rauissements : de l'essence, nature et origine des Ames, et de leur estat après le déces de leurs*

(1) Pierre Le Loyer. Discours et histoires des spectres, visions et apparitions des esprits, anges, démons et âmes se montrant visibles aux hommes. 1605, Paris, Bibl. de l'Arsenal, 1225. S. A. in-4°.
(*Lib.* III, *Cap.* I et XIV.)

corps : plus les Magiciens et sorciers, de leur communication avec les malins esprits : ensemble des remèdes pour se preseruer des illusions et impostures diaboliques. »

En analysant quelques passages de ce curieux document, nous verrons immédiatement la corrélation qui existe entre ce qu'on a appelé autrefois la sorcellerie ou la magie et le spiritualisme. En parlant des spectres qui se forment dans l'air et sous les yeux.... Pierre Le Loyer écrit :

« Il en appert par la froideur que l'on sent à l'attouchement de ces corps qui en outre cèdent ou mollissent sous la main comme ferait du coton ou une boule ou pelote de neige pressée sous la main de l'enfant. Ils ne durent point plus qu'il leur plaist et se resoluent du continent en leur élément. » Plus loin : « Un esprit malin, interrogé d'une sorcière pourquoi son corps n'estoit point chaleureux, respondit qu'il n'estoit point en son pouuoir de lui donner la chaleur. » Mais cependant il attribue ces apparitions aux malins esprits et aux démons. Enfin, il cherche à expliquer « de quoi tient le corps qui est vu et touché... Ainsi à bien parler le corps des démons tient de l'air, de l'eau et de la terre...

» Aussi peuuent ces diables apparaître indifféremment devant toute personne. Ils ont toutefois des personnes affectées, les unes plus que les autres...

» A ces sorciers et sorcières ils se montrent ordinairement en forme visible et viennent à eux quand ils les appellent...

» Quant aux personnes subjectes à ces sortes

de choses, ce sont les ieunes et tendres d'aage, les froits et imparfaicts. Par ceux-ci, i'entends parler des femmes, vieillards et eunuques, et auec eux encore les mélancholiques...

» Ceux qui sont dominez sont tout estrangez de leur naturel, qu'ils tombent non rarement en manie. »

Il affirme dans son chapitre sur l'essence des âmes que les oracles anciens « n'estoient qu'Oracles d'Ames d'hommes » et, pour préciser, il en donne une longue liste. Il dit du reste. « Il y auoit en la Grèce assez de temples appelez Psychomantées parce qu'en ces lieux on receuoit des réponses des Ames d'hommes par diverses façons. . . . .
Les Gaulois veilloient pour la mesme cause près des lieux où ils auoient brûlé les corps de leurs hommes vaillants et Barons généreux et nobles. »

Il parle plus loin de l'origine du pouvoir que les esprits (c'est le mot de Le Loyer ici) possèdent de se manifester à nous. Mais il est en désaccord avec les théories modernes qui leur font tirer ce pouvoir du médium, en ce qu'il dit que les esprits peuvent agir ainsi « de leur propre puissance » et qu'ils ne sont gouvernés que par leur intelligence. » Il n'y a point si grand éloignement, dit-il, entre nous et les esprits qu'ils ne puissent communiquer facilement à nous. » Cependant « ils sont commandez de Dieu, au vouloir duquel ils se conforment. »

Enfin il considère les hommes comme des êtres inférieurs aux esprits des morts. Il dit en effet : « L'Ame qui apparaist n'emprunte rien d'autrui et, comme esprit inuisible, elle agit avec nous comme l'agent avec le passif, luy estant loysible d'agir sur ce qui est inférieur. Et ie nie, dit-il ensuite, que les Ames obéissent aux charmes et paroles magiques. »

Sur l'avenir de l'âme après la mort, il dit à un de « ses champions », c'est-à-dire un de ceux dont il réfute les opinions, que cette âme, *quelle qu'elle soit*, « en état de salut ou non purgée, vient par degrez et non de plein salut à la fruition et ïouissance de Dieu ». Et pour cela, dit-il, elle passe par d'autres « prisons, et n'en sort qu'après auoir satisfaict ïusque au dernier quadrin. » Il admet cependant qu'il y en a qui font leur chemin plus vite que d'autres. Voilà, à son avis, les jugements de Dieu après la mort, et le feu dont parle l'Ecriture, — telle est la façon dont il exprime les images du paradis et de l'enfer promis aux vertueux et aux méchants.

En raison des documents que nous venons de fournir, ne sommes-nous pas déjà en droit d'interpréter les faits expérimentaux par l'hypothèse d'une Force intelligente plus ou moins grande. Il faut se souvenir, en effet, que, selon le rituel catholique, les phénomènes nécessaires pour reconnaître la possession chez les démonomanes étaient :

1° *Faculté de connaître les pensées même non exprimées ;*

2° *Intelligence des langues inconnues ;*

3° *Faculté de parler ces langues inconnues ou étrangères ;*

4° *Connaissance des événements futurs ;*

5° *Connaissance de ce qui se passe dans les lieux éloignés ;*

6° *Développement de forces physiques supérieures ;*

7° *Suspension du corps en l'air, pendant un temps considérable.*

Les phénomènes de médiumnité étaient donc connus depuis longtemps, mais ils étaient interprétés d'une manière différente, — selon les idées du temps.

Aujourd'hui, ils appartiennent à la physiologie humaine, et il faudrait être indifférent, aveugle ou de mauvaise foi pour les nier avant d'en avoir contrôlé l'exactitude.

Quant à ceux qui ont la prétention d'être au courant de la Science et qui refusent de s'en occuper, c'est qu'ils manquent de courage, c'est qu'ils n'osent pas braver la critique des prétendus esprits forts et les lazzi des ignorants. Et quand le *pecus vulgum*, matière amorphe qui étouffe les éléments supérieurs de la société, contesterait la valeur de leurs travaux,... ils auraient au moins cela de commun avec Galilée, avec Harvey, avec Jenner, avec D. Papin, avec Franklin, avec Young, avec H. Davy, avec Stephenson, avec Galvani (1), avec de Jussieu, avec tous les auteurs des grandes découvertes scientifiques, toujours invariablement combattus par les demi-savants et les bourgeois réactionnaires des Instituts et des Sociétés d'admiration mutuelle.

Pourquoi donc se refuser plus longtemps à

(1) « Je suis attaqué par deux catégories de personnes différentes, disait Galvani, les savants et les ignorants ; toutes deux me tournent en ridicule, et me traitent de *maître de danse des grenouilles*. Cependant je crois avoir découvert une des grandes forces de la nature. »

étudier une *force* reconnue par les hommes les plus éminents de tous les pays et par quelques modestes pionniers de France, qui tous ont constaté l'identité des principaux phénomènes qu'*elle* peut produire? Si le nombre de ces expérimentateurs ne suffisait pas pour convaincre les sceptiques de l'importance de cette haute question de psychologie, nous pourrions citer bien d'autres noms, qui commandent l'estime et imposent le respect, par la scrupuleuse probité scientifique de leurs travaux. Nommons Mapes, professeur de chimie à l'Académie des Etats-Unis, Robert Hare, un autre professeur de l'Université américaine, M. Oxon, professeur à l'Université d'Oxford, le Dr Georges Sexton, membre du *collège royal de Londres*, etc...

C'est après cinq années d'études que M. Oxon a formulé les propositions suivantes sur la Force psychique, qui corroborent les faits observés par ses collègues d'Angleterre, d'Allemagne et d'Amérique :

1. Il existe une force qui opère au moyen d'un type spécial d'organisation humaine, et qu'il convient d'appeler *Force psychique*.

2. Il est démontré que cette force est, en certains cas, gouvernée par une intelligence.

3. Il est prouvé que cette intelligence est souvent autre que celle de la personne ou des personnes au moyen desquelles elle agit.

4. Cette force, ainsi gouvernée par une intelligence extérieure, manifeste parfois son action, — indépendamment d'autres modes — en écrivant des phrases cohérentes, sans l'intervention d'aucune des méthodes connues pour écrire.

5. L'évidence de l'existence de cette force ainsi gouvernée par une intelligence repose sur :

A. L'évidence de l'observation des sens.

B. Le fait qu'elle se sert souvent d'une langue inconnue du psychique.

C. Le fait que la matière traitée est fréquemment supérieure aux connaissances du psychique.

D. Le fait qu'il est démontré impossible de produire ces résultats par la fraude, dans les conditions où ces phénomènes sont obtenus.

E. Le fait que ce phénomène spécial est produit non seulement en public et par des médiums payés, mais en particulier, et sans la présence d'aucune personne étrangère au cercle de la famille.

Sans vouloir préjuger la question, nous croyons pouvoir affirmer à notre tour que cette Force a des rapports intimes avec l'âme, l'esprit ou la partie immatérielle de notre être, comme on voudra l'appeler ; qu'elle possède une action sur nos idées aussi bien que sur nos fonctions physiologiques. Et il est, à notre avis, dans les destinées humaines d'en rechercher l'essence, de l'étudier dans ses phénomènes, dans ses manifestations, dans tous ses effets sensibles à nos sens et à nos moyens d'investigation.

Il est temps que l'orgueil séculaire de la science matérialiste commence à s'incliner et à reconnaître que les forces ne procèdent pas de la matière mais qu'elles en sont indépendantes et qu'elles la soumettent passivement à leurs lois.

Partant donc de ce principe que des forces inconnues existent dont nous subissons inconsciemment l'influence, la science officielle doit s'efforcer de les rechercher, de les isoler, de les dominer, s'il est dans son pouvoir de le faire. Au lieu, par conséquent, d'opposer un ignorant scepticisme aux découvertes modernes sur la Force psychique, il serait à désirer que loyalement nos académies contrôlassent les faits acquis de la physiologie psychique.

XV

Expériences de Zœllner.

Les expériences du Dr Zœllner, professeur à l'Université de Leipzig, membre correspondant de notre Institut, eurent lieu en présence de MM. les professeurs Fechner, Braune, Weber, Scheibner et le célèbre chirurgien Tiersch (1).

Ces expériences faites avec tout le rigorisme scientifique, à l'aide du médium Slade, peuvent se résumer ainsi :

1° Mouvement par la seule « force » de M. Slade de l'aiguille aimantée renfermée dans la boîte d'une boussole ;

2° Coups frappés dans une table ; couteau projeté sans contact à la hauteur d'un pied ;

3° Mouvements d'objets lourds, le lit de M. Zœllner transporté à deux pieds du mur,

(1) Zœllner. — *Wissenchaftliche Abhandlungen*, 1877.

Slade étant assis, le dos tourné au lit, les jambes croisées et bien en vue ;

4° Un écran brisé avec fracas sans contact avec le médium et les morceaux projetés à cinq pieds de lui ;

5° Ecriture produite à plusieurs reprises entre deux ardoises appartenant à Zœllner et tenues bien en vue ;

6° Aimantation d'une aiguille d'acier ;

7° Réaction acide donnée à des substances neutres ;

8° Empreintes de mains et de pieds nus sur du noir de fumée ou de la farine, ne correspondant pas avec l'empreinte des mains et des pieds du médium, qui, du reste, demeurèrent en vue pendant toute la durée de l'expérience. Au surplus, les pieds de Slade étaient restés chaussés ;

9° Nœuds produits par des bandes de cuir scellées aux deux bouts et tenues sous les mains de Slade et Zœllner...

10° Une boule de métal fut suspendue par un cordon de soie à l'intérieur d'un globe de verre ; celui-ci étant placé sous la table, une lumière fut projetée dessus au moyen de bougies arrangées à cet effet ; et, pendant que les professeurs Weber et Scheiber aussi bien que le professeur Zœllner observaient attentivement, la boule commença par osciller et à frapper, à intervalles réguliers, contre la surface intérieure du globe de verre.

XVI

Expériences du Dr Gibier.

A peu près à la même époque où je publiais le compte rendu des expériences faites à Paris avec le Dr Puel, paraissait, sous la signature du Dr Gibier, ancien interne des hôpitaux, aide naturaliste au Muséum, un travail important sur le spiritisme (1).

Les expériences du Dr Gibier furent également faites avec l'aide de Slade, médium américain aussi extraordinaire que M. D. Home.

Les phénomènes observés furent classés ainsi :

1° Des phénomènes de percussion, coups frappés, sons divers ;

2° Des mouvements avec contact et sans contact du médium ;

(1) Gibier, *Le Spiritisme*, étude historique, critique et expérimentale.

3° Des ardoises brisées solidement encadrées de bois dur par simple contact du médium ;

4° Des corps disparus transportés sans contact du médium ;

5° Périodes d'extase pendant lesquelles le médium semblait *possédé* par une personnalité psychique autre que la sienne, parlant soit dans une langue inconnue, soit en anglais sur des questions de thérapeutique très peu familières au sujet.

Cet état de transe s'annonça par de la congestion de la face et une sorte de rictus des muscles du visage, en même temps que les yeux se convulsaient en haut et que les globes oculaires étaient agités de mouvements nystagmiques.

Pendant cet état, sa force dynamométrique donnait : à droite, 63 kilos au lieu de 27 à l'état normal ; à gauche, 50 kilos au lieu de 35 à l'état normal.

Slade avait eu antérieurement deux attaques d'hémiplégie.

6° Matérialisation d'une main visible en pleine lumière et contact de cette main sur le poignet du Dr Gibier.

7° Ecriture spontanée ou directe sur des ardoises, obtenues en pleine lumière (1)...

Deux ardoises neuves entourées d'un cadre de bois et dont la netteté avait été préalablement constatée, avaient été apportées par le Dr Gibier

(1) M. J..., prestidigitateur, après avoir assisté à une de ces séances de Slade, écrivit cette déclaration : « J'affirme que la séance de M. Slade est *vraie*, vraiment spiritualiste et incompréhensible en dehors de toute manifestation occulte. Et de nouveau j'affirme.

» Signé : J..., du Théâtre Robert-Houdin. »

qui y avait apposé sa signature. Elles furent reliées ensemble; un crayon avait été placé entre elles.

Elles furent couvertes d'écritures différentes et signées de noms différents. Gibier ne les quitta pas un instant des yeux ni des mains. Elles furent surveillées, dit-il, par trois de ses sens : la vue, le toucher et l'ouïe.

Les communications étaient faites en plusieurs langues, généralement en anglais, en allemand et en français. L'une d'elles fut faite en grec, puis en français. L'une était la traduction de l'autre; elle disait : « *Si ton bras, ô Démosthènes, avait égalé ton génie, jamais les Grecs n'eussent obéi à l'épée macédonienne.* E. Z. »

Sur une autre, on lisait en anglais : « *Spiritualism incultates a morality the most pure and elevated, and a state of the affections towards God, in the highest degree holy and spiritual.* W. Clark. »

Le spiritualisme enseigne la morale la plus pure et la plus élevée, et un état des affections vers Dieu, au plus haut degré saint et spirituel.

Au-dessous, il y avait en français : « *Il n'est pas permis de concevoir le moindre doute.* L. de Mond. » Et au dessous de celle-ci, une phrase en allemand signée « John Van Dick. »

Il serait trop long de reproduire toutes les communications reçues sur les ardoises (1). Mais

(1) Dans les expériences faites par M. Oxon, professeur à l'Université d'Oxford, avec les médiums Slade et Monck, l'ÉCRITURE SPONTANÉE était obtenue dans les conditions suivantes : Les ardoises étaient neuves, marquées d'un signe et

nous ferons cependant une exception pour celle-ci : « *The truth will outshine error.* » Cela veut dire : *La vérité éclipsera l'erreur*, ce que je crois devoir interpréter ainsi : La vérité appartiendra à ceux qui loyalement, sans idées préconçues, avec toute la rigueur scientifique, auront étudié cette force qui appartient au domaine de la physiologie psychique ; l'erreur restera le triste apanage des sceptiques indifférents ou de mauvaise foi et des ignorantins des grandes et petites académies.

C'est à peu près le sens de la conclusion à laquelle arrive notre confrère le Dr Gibier. « Il n'est plus permis de traiter par le persiflage et la raillerie facile un sujet si grave. Il y a des faits positifs : la métaphysique ne peut rien contre eux, et lorsque nous entendons dire que ces faits ne sont pas possibles, cela nous remet en mémoire la réflexion de Pascal sur le jugement de Rome qui condamnait l'opinion de Galilée touchant le mouvement de la terre : « Ce ne sera pas cela qui prouvera qu'elle demeure en repos... Tous les hommes ensemble ne l'empêcheraient pas de tourner et ne s'empêcheraient pas de tourner avec elle. »

fortement liées ensemble. M. Oxon ne les perdait pas de vue et ne levait pas la main posée sur elles un seul moment. Elles n'étaient jamais hors de sa possession, après qu'il les avait lavées et marquées. Les expériences étaient faites en pleine lumière.

XVII

Expériences de Naples, Milan, Rome Varsovie [1].

Medium Eusapia.

Les expériences faites en Italie, en 1891, avec Eusapia, médium italien à manifestations physiques puissantes, venant corroborer celles qui avaient déjà été publiées en France et à l'Etranger finirent par attirer l'attention de quelques savants officiels. Et successivement de nouvelles expériences furent faites à Naples, à Milan, à Rome, à Varsovie, à Carquerane dans la propriété du professeur Richet, à l'Agnélas dans la propriété du colonel de Rochas.

Les expériences de Naples, en 1891, furent faites par les professeurs Lombroso, de

(1) *Extériorisation de la motricité*, par A. de Rochas. Chamuel, édit.

Amicis, Gigli, Vizioli et le Dr Tamburini. Elles eurent lieu dans l'obscurité, ensuite dans la demi-lumière, et finalement en pleine lumière.

PHÉNOMÈNES CONSTATÉS A LA LUMIÈRE

Ils furent analogues à ceux obtenus par les précédents expérimentateurs, mais ils se firent avec un luxe de précautions qui semblait signifier que ceux-ci avaient pu être dupes de certaines supercheries.

Comme nous, ils obtinrent d'abord des coups frappés, des mouvements avec et sans contact, la lévitation d'une lourde table et d'une sonnette. Ensuite, ils eurent la lévitation de Lombroso et de la chaise sur laquelle il était assis, des attouchements aux mains et aux doigts par une main invisible. Ils observèrent, en pleine lumière, le glissement d'un guéridon sur le parquet dans la direction du médium. Une soucoupe placée sur le guéridon fut retournée sans qu'une parcelle de la farine qu'elle contenait tombât sur cette table.

Dans une seconde séance ils eurent des réponses exactes à des questions posées, le transport de différents objets sans aucun contact ; et des dynamomètres, qui avaient marqué 37 et 36 kilogrammes entre les mains d'Eusapia, marquèrent à une distance d'un mètre de celle-ci 42 kilogrammes.

Un des assistants vit l'image d'une personne de sa famille, décédée depuis vingt ans, et l'entendit lui parler en français, langue inconnue du médium. Et le Dr Barth, qui était présent à une séance, « vit son père mort et se sentit à deux reprises embrassé par lui. »

A propos des supercheries imputées à certains médiums, M. F. de Amicis, professeur de clinique médicale à la Faculté de Naples, s'est exprimé ainsi : « Bien instruit de tous les trucs auxquels on a recours pour la production de tels phénomènes, j'ai eu l'occasion de vérifier l'impossibilité absolue de cette action par Eusapia Paladino. Si on admet que ces faits sont produits par l'habileté mystificatrice d'Eusapia, c'est, je l'atteste, un acte de complète imbécillité de la part des témoins. Je puis moi-même, après avoir assisté à ces diverses expériences, affirmer sans réticences la réalité des phénomènes observés. »

Expériences de Milan. Elles eurent lieu en présence de MM. Ch. Richet, professeur de physiologie à la Faculté de Paris, Aksakof, le professeur Lombroso, le Dr Karl du Prel, Giovanni Schiaparelli, directeur de l'observatoire astronomique de Milan, Angelo Brofferio, professeur de philosophie, Giuseppe Gerosa, professeur de physique, et B. Ermacora, docteur ès-sciences physiques...

Les phénomènes observés à la lumière ont consisté : 1° en *mouvements mécaniques non explicables par le seul contact des mains*, mouvements représentant une force dynamométrique de 35 kilogrammes, diminuant à la volonté exprimée par les assistants jusqu'à ne plus être que de 3, 2, 1 et 0 kilogr. ; 2° *La lévitation de la table* photographiée en l'air, à l'aide d'une lampe au magnésium; 3° *Les variations de pression exercée par le corps du médium assis dans une balance*, variations de 10 kilogrammes.

Dans une seconde catégorie de phénomènes, on constata des *mouvements mécaniques avec contact indirect du médium, dans des conditions à rendre impossible leur action mécanique*. Dans cette expérience, la table était munie de roulettes; sur la table étaient trois billes de bois supportant une planchette. C'est sur la planchette que reposaient les mains du médium. Les mouvements de la table eurent lieu dans ces conditions.

Dans une troisième catégorie de phénomènes on observa des *mouvements d'objets à distance, sans aucun contact des personnes présentes*. Une chaise du poids de 10 kilogrammes se mit en mouvement et approcha plusieurs fois de la table. Une table se souleva sans aucun contact. Le levier d'une balance à bascule se met en mouvement (la balance était placée derrière le dos du médium et à une distance de 10 centimètres). Ces phénomènes obtenus en pleine lumière furent contrôlés par M. Ch. Richet, Aksakof et Brofferio (1), — de même que les suivants : *coups et reproduction de sons*

(1) Le professeur Brofferio, après avoir été un adversaire militant des phénomènes médianimiques, fut convaincu de leur réalité après les expériences faites avec Eusapia. Il a affirmé leur réalité, les considérant comme des faits positifs et non comme des hallucinations. « Il ne faut donc rien nier de parti pris, a-t-il dit, et répéter avec Voltaire que l'obstination n'est simplement que l'énergie des imbéciles. »

dans la table, qui font partie de la quatrième catégorie de phénomènes.

Les coups rythmés et les divers frottements faits sur la table semblaient se reproduire ensuite *dans l'intérieur de la table, mais faiblement.*

PHÉNOMÈNES OBSERVÉS DANS L'OBSCURITÉ.

« Les phénomènes observés dans l'obscurité complète se produisirent pendant que nous étions assis tous autour de la table, faisant la chaîne (au moins pendant les premières minutes). Les mains et les pieds du médium étaient tenus par ses deux voisins.

» Invariablement, les choses étant en cet état, ne tardèrent pas à se produire les faits les plus variés et les plus singuliers que, dans la pleine lumière, nous aurions en vain désirés ; l'obscurité augmentant évidemment la facilité de ces manifestations, que l'on peut classer comme il suit :

» 1. *Coups sur la table sensiblement plus forts que ceux que l'on entendait en pleine lumière sous ou dans la table ; fracas terrible comme celui d'un coup de poing ou d'un fort soufflet donné sur la table.*

» 2. *Chocs et coups frappés contre les chaises des voisins du médium, parfois assez forts pour faire tourner la chaise avec la personne. Quelquefois, cette personne se soulevant, sa chaise était retirée.*

» 3. *Transport sur les tables d'objets divers,*

tels que des chaises, des vêtements et d'autres choses, quelquefois éloignés de plusieurs mètres et pesant plusieurs kilogrammes.

» 4. *Transport dans l'air d'objets divers, d'instruments de musique, par exemple, percussions et sons produits par ces objets.*

» 5. *Transport sur la table du médium, avec la chaise sur laquelle il était assis.*

» 6. *Apparitions de points phosphorescents, de très courte durée (une fraction de seconde), et de lueurs, notamment de disques lumineux, qui souvent se dédoublaient, d'une durée également très courte.*

» 7. *Bruit de deux mains qui frappaient en l'air l'une contre l'autre.*

» 8. *Souffles d'air sensibles, comme un léger vent limité à un petit espace.*

» 9. *Attouchements produits par une main mystérieuse, soit sur les parties vêtues du corps, soit sur les parties nues (visage et mains) et, dans ce dernier cas, on éprouve exactement cette sensation de contact et de chaleur que produit une main humaine. Parfois, on perçoit réellement de ces attouchements qui produisent un bruit correspondant.*

» 10. *Vision d'une ou deux mains projetées sur un papier phosphorescent ou une fenêtre faiblement éclairée.*

» 11. *Divers ouvrages effectués par ces mains : nœuds faits et défaits, traces de crayon laissées sur une feuille de papier ou autre part. Empreintes de ces mains sur une feuille de papier noirci.*

» 12. *Contact de nos mains avec une figure mystérieuse qui n'était certainement pas celle du médium.* »

Une partie de ces phénomènes furent observés par les assistants en pleine lumière, — et notamment les matérialisations.

Nous regrettons de ne pouvoir joindre à ce procès-verbal les notes intéressantes de M. Ch. Richet, qui a cru devoir cependant exclure de la réalité objective des phénomènes celui d'apports de fleurs, mais en admettant celle des autres. D'ailleurs, le savant professeur n'a pas hésité à signer avec tous ses collègues le procès-verbal des expériences faites avec eux, l'affirmation « des phénomènes merveilleux » observés dans l'obscurité complète ou presque complète, comme en pleine lumière, sans jamais perdre de vue le médium un seul instant.

Expériences de Rome, en 1893 et 1894, par H. Siemiradski, membre correspondant de l'Institut.

Le médium est encore Eusapia.

Les phénomènes observés sont à peu près les mêmes que ceux déjà mentionnés par les autres expérimentateurs.

1° *Mouvements d'objets avec ou sans contact des mains du médium.* L'obscurité n'était faite que jusqu'au moment où Eusapia était en état de transe : Lévitation d'une chaise (avec photographies). Jeu d'un petit orgue de Barbarie et d'une boîte à musique, les deux instruments placés sur une table dans la lévitation. Gonflement d'un rideau comme la voile d'un bateau.

Déplacement d'une lampe et abaissement d'une suspension. Déplacement d'un piano avec résonnement de plusieurs notes. Déplacement d'un verre plein d'eau; il est porté du buffet aux lèvres de M. Ochorowicz. Déplacement de l'aiguille d'une boussole sous l'influence à distance des doigts du médium.

2° *Attouchements par des mains invisibles.* Ces attouchements semblent produits par une main invisible qui laisse des traits de craie blanche sur le dos et les bras des assistants. Empreintes de doigts sur des assiettes et des cartons laissant des traces de noir de fumée, alors que le médium et les assistants n'avaient aucune trace de noir sur leurs doigts. Empreintes de doigts sur de la glaise permettant le moulage des doigts.

3° *Apparitions lumineuses.* Dans l'obscurité on aperçoit des globes lumineux phosphorescents.

4° *Phénomènes auditifs.* Craquements dans la table. Coups frappés. Claquements de doigts. Applaudissements, bruits de pas sur le plancher, rires éclatants se faisant entendre au-dessus de la tête des assistants.

Expériences de 1894, faites avec l'assistance de Ch. Richet, du Dr de Schrenck (de Munich), du Dr Lombroso, du professeur Danilewski de la Faculté de médecine de Saint-Pétersbourg, du Dr Dobrzycki, rédacteur de la Gazette de médecine de Varsovie.

Disparition de la carte de visite du Dr Dobrzycki placée sous un verre et retrouvée ensuite dans l'antichambre par Ch. Richet ; — la porte de communication était fermée au verrou.

Empreintes de doigts sur une assiette contenant du noir de fumée. Ressemblance de ces empreintes avec celles obtenues ensuite par les doigts d'Eusapia, fait pouvant permettre l'hypothèse du dédoublement du médium.

EXPÉRIENCES DE VARSOVIE faites par MM. Ochorowicz, le général Starynkiewicz, Bronislas Reichman, ingénieur électricien, et Watraszewski, Hering, Higier, Harusewicz docteurs en médecine, etc.

Analyse du compte-rendu par M. de Kranz.

Les phénomènes ont été classés par M. Kranz en dix catégories :

1° SOULÈVEMENT PARTIEL OU TOTAL D'UNE TABLE, DONT UN OU TOUS LES PIEDS QUITTENT LE SOL; DIMINUTION OU AUGMENTATION DU POIDS D'UNE TABLE SUSPENDUE A UN DYNAMOMÈTRE.

2° MOUVEMENT D'OBJETS NON TOUCHÉS PAR LE MÉDIUM :

Mouvement des tablettes.
— *d'une sonnette suspendue à un arceau* (à la lumière).
— *de la sonnette recouverte d'un réseau métallique.*
— *d'un rideau* (demi-clarté).
d'une petite table derrière le rideau.
— *d'un tambourin, d'une sonnette*

dans l'air au-dessus des personnes présentes.

Mouvement d'une grande table (lumière).

— *de chaises et autres objets soulevés sur la table et descendus à terre* (obscurité).

— *de lunettes enlevées aux personnes* (obscurité).

— *d'une petite table* (lumière).

— *d'une sonnette derrière le rideau.*

— *allumage d'une lampe électrique à distance.*

— *soulèvement d'une planchette posée sur la table.*

— *d'une légère planchette suspendue à une autre par une charnière mobile.*

3° **Attouchements de personnes présentes observés dans l'obscurité et à la lumière. Vue d'une main matérialisée qui n'était pas celle du médium.**

4° **Sons divers sans l'intervention du médium :**

Claquements, bruits divers ;

Forts coups sur la table à laquelle était assis le médium ;

Mêmes coups sur une porte éloignée du médium ;

Sons d'un piano sans que le médium le touche ;

Sons d'un instrument à embouchure ;

Voix, ronflements ;

Son d'un accordéon.

5° Soulèvement du médium sur la table.

6° Phénomènes lumineux.

7° Lignes apparaissant d'une manière anormale :

Sur le papier ;

Sur une planchette ou des tablettes cachetées ;

Sur les manchettes des personnes présentes.

8° Souffle froid.

9° Extériorisation de la sensibilité.

10° Nombres devinés par le médium.

On voit, d'aprés cette énumération, que les phénomènes obtenus à Varsovie avec Eusapia ne diffèrent pas de ceux obtenus antérieurement avec d'autres médiums non professionnels. Il ne nous paraît donc pas nécessaire de donner le récit détaillé des expériences, faites avec un contrôle d'une grande sévérité.

Nous devons relever cependant quelques petits faits intéressants, ayant une valeur assez considérable au point de vue des conclusions.

Dans l'expérience de la diminution et de l'augmentation de poids d'une table suspendue à un dynamomètre accroché au plafond de la chambre, on a constaté que lorsque le médium touchait de ses doigts la traverse de la table, il y avait une augmentation de poids de 7 à 8 livres; et quand il mettait les mains sur la table, il y avait une diminution de poids de 6 à 7 livres.

Dans l'expérience avec le dynamomètre enregistreur elliptique, Eusapia étant en état de transe, la force invisible déployée était trois fois supérieure à la force indiquée par Eusapia et notablement plus considérable que celle de

M. Ochorowicz lui-même, qui était le plus fort des assistants.

A une des séances assistait une jeune fille très nerveuse, mademoiselle X. Celle-ci entre en état de transe et devient médium. On constata alors, à la lumière, que chaque fois que les muscles de mademoiselle X se contractaient plus ou moins fortement il en résultait un phénomène mécanique proportionnel à la contraction musculaire.

Les phénomènes de matérialisation permirent de constater à la lumière que ce fut une grande main gauche qui saisit le poignet d'un des contrôleurs qui tenait lui-même la main gauche du médium pendant qu'un autre assistant tenait la main droite. Ensuite apparut une autre main beaucoup plus petite d'une blancheur neigeuse. Enfin il se fit une troisième apparition : c'était une main gauche d'homme sortant lentement et horizontalement du côté droit d'Eusapia. Cette main serra la main de M. Ochorowicz, lui tira les doigts et se retira lentement derrière le rideau. C'était, dit-il, une main complètement vivante, de forme oblongue, de couleur de peau claire, de température et de densité normales.

Le souffle froid qui est mentionné dans les phénomènes observés est un refroidissement de l'air qui entoure les assistants, se manifestant généralement au début des séances médianimiques.

Au point de vue théorique, M. Ochorowicz a tiré de l'ensemble de ces phénomènes consignés dans son rapport les conclusions suivantes :

1° Je n'ai pas trouvé de preuves en faveur de l'hypothèse spirite, c'est-à-dire en faveur de l'intervention d'une intelligence étrangère. « John » (1) n'est pour moi qu'un dédoublement psychique du médium. Par conséquent, je suis « médianiste » et non « spirite. »

2° Les phénomènes médianiques confirment « le magnétisme » contre « l'hypnotisme, » — c'est-à-dire impliquent l'existence d'une action fluidique en faveur de la suggestion.

3° Cependant la suggestion y joue un rôle important et le médium n'est qu'un miroir qui reflète les forces et les idées des assistants. En plus, il possède la faculté de réaliser, en les extériorisant, ses rêves somnambuliques propres ou suggérés par les assistants.

4° Aucune force purement physique n'explique ces phénomènes qui sont de nature psycho-physique ayant un centre d'action dans l'esprit du médium.

5° Les phénomènes constatés ne contredisent ni la mécanique en général, ni la conservation des forces en particulier. Le médium agit aux dépens de ses propres forces et aux dépens de celles des assistants.

6° Il existe une série de transitions entre le médianisme d'ordre inférieur (automatisme, fraude inconsciente) et le médianisme d'ordre supérieur ou extériorisation de la motricité (action à distance sans lien visible et palpable).

7° L'hypothèse d'un « *double fluidique* »

(1) Eusapia, en état de transe, prétend qu'elle est en possession d'un esprit de ce nom, qui la fait parler et agir, et par lequel sont produits tous les phénomènes de médiumnité.

(*corps astral*), qui, dans certaines conditions, se détache du corps du médium, paraît nécessaire pour l'explication de la plupart des phénomènes. D'après cette conception, les mouvements d'objets sans contact seraient produits par les membres fluidiques du médium.

Telles sont les conclusions des expériences de Varsovie. Nous les comparerons à celles que nous formulerons de l'ensemble des documents fournis à notre travail, se rapportant à l'extériorisation du Corps psychique, à l'animisme, et au spiritisme proprement dit.

XVIII

Expériences de Donald Mac-Nab.

Ces expériences ont été faites, en 1888, avec M. F... comme médium. C'est un sensitif, d'une santé médiocre, musicien, artiste ; c'est un ami intime de Mac-Nab.

Les phénomènes obtenus pendant trois mois d'expériences ont été classés ainsi :

1° *Mouvements spontanés d'objets sans contact, lévitation, écriture directe. Bruits frappés. Apports.* Ce ne sont pas seulement des tables, guéridons, chaises, pianos qui sont mis en mouvement, c'est une canne placée entre les jambes du médium, dès qu'il est en état de transe, et qui se maintient en équilibre, sans contact bien entendu, en pleine lumière. Le médium était dans une immobilité absolue, et la canne s'inclinait, à sa volonté, à droite, à gauche, en avant, en arrière, comme l'ont constaté les assistants :

MM. de Rochas, Montorgueil, Gaboriau, Froment, etc. (1).

Mac-Nab interprète ce phénomène comme la résultante de trois forces particulières : l'action de la pesanteur ; les forces magnétiques du champ neurique du médium projeté hors de son corps ; la volonté consciente.

2° *Lueurs*. Pendant l'obscurité des lueurs se produisirent et vinrent impressionner les plaques au gélatino-bromure. Celles-ci développées par Mac-Nab permirent de voir des traces violettes, en forme de zigzags, alors que la lumière ordinaire laisse, comme on le sait, des traces noires sur les plaques. Ces lueurs, quand on cherchait à les saisir avec la main, donnaient la sensation de doigts ou d'une main qui semblaient être l'origine des lueurs observées.

Mac-Nab a divisé ces lueurs en deux catégories.

Les unes sont un peu jaunâtres et présentent une fumée phosphorescente, et les différences d'état caractéristiques des lueurs émises par le phosphore dans son oxydation lente.

La substance de ces lueurs n'est plus du phosphore et n'est pas encore de l'acide phosphorique. C'est, dit-il, ce qu'on appelle en chimie un état naissant.

Les autres sont blanches, n'émettent pas de fumée et ont des contours bien arrêtés.

(1) Il est évident que le même effet doit se produire avec un tout autre objet, une table par exemple, et sous l'influence d'une volonté autre que celle du médium. Celui-ci n'est plus alors partie intégrante du champ de l'appareil, il ne sert qu'à fournir le champ neurique.

3° *Lévitation du médium et de la chaise sur laquelle il était assis.* La chaise reposait sur un carré d'andrinople dont les quatre coins étaient tenus par les assistants, ce qui permit de constater que la chaise et le médium ne reposaient plus sur l'étoffe. Dans une séance, un des assistants fut transporté avec la chaise sur laquelle il était assis de l'autre côté de la chambre d'expériences.

4° *Matérialisations de formes humaines.* Ce sont tantôt des mains qui apparurent et qui donnèrent aux assistants la sensation d'attouchements et de pression sur le visage, les mains et les épaules, tantôt des matérialisations complètes.

Dans une demi-obscurité, dit Mac-Nab, la salle ayant été explorée et fermée à clef, les assistants sont assis en demi-cercle et le médium, en face, a les mains apparentes sur ses genoux. Une main se forme sur son épaule et est vue de tout le monde. On baisse encore le gaz, et une main se présente; je la vois et la touche, en même temps qu'une étoffe blanche s'agite devant moi. Deux assistants placés comme moi près du bec de gaz voient et touchent aussi. Cette main est très petite et potelée, chaude et humide et ne ressemble en rien aux mains des assistants qui tous sont des hommes. Le bras est nu jusqu'au coude.

J'ai constaté le même attouchement dans mes expériences, comme je l'ai dit dans le chapitre sur mes expériences personnelles.

XIX

Expériences de Pelletier.

Le rapport fait par un des assistants, M. Lemerle, ingénieur, ancien élève de l'Ecole polytechnique, a constaté, en dehors des phénomènes ordinaires de mouvement sans contact, de lévitation, etc., ceux de formation d'ondes circulaires dans l'eau contenue dans un vase, devant lequel se tenait le médium, — de déviations très nettes en déclinaison non constantes, d'un fil à plomb monté sur un poteau métallique, le fil placé dans le méridien magnétique, sous la même influence. La déclinaison avec l'aiguille aimantée était environ de 20 degrés. Il se produisait également quelques mouvements en inclinaison, mais peu sensibles.

Les expériences sur les corps pesants donnèrent les résultats suivants :

Deux porte-mines, l'un en argent assez lourd, l'autre en aluminium, léger, furent placés sur un guéridon. Tous les assistants se tenaient assis en face de ce meuble qu'aucun ne touchait par aucune partie du corps, ni des vêtements.

Après quelques minutes d'attente, le plus léger de ces objets tourna sur lui-même une dizaine de fois. Un porte-plume et une boîte ronde placés sur le guéridon furent également mis en mouvement d'un bond de la table, en avant et en arrière.

Des bouchons furent ensuite posés sur le meuble et exécutèrent au commandement des mouvements divers.

Le mouvement sans contact fut obtenu après le contact, pendant quelque instants, des mains des assistants.

Cette lévitation fut obtenue plusieurs fois de suite dans les mêmes conditions, c'est-à-dire, suivant l'expression de l'expérimentateur, en la rechargeant à chaque fois par le contact.

XX

Expériences du colonel de Rochas.

C'est en 1895 qu'elles eurent lieu dans la propriété du colonel, à l'Agnélas, avec Eusapia.

La Commission chargée de la direction et du contrôle était composée ainsi : MM. le Dr Dariex, le comte de Gramont, docteur ès-sciences physiques, Maxwell, substitut du procureur général de la Cour de Limoges, Sabattier, professeur d'anatomie comparée à la Faculté des sciences de Montpellier, le baron de Wateville, licencié ès-sciences physiques, le colonel de Rochas, ancien élève de l'École polytechnique, membre du Comité des travaux historiques et scientifiques au Ministère de l'Instruction publique.

Ces expériences furent faites avec un contrôle extraordinairement rigoureux, dont il serait trop long de donner la description, mais qui ne laisse pas la moindre prise à la critique.

C'est dans ces conditions que furent constatés les phénomènes suivants, pendant que les assistants faisaient la chaîne :

Lévitation d'une table; déplacements de meubles ; rideaux gonflés, violemment déplacés et projetés sur la figure d'un des assistants; coups frappés; notes jouées sur un petit piano. Sensation d'une main sur le dos d'un des assistants et sur la tête d'un autre; sensation de pincements répétés à l'épaule par plusieurs autres. Traction exercée sur les vêtements.

Tous ces phénomènes étaient annoncés par le médium au moment où ils allaient commencer à se produire.

Dans une autre séance, on observe : *la matérialisation d'un bras et d'une main, des attouchements au visage des assistants, la lévitation du médium. Apport d'un caillou calcaire du poids de 500 grammes après un coup très violent sur la table, — les mains d'Eusapia tenues et distinctement vues. Ouverture des portes d'un bahut sans contact.* Toutes ces expériences furent faites en pleine lumière.

Dans la séance suivante, on constate en pleine lumière l'*abaissement à fond du plateau d'un pèse-lettre, sous l'influence à distance des mains du médium.*

Cette dernière expérience a été répétée trois fois dans la séance avec le même résultat positif.

Les procès-verbaux de ces diverses séances ont été signés par tous les membres de la Commission et rédigés au fur et à mesure de leur production.

XXI

Expériences de Charles Richet.

Ces expériences, furent faites avec Eusapia, en 1894, à Carquerane, près de Toulon, propriété du savant professeur de physiologie. Parmi les assistants, citons Ochorowicz, le Dr Segard, médecin principal de la marine, MM. Lodge, Myon, Bellier, etc.

Le compte-rendu fait par M. Lodge commence par l'énumération des précautions prises pour donner aux phénomènes tout le rigorisme scientifique possible.

En état de transe, Eusapia répondait au nom de *John*, mais ne parlait qu'en italien.

Sur la table, on avait placé un chalet à musique et un petit accordéon.

M. Lodge était, dit-il, poussé, pincé; on appuyait sur sa tête, ses bras et ses genoux, lorsqu'il tenait les deux mains du médium dans les siennes et que les pieds et la tête d'Eusapia étaient observés. Dans ces mêmes conditions, il a eu sa main empoignée momentanément par quelque chose ressemblant à une main humaine, donnant l'impression distincte de doigts ayant des ongles. Il a vu une forte main, et d'autres objets plus vaguement, qui passaient, se détachant la nuit sur la lumière faible du ciel.

Il a vu une chaise placée près de la fenêtre, à plusieurs pieds de distance du médium, glisser plusieurs fois, horizontalement, puis se lever et frapper le parquet. Le médium était tenu et personne n'était près de la fenêtre.

Au moment où il n'y avait pas la moindre brise au dehors, un lourd rideau se gonfla comme si quelqu'un était derrière, et resta ainsi gonflé un bon moment. Une fois le rideau fut jeté sur la table et sur les assistants ; une autre fois le contour d'un visage se détacha contre la fenêtre, et quelque chose comme une main se leva contre son visage.

Une grande table, auprès de laquelle il n'y avait personne, était agitée souvent et même retournée, puis trouvée complètement renversée par terre ; et cela était fait avec soin, de manière à ne pas briser sur le plancher une batterie voltaïque et autres objets. M. Ochorowicz a pu, de sa place, voir la table au moment où elle se retournait.

Le médium étant observé, le petit chalet a été vu plusieurs fois traversant la chambre ; on entendit la clé remonter le mécanisme, et la musique jouer dans différentes parties de la chambre, quelquefois à deux mètres du médium. M. Lodge a vu ce chalet s'appuyer sur lui, puis être posé sur la table, sans que personne le touchât. « J'ai entendu, dit-il, quelques notes de l'accordéon, rendues loin de nous, pendant que l'instrument était sur la table et les mains du médium bien en vue. »

Dans une autre séance il a entendu le piano donner des accords, lorsque le médium en était éloigné et complètement tenu. On pouvait voir le clavier, mais pas assez pour observer la dépression des touches.

Lodge a entendu non seulement des coups frappés dans une table éloignée, mais des coups d'une violence extrême, comme donnés avec un maillet.

Il a vu, avec les autres assistants, des lumières traverser rapidement la chambre, comme des lucioles.

Il a entendu le bruit de la clé tournant dans la serrure de la porte ; la clé arriva ensuite sur la table des séances, et l'on put y toucher ; puis elle se retourna à la porte, entra dans la serrure, fit jouer le pène et sortant de nouveau de la serrure vint se replacer entre les mains de M. Lodge pour y rester.

Il a vu de l'écriture tracée sur du papier, au crayon bleu, ou faite avec l'ongle d'un doigt, à la lumière d'une bougie, — expérience absolument remarquable, car elle a eu lieu non seulement à la lumière mais s'est répétée cinq fois de suite dans d'excellentes conditions.

Une fois on passa du bleu sur le doigt du médium et on promena ensuite sa main près de la table sur laquelle il n'y avait pas de marques bleues ; personne n'avait touché cette table, et cependant on trouva des marques bien nettes *sur le côté opposé* près duquel la main du médium n'avait pas passé.

La grande table fut enlevée complètement du sol à environ 20 centimètres de hauteur. Les assistants étaient debout autour ; le médium, bien tenu, avait ses deux mains appuyées légèrement sur la table ; il eût été impossible au médium, même sans être tenu, de soulever la table dans la position qu'il occupait, c'est-à-dire debout, près d'un angle, ses deux mains appuyées légèrement sur le dessus ; cela ne se pouvait, même en concédant que le médium eût ses forces décuplées par un état anormal et hystérique.

M. Lodge a entendu le médium, comme buvant dans le goulot d'une bouteille d'eau qui avait été posée préalablement sur un buffet ; ensuite il a senti que cette bouteille était déposée sur la table, au moment où tous les assistants se tenaient par les mains autour de cette table.

En résumé, les faits de la réalité desquels il se porte spécialement garant et qui pouvaient être facilement observés et constatés sont :

1° Les mouvements d'une chaise éloignée, visible au clair de lune, et dans des circonstances telles qu'il n'y avait évidemment pas de connexion mécanique ;

2° Le gonflement et le mouvement d'un rideau en l'absence de vent ou d'autre cause ostensible ;

3° Le remontage et la locomotion d'un chalet à musique sans être touché ;

4° Des sons provenant d'un piano et d'un accordéon, lesquels n'ont pas été touchés ;

5° Les mouvements et le renversement, par évolutions correctes et lentes, d'une lourde table, que l'on a trouvée après, ainsi retournée ;

6° Le soulèvement d'une lourde table, qu'il eût été impossible de soulever dans les conditions ordinaires ;

7° L'apparition de marques bleues sur une table, auparavant sans taches, sans moyens ordinaires d'écriture ;

8° La sensation de coups, comme si quelqu'un vous saisissait la tête, les bras ou le dos, tandis que la tête, les mains et les pieds du médium étaient bien en vue ou tenus et éloignés des endroits du corps touché.

M. Lodge expose ensuite les divers phénomènes qu'on attribue à Eusapia et qu'il divise en trois classes :

Classe A : Opérations faciles dans les limites du corps humain, sans préparations préalables, pourvu que ce corps ne soit pas empêché par des moyens artificiels de produire ces résultats.

Classe B : Opérations qui, tout en étant dans les limites du corps humain, ne peuvent avoir lieu sans quelques préparations ou manipulations convenables.

Classe C : Opérations qui, selon l'entendement ordinaire, sont impossibles.

Ainsi dans la *classe A*, on peut mettre : le soulèvement et le transport de quelques objets légers, tels que chaises, clés, chandeliers, boîtes, carafes, etc., remonter des boîtes à musique, faire sonner des clochettes électriques, faire jouer les accordéons sans les toucher, palper, tirer, ou empoigner les assistants, faire apparaître des mains et des têtes.

Dans la *classe B*, le soulèvement des objets très lourds, qui dépassent la force ordinaire de l'homme, la production de lumière et de diverses odeurs, montrer des mains plus fortes que celles du médium, écrire sur des objets éloignés sans plume et sans crayon, faire mouvoir et sortir des objets d'une boîte fermée à clé.

Dans la *classe C*, faire sortir des objets d'une caisse solidement fermée ou faire sortir un objet d'un tube clos hermétiquement, faire des nœuds dans une corde sans fin, faire pénétrer l'un dans l'autre deux anneaux en bois, suspendre l'action comburante de corps chauffés au rouge, produire un changement de température sans cause visible et artificielle, séparer en ses diverses parties une solution mélangée et fermée hermétiquement.

Tel est le procès-verbal des expériences faites sous la direction du Dr Charles Richet, professeur de physiologie à la Faculté de Paris, avec l'assistance de plusieurs savants habitués à toute la précision indispensable aux expériences de physiologie expérimentale.

Les phénomènes obtenus sont semblables et de même valeur que ceux qui ont été mentionnés depuis longtemps par d'autres expérimentateurs, mais les expériences de Carquerane ont pour elles le prestige d'avoir été faites par des savants officiels, autrefois hostiles aux investigations de cette nature.

A cette occasion, je rappellerai qu'il y a dix ou douze ans, quelques mois après la communication de Crookes à l'Académie des sciences sur la *matière radiante*, j'assistais à un banquet médical. J'avais déjà publié quelques-unes des expériences faites avec mon ami Puel et, à un moment donné, je fus mis sur la sellette par un confrère très connu. A ma droite, se trouvait un médecin des hôpitaux, membre de l'Académie, jouissant d'une grande réputation de clinicien, très justement acquise par de nombreux travaux, le Dr A. S... ; en face de moi était un professeur de clinique de la Faculté de Paris.

Mis en demeure de m'expliquer, j'exposai les faits constatés par Crookes, puis par nous et par d'autres observateurs, avec un sang-froid que je ne me connaissais pas. Je ne veux pas dire les plaisanteries, très courtoises, d'ailleurs, qui accueillirent, de la part de mes deux voisins et de quelques autres, la thèse que je défendais. Seul, le professeur, le Dr B... m'écouta avec une grande attention, mais sans se décider à prendre la parole sur la question.

— Mais enfin, fit un de mes argumentateurs, quelle conclusion tirez-vous de tout cela ?

— Dans quelques années, répondis-je, viendra un agrégé, un jeune professeur, qui reprendra la question, qui refera nos expériences, en publiera le compte rendu, et aura la gloire d'avoir, le premier à Paris, mis en évidence la plus haute question de physiologie humaine qui ait jamais préoccupé les savants.

Mes paroles se sont bien justifiées : à l'heure où je trace ces lignes, la physiologie psychique a l'estampille officielle ; elle a sa place marquée en tête des sciences biologiques ; le matérialisme a vécu.

XXII

Expériences de Montfort-l'Amaury

(*Juillet 1897.*)

Les expériences de Montfort-l'Amaury eurent lieu dans la propriété de M. Blech, avec Eusapia Paladino comme médium, en présence de MM. Camille Flammarion, le colonel de Rochas et G. de Fontenay, chimiste, qui en a publié le compte rendu avec photographies et commentaires (1).

Ces expériences furent faites pendant trois séances, avec le rigorisme scientifique le plus minutieux. Le médium était contrôlé par MM. Kœchlin, Gourbine et Flammarion.

On constate d'abord à la première séance les phénomènes connus de coups frappés, de mouvements de meubles sans contact, de communi-

(1) G. de Fontenay, *Les Expériences de Montfort-l'Amaury* (Société d'éditions scientifiques.)

cations typtologiques. Puis, on entend des notes sur le piano, une sonnette tinter derrière le médium. Les assistants sont touchés par une main invisible, « parfaitement naturelle et vivante, à la température normale ».

Le lendemain, encore des phénomènes de lévitation, photographiquement enregistrés. On entend un air connu joué sur une guitare placée sur un sopha, et ensuite un autre air partant d'une boîte à musique. L'auteur de tous ces phénomènes serait toujours l'esprit directeur d'Eusapia, se disant John King, qui se manifeste par des attouchements multiples sur les assistants et par des poignées de main.

A cette séance, on constata encore l'empreinte de cinq doigts avec ongles et papilles sur un gâteau de mastic disposé sur une assiette, la matérialisation d'une figure énorme, aperçue seulement de deux assistants, la matérialisation d'une petite main, une lueur blanche variable dans son intensité et qui, pendant une minute environ, s'éteignit et se ralluma plusieurs fois, vue d'ailleurs par tout le monde.

L'auteur du compte rendu mentionne avec raison les spasmes, les gémissements, un état général de souffrances physiques qu'il a observés chez le médium quelques instants avant la production de chaque phénomène. Ce malaise se manifeste généralement chez tous les médiums, dans les mêmes circonstances.

L'enregistrement photographique de lévitation d'une table inaugura la troisième séance, puis le déplacement d'un guéridon, sans contact, en pleine lumière. Ce guéridon vint, en glissant, rejoindre la table autour de laquelle se tenaient les assistants, en faisant la chaîne, et tomba par terre sans cause appréciable, en arrière et à droite de M. Flammarion, et loin du médium.

Le guéridon relevé et remis à sa place loin de la table s'avança de nouveau et tenta une lévitation, encore sans aucun contact, par-dessus la table.

A ce moment, après quelques gémissements et lamentations, Eusapia entre dans l'état de transe. On observe alors successivement le gonflement d'un rideau, des attouchements ; une main matérialisée prend le bras de M. Flammarion, pendant qu'il exerçait un contrôle vigoureux sur le médium ; le résonnement de la boîte à musique, le déplacement brusque de la chaise sur laquelle était assis M. de Fontenay, dont le poids est de 78 kilogrammes, l'apparition d'une silhouette obscure au-dessus de la table et l'apparition d'une main. Finalement, on constate sur un grand gâteau de mastic l'empreinte d'un profil, presque d'un trois-quarts, empreinte reproduite photographiquement par M. de Fontenay.

Après une suspension de la séance, Eusapia dit apercevoir la figure barbue d'un homme qui n'est pas John. Les assistants ne peuvent la voir, mais M. Flammarion se sent plusieurs fois touché par cette figure barbue, jusqu'à en être excédé.

La séance se termine par l'apparition d'une belle lueur blanche vue par tous les assistants, et l'apport du guéridon sur la table, le disque formant tablette, sans que personne ait vu le meuble entrer en lévitation.

Ces faits n'ont rien de bien extraordinaire pour ceux qui ont assisté à des séances de psychisme avec un médium puissant.

Dans ses commentaires sur les expériences relatées ci-dessus, M. de Fontenay fait remarquer que certains phénomènes peuvent se produire à l'état de veille, d'autres seulement dans l'état de transe du médium. Mais, on peut répondre à cela que ceux qui se produisent à l'état de veille sont observés souvent sans la présence d'un médium par ceux qui se livrent aux expérimentations sur la Force psychique.

Pour expliquer les matérialisations, M. de Fontenay a formulé l'hypothèse suivante :

1° En général, les matérialisations qui se pro, duisent dans le voisinage d'Eusapia sont *incomplètes*, et je ne parle pas ici de leur forme mais surtout de leurs *propriétés*.

2° Les propriétés obtenues tout d'abord et le plus facilement sont la *consistance* et la *force mécanique* qui en dérive, — propriétés qui seraient dues peut-être à des ondulations spéciales de l'éther, à l'exclusion des vibrations douées du pouvoir d'émettre, d'absorber ou de réfléchir la lumière : de telle sorte que si, dans le moment où l'on subit un attouchement, par exemple, on faisait éclater une lumière, très souvent *on ne verrait rien*.

3° Vient ensuite *la visibilité* à l'exclusion de la consistance et de la force mécanique, de telle sorte que si le médium, sur la demande des assistants, s'applique à faire constater une appation, la forme rendue visible est *dénuée de consistance.*

4° Enfin l'on arrive à la matérialisation complète, où la forme a tous ses attributs de visibilité : *relief, couleur, opacité*, et en même temps *consistance* et *pouvoir mécanique.* Mais ce *summum* du phénomène, je n'ai pu le constater, et je ne sais même pas s'il l'a jamais été avec Eusapia.

Cette hypothèse aurait une valeur plus grande, si l'on pouvait oublier l'imperfection de nos sens. Elle doit donc rester ce qu'elle est, jusqu'à ce que les progrès des sciences physiques viennent suppléer à ce défaut d'acuité sensorielle.

Expériences du comte de Gasparin, de M. Thury, professeur à l'Université de Genève, de la Société dialectique de Londres, du Dr Joirre et de beaucoup d'autres savants.

C'est à regret que nous renonçons à relater les faits constatés par ces expériences. Il nous faudrait dépasser les limites fixées à cet ouvrage.

Toutes, d'ailleurs, viennent corroborer celles que nous avons analysées ; et sur toutes on peut formuler les mêmes conclusions.

XXIII

Les maisons hantées.

Les maisons hantées sont des habitations dans lesquelles se font entendre des bruits étranges qu'on ne peut rapporter à aucune cause physique. Généralement, ce phénomène coïncide avec la mort d'une personne ayant habité la maison : tel le presbytère de Sentenac (Ariège), après la mort du curé, tel l'établissement thermal d'Aulus, après la mort de son propriétaire.

A toutes les époques, il y a eu des maisons hantées, comme l'établissent quelques récits historiques authentiques.

Pline le Jeune a dit qu'il y avait à Athènes une maison qui passait pour être fréquentée par un fantôme. Le philosophe Athénodore la loue. La première nuit qu'il l'occupait, tandis qu'il travaillait, il entend et voit le fantôme, que, sur ses signes réitérés, il suit dans la cour de la maison : là le fantôme s'évanouit. Athénodore marque l'endroit où il a disparu ; il demande aux magistrats de la ville de faire creuser la terre en cet endroit, et on trouve des ossements enchaînés auxquels on rend les honneurs de la sépulture. Le fantôme ne revint plus. (PLINE LE JEUNE, *Lettres*, VII, XXVII.)

Au moyen âge, Le Loyer a cité (à propos des manifestations devant le parlement) des maisons « où les esprits apparoissent ou bien font des bruits de toutes façons et inquiètent les locataires de nuict. » Il parle de Daniel et Nicolas Macquereau qui louèrent une maison à bail « qu'ils ne passèrent guères de temps qu'ils ne sentirent du bruit ou tintamarre d'esprits invisibles qui ne les laissoient en aucune façon dormir et reposer. » Le Parlement cassa le bail, admettant ainsi qu'il pouvait y avoir des lieux habités par des êtres surnaturels.

La maison hantée de Louviers.

PROCÈS-VERBAL FAIT POUR DÉLIVRER UNE FILLE POSSÉDÉE PAR LE MALIN ESPRIT A LOUVIERS (1).

Ce procès-verbal, qui date de 1591, est en réalité une suite de procès-verbaux rédigés par plusieurs magistrats, en présence de nombreux

(1) Manuscrit de la Bibliothèque nationale, publié, pour la première fois, par M. A Bénet, archiviste-paléographe, avec introduction de M. B. de Moray, en 1883. Delahaye et Lecrosnier, édit.

témoins, rapportant avec précision tous les faits vus et observés par eux, faits interprétés, il est vrai, avec les idées de démonolâtrie du seizième siècle, mais ayant un caractère d'authenticité indiscutable, — et d'ailleurs indiscutée.

Le premier procès-verbal est ainsi conçu :

« Du samedy dix-septiesme jour d'aoust mil cinq centz « quatre vingtz vnze, de matin, à Louuiers, en la cohue « dudit lieu, devant nous, Loys Morel, escuier, sieur de « la Tour, conseiller du Roy, Préuost général en la ma- « reschaussée de France et en la prouince de Normandie, « tenant garnison pour le service du Roy aulx villes et « chasteaux du Pont de l'Arche et Louuiers, avec vng « lieutenant, vng greffier, et cinquante archers, assisté « de Me Robert Behotte, licentié es loix, aduocat et lieu- « tenant général de Monsieur le Viconte da Rouen, estant « réfugié aud. Louuiers, présence de Me Loys Vauquet « nostre greffier... »

Il est dit, dans ce procès-verbal que, dans une maison de Louviers, appartenant au sieur Le Gay, deux sous-officiers de la troupe d'occupation commandée par le sieur du Rollet, qui y avaient été logés temporairement, portèrent plainte à leur chef, « d'un esprit, qui revenait dans ladite maison et les tourmentait. » Or, cette maison n'était habitée que par trois femmes : madame Le Gay, une de ses amies madame veuve Deshayes, et une servante du nom de Françoise Fontaine.

Le capitaine Diacre, qui avait le commandement du quartier de la ville, constata le désordre général de la maison, le renversement des meubles, l'affolement des deux dames, et plusieurs blessures sur le corps de la domestique.

Celle-ci, soupçonnée d'avoir des intelligences avec le diable, fut arrêtée et conduite à la prison de la ville, où elle fut trouvée nantie d'une bourse contenant un teston, un demi-teston et une pièce de dix solz.

Ce procès-verbal n'a pas grande valeur. Les femmes pouvaient être sous l'influence d'un cauchemar, les soldats pouvaient être ivres, le bruit pouvait être produit par mille causes possibles. Mais il était nécessaire de le mentionner, pour comprendre les procès-verbaux subséquents.

Le deuxième procès-verbal, rédigé et signé par les mêmes personnages, constate que la servante Françoise Fontaine est née à Paris, faubourg Saint-Honoré, et qu'elle a 22 ans; qu'elle a déjà été témoin de semblables phénomènes dans la maison « hantée, » dit-elle, par des esprits malins, qui l'effrayaient au point d'aller coucher chez une voisine, quand sa maîtresse était absente. Cette assertion est constatée dans les six procès-verbaux suivants, contenant les dépositions des voisines Marguerite Le Prévost, Suzanne Le Chevalier, Marguerite Le Chevalier et Perrine Fayel.

Le procès-verbal suivant dit que le samedi 31 août 1591, devant Loys Morel, sieur de la Tour, conseiller du roi, assisté de son greffier, le sieur Vauquet, etc. . . . .

« s'est présenté Pierre Alix, dict la Prime, geollier et garde des prisons dudit Louuiers, lequel s'estoit iecté à deux genoux deuant nous, tenant les clefs desd. prisons en ses mains, pasle, desfaict et espouuanté, lequel nous auroit remonstré qu'il y auoit vng sy grand estonnement dans lesd. prisons, à raison du malin esprit qui tourmentoit ladite Françoise Fontaine, qu'il luy estoit impossible de la pouuoir plus garder, ny les autres prisonniers, qui voulaient rompre les prisons pour s'enfuir et eulx sauuer, ayant présentement veu comme ladite Fontaine qui estoit en vng cachot ou casouart, *l'on lui auoit ietté une grande et vieille porte sur elle, et sur ce qu'elle s'estoit escryée*, plusieurs personnes y seroient accouruz auec ledit geollier, ayant trouué ladite Fontaine comme esuanouye, ayant la gorge enflée, laquelle s'estoit fort débattue, se iettant çà et là comme vne personne qui est possédée du malin esprit, nous supliant y vouloir donner ordre et nous transporter ausd. prisons, déclarant que, de sa part, il nous rendoit et remettoit les clefz d'icelles prisons en noz mains, et ny rentreroit iamais tant que ladite Fontaine y seroit, pour l'espouuantement qu'il auoit eu.

. . . .

« A l'instant nous sommes transportez ausd prisons, assisté dud. Vauquet greffier, et Ian Ÿymont, l'un de noz archers ; en la court de laquelle prison nous auons trouué ladite Françoise Fontaine couchée et estendue par terre comme esuanouie, estant deuant vng cachot, auprès de laquelle estait vng appelé Anfreuille, religieux de l'abbaye de Mortemer, lequel estoit enferré par les iambes, que nous auons prisonnier par le commandement et commission du Roy pour luy faire son procès comme criminel de leze Maiesté, lequel estoit pasle, desfaict et fort espouuanté.

. . . .

« Icelle Fontaine auoit dict aud. Anfreuille qu'il falloit qu'elle s'en allast peigner ses chueux, et pour ce faire estoit icelle ent rée dans vng grand cachot qui estoit deuant lad. court, deuant lequel ilz estoient, et dans lequel cachot il y auoit vne grande et vieille porte, vng cuuier à lessiue et quelques ponssons vuides; laquelle Fontaine, comme elle commençoit à se peigner, s'estoit escryée, lequel Anfreuille auoit veu lad. porte qui estoit tombée sur lad. Fontaine, sans auoir veu personne dans ledit cachot qui eust fait tomber icelle porte sur elle; qui auoit esté cause que ledit Anfreuille et les autres prisonniers là présentz, auec led. la Prime geollier estoient entrez audit cachot pour secourir icelle Fontaine et la tirer hors de dessoubz lad. porte, qui estoit tout ce que *sept à huit hommes* pourroient leuuer (1); et comme ilz s'estoient efforcez tous ensemble de leuer lad. porte, pour tirer lad. Fontaine qui estoit dessoubz, *ils auoient ueu lesd. cuuier et ponssons qui estoient dans ledit cachot s'esleuer en l'air auec vng grand bruit*, chose qui les auoient grandement espouuantez; ce que aiant entendu, et qui nous a été ainsy asseuré et refféré, tant par ledit geollier, nos seruiteurs, que autres prisonniers, et voyant que icelle Fontaine estoit touiours comme esanouye et ne se reunoit aucunement, ayant la gorge enflée, nous auons commandé audit Vymont, l'un de noz archers, faire uenir deuant nous vng médecin, vng apothicaire et vng cirurgien, pour veoir et visiter ladite Fontaine, laquelle s'estoit reuenue comme de pasmoison, fort lasse et débille, et se plaignant.

» A laquelle nous auons remonstré sy elle nous voulloit recongnoistre la vérité, et comme ce malheur luy estoit arriué, nous luy sauuerions la vye, laquelle Fontaine ne nous auoit respondu autre chose que se plaignant et souspirant, qui a esté cause que nous auons délibérer de la mener dans la salle et parquet de la iurisdiction, dudit lieu pour, là, l'ouyr et l'interroger sur ce que dessus.

» Et estans rentrez dans lad. iurisdiction, la porte et

(1) Il ne paraît peut-être pas logique d'admettre que la Force psychique ait été suffisante à elle seule pour produire un effort aussi considérable, mais il est impossible d'en fixer les limites.

entrée de laquelle est dans le porche et allée de lad. prison, icelle Françoise ne seroit entrée que enuiron six pas dans lad. iurisdiction, et nous et nostred greffier sommes entrez dans le parquet où est la chaire du juge et se tient, la iurisdiction, comme nostred. greffier commençoit à escribre nostre présent procès verbal, que nous lui nommions, il s'étoit escrié, et nous auoit montré lad. Fontaine qui estoit auprez la porte de ladite iurisdiction, *laquelle nous auons veu enleuer en l'air enuiron deux piedz hors de terre, toute droicte, et aussi tos estoit tombée à terre sur son dos, toute de son long, ayant les deux bras estenduz comme une croix, et aprez, icelle traisnée la teste deuant, estant tousiours sur son doz, le long de lad. iurisdiction, sans que personne la touchast ny feust auprez d'elle*, comme led. Prime geollier, Nicolas Pellet, vallet duait geollier, sa femme et plusieurs prisonniers qui estoient venus dans lad. iurisdistion, ont veu chose qui nous estonnoit grandement,

» Laquelle Françoise estant reuenue, l'auons faicte releuer et à elle remonstroit qu'il y auoit grandement de sa faute en ce qui s'estoit passé, et que sy elle nous vouloit recognoistre la vérité, et qui estoit l'occasion qu'elle estoit ainsy tourmentée, nous luy pardonnerions.

» Laquelle Françoise ne nous a respondu aucune chose, et ne faisoit que souspirer et se plaindre, pendant lequel temps ledit Vymont archer estoit reuenu, qui nous auoit dict qu'il auoit esté en la maison de Mes Nicolas Roussel, médecin de Rouen, refugié audit Louuiers, Baugeoys Gautier, cirurgien, et un nommé Urbin, apoticaire, qui lui auoient dict que sy tost qu'ilz auroient disné et prins leur infection, ils nous viendroient trouuer en lad. prison.

» Auquel Vymont nous auons de rechef commandé se transporter au logis du curé dudit Louuiers et luy faire commandement nous venir à l'instant trouuer auec vng autre prestre, et apporter de l'eau béniste, mesmes amener avec luy lesd. médecin, apoticaire et cirurgien ;

et continuant nostred. procès verbal, nous auons de rechef veu lad. Françoise tombée sur son doz contre terre, de son long, ayant tousiours les bras estenduz comme vne croix, et estant tousiours à cinq ou six pas prez de la porte de lad. iurisdiction, sans qu'elle soit passée plus outre, *laquelle se traynoit sur le doz, la teste deuant, se déiettant ça et là, qui nous à donné occasion, nous aprocher d'elle, l'ayant veu se trayner sur le doz, la teste deuant, à l'entour de nous, sans que personne la touchast,* et sembloit, à la veoir comme elle se déiettoit, qu'elle auoit tous les bras et cuisses cassées, et, estant arrestée sur son doz, les bras estenduz comme vne croix nous auons veu qu'elle auoit la gorge fort enflée, les yeux qui luy sortoient hors la teste, et suoit par le front à grosse goutte, luy aiant mis nostre main sur son nez et sa bouche pour veoir sy elle respiroit que nous auons trouué sans aucune halene, et néanmoins, aiant mis la main sur son pouls, auons trouué qu'elle auoit le pouls bon, et son bras de chaleur ordinaire, lequel bras par ce qu'elle l'auoit estendu, nous auons voulu faire plier, ce qui nous a esté impossible, encore que nous y sommes efforcez, ayant pour ce faire mis nostre pied sur sondit bras, et icelle prinse par la main de toute notre force, pour luy faire plyer le bras, ce qui nous a esté impossible (1).

» Pour raison de quoy, nous sommes retirez dans le parquet, et continuer nostred. procès verbal, en quoy faisant, ledit Vymont archer nous estoit venu trouuer et faict entendre comme ledit curé, médecin, apoticaire et cirurgien luy auoient dict qu'ilz n'auoient la comodité de venir à présent nous trouuer, et qu'aprez leur disner, ilz y pourroient venir; ce que aiant entendu, et voiant que cest affaire estoit de conséquence et chose supernaturelle et méritoit prompte expédition, nous auons commandé audit Vymont prendre avec lui sept à huit de ses compagnons noz archers et contraindre lesd. curé, médecin,

(1) Contracture cataleptique.

apoticaire et cirurgien, par emprisonnement de leurs personnes, à nous venir trouuer présentement, ce que ledit Vymont auroit faict.

» Ce faict, lad. Françoise estoit tombée de rechef sur son doz contre terre, se déiettant ça et là, ce que voiant, nous sommes aduisez que l'éuangile Saint Ian auoit beaucoup de puissance contre les Diables, nous estant délibéré de la dire; et de peur que lad. Françoise ne s'aperceust de ce que nous voullions faire, nous nous sommes couuert le visage de nostre manteau, iusques au dessus des yeulx; ayant approché d'icelle Françoise, auons faict le signe de la croix deuant et derrière nous, comme l'on a accoustumé de faire quant l'on dict l'éuangile à l'église, et commencé à dire : *Initium sancti Euangelii secundum Johanem. In principio erat Verbum;* et comme nous continuyons à dire lad. éuangile, le corps de lad. Françoise qui estoit lors contre terre, la face en hault, les bras estenduz comme vne croix, a commencé à se trayner contre terre, la teste deuant, descoiffée, les cheueux hérisonnés, et *aussy tost s'estoit le corps d'icelle Françoise esleué hors de terre de trois à quatre piedz de hault, de son long, la face en hault, et porté le long de lad. iurisdiction, sans toucher à rien, ny veu aucune chose qui la retint, estant led. corps ainsy en l'air venu droit à nous, qui nous a donné vne tremeur et esté occasion que nous sommes retirez dans le parquet de lad. iurisdiction et fermé la porte sur nous, continuant tousiours lad. éuangille Sans Iean iusquet à la fin, lequel corps est tousiours venu en l'air et nous a suiuy iucques audit parquet, contre la porte duquel ledit corps a frappé de la plante des piedz, et aussi tost a esté remporté ainsy en l'air, la face en hault, la teste deuant, hors lad. iurisdiction;* qui a tellement espouuanté le geollier, ses seruiteurs, nosd. archers, et grand nombre de prisonniers qui estoient là présens avec plusieurs personnes dudit Louuiers, qui s'en sont fuys, les vngs dans lad. prison, et les autres dans la rue, ayant fermé les portes sur eulx, et le corps de ladite Françoise auoit esté enleué hors de ladite iurisdiction et demeuré en l'allée de lad. prison, entre la porte d'icelle et celle de la rue, que ceulx qui s'en estoient fuiz auoient fermez; ce que aiant veu et considéré, sommes demeurez fort estonné, et iusques à que vng nommé Desiardins et aultres prisonniers auoient ouuert la porte de la prison, et dict qu'ilz nous assisteroient, qui nous a donné occasion de sortir hors dudit parquet et de ladite iurisdiction, ayant trouué icelle Françoise couchée contre terre, ioignant la porte de lad. prison.

. . . .

» A l'instant, seroit arrivé ledit Roussel médecin, et ledit Baugeoys Gautier cirurgien, ausquelz nous auons faict entendre tout ce que dessus; et comme nous conférions auec eulx pour sçauoir ce que pouuoit estre, lad, Françoise estoit de rechef tombée en leur présence deuant nous sur son doz, contre terre, de son long, les bras estenduz; ce que aiant veu lesd. Roussel et Baugeoys Gaultier, et que lad. Françoise auoit la gorge fort enflée, se déiettant ça et là, estoient comme nous demeurez fort estonnez, et auoit dict ledit Roussel que s'il auoit de la racine d'une herbe qu'il auoit nommée, le nom de laquelle nous auons oublyé, pour mettre dans la bouche de lad. Françoise, il eust veu sy c'est de maladie ou du malin esprit qu'elle est possédée; *et aussi tost le corps de ladite Françoise auoit de rechef esté trayné, estant sur le doz, le long de lad. iurisdiction*, ce que aiant veu icelluy Roussel médecin, qui se disoit estre de la nouuelle prétendue religion, a dict que lad. Françoise estoit possédée du malin esprit, et n'estoit en sa puissance d'y donner ordre; acheuant lesquelz propos, led. Vymont, notre archer, a amené Me Pierre Pellet, curé de cested. ville de Louuiers, qui auoit amené auec luy vng clerc et faict apporter de l'eau béniste; auquel curé nous auons faict entendre tout ce que dessus en la présence desd. Roussel médecin de Baugeoys Gaultier cirurgien, estant tousiours le corps de lad. Françoise contre terre, la face en haut et les bras estenduz comme vne croix, se déiettant ça et là.

. . . .

Nous passons le récit interminable que fait Françoise au curé et au conseiller du roi, relativement aux obsessions diaboliques auxquelles elle a été sujette pendant toute sa vie. Disons seulement qu'elle avait consenti « à laisser prendre une mèche de ses cheveux à un diable en forme de grand homme noir, avec lequel elle avait cohabité », dans les conditions ordinaires des hystériques-démonomanes, en proie aux violences des incubes.

Le procès-verbal continue ainsi :

« Et comme lad. Françoise nous racontoit ce que dessus, estant à deux genoulx deuant nous, qui estions assis sur vng banc que nous avions faict apporter, lad. Françoise estoit tombée le visage contre terre, comme s'y l'on l'eust iettée du hault en bas, et les chandelles qui estoient dans les chandeliers estainctes, réservé celle qui estoit sur le bureau où nostred. greffier escribuoit, *qui fut soufflée par plusieurs fois, sans qu'elle feust estainte, ny veu personne la souffler, laquelle chandelle feut enleuée hors du chandelier, allumée qu'elle estoit et frottée contre terre pour icelle esteindre, laquelle en fin fut esteinte, ayant ouy vng grand bruit sans auoir veu aucune chose ny personne qui print lad. chandelle, qui estonna grandement led. curé, nostred. greffier, led. Vymont archer, la Prime geollier et plusieurs autres qui estoient là présentz, qui se retirèrent et nous laissèrent seul, estant lors viron neuf heures du soir.*

» Ce que aiant veu et nous trouuant seul, nous sommes recommandez à Dieu et uzé de ces motz tout hautement : Mon Dieu, fayctz moi la grace de ne point perdre l'esprit, le diable ne me sçauroit que faire; diable ie te commande, par la puissance que i'ay comme iuge, de laisser ce corps (parlant de lad. Françoise), et t'adresser à moy et me dire ce que tu demandes, *à l'instant de quoy nous nous sommes trouuez saisiz par les iambes, corps et bras, vray est que ce qui nous tenoit par le bas des iambes auoit de la chaleur, et pour le reste, qui nous tenoit par le corps et bras, n'y sentions aucune chaleur, mais vne grande pesanteur et entortillement comme d'un grand vent, ayant entendu frapper plusieurs coups sur lad. Françoise qui cryoit et s'exclamoit, et aussy tost nous auons esté grandement battu et offensé par le mollet des iambes auec quelque chose qui estoit dur comme bois, et par aprez auons receu vng grand coup sur le visage du costé dextre, qui nous a escorché et enleué la peau iusques au sang, depuis le dessus de l'oreille iusques au menton le long de la machoire.*

» Ce faict, nous nous sommes souuenus de mettre la main à l'espée que nous portions à nostre costé, et *voulant tirer icelle de la main droite, l'on nous a saisy le bras droit, sans toutefois avoir senty aucun attouchement de personne, qui nous a empesché de tirer nostred. espée, ayant receu vng coup au poignet de la main droicte, qui nous a fort picqué et offensé, et iusques au sang, nous aiant enleué la peau, de largeur de quatre poulces de la façon d'vng grand tiret à fermer une lettre; et estoit demeurée lad. peau attachée à nostred. poignet, comme sy elle eust esté tennée comme la peau d'un gant,* nonobstant lesquelz empeschemens nous aurions tiré nostre espée, laquelle nous auions manyée par led. parquet, pendant lequel temps lesd. curé Pellet, Vymont, le geollier et autres, mesmes le sieur de Mercey, gouuerneur de Vernon et ses gens, estoient deuant lad. iurisdiction qui oyoient et entendoient vng grand bruit; et comme nous commandions au diable et malin esprit de parler à nous, estoit ledit curé entré dans lad. iurisdiction et venu dans led. parquet, lequel nous auoit saisy par le corps pour nous enleuer et tirer hors de là, ce qui luy a esté impossible et à nous aussy de sortir dud. parquet; auquel curé nous auons prié se retirer et faire venir en diligence des torches et flambeaux pour nous esclairer, ce qu'il a faict; et pendant son absence, ayant l'espée nue en la main dans led. parquet où il n'y auoit aucune clarté, comme nous faisions commandement au diable et malin esprit de parler à nous, et nous dire ce qu'il demandoit, *l'on nous a saisy la main droite, de laquelle nous tenions nostred. espée nue, et senty comme vng pesant fardeau que nous auions sur le doz, sans toutefois que ce qui nous tenoit eust aucun sentiment de personne, réserué quelque chose qui nous tenoit par les bas des iambes*, qui auoit de la chaleur, que nous croyons estre lad. Françoise, sur laquelle nous entendions frapper de grandz coups, et en fin nous nous sommes senty deschargé, et le bras duquel nous tenions nostre espée libre, de laquelle nous auons frappé plusieurs coups aux enuirons de nous sans auoir touché personne que nous ayons senty; et nous voiant libre, et qu'aucune personne n'apportoit de la clarté, nous auons commencé à auoir quelque frayeur, estant nostre manteau que nous auions sur les espaulles tombé à terre; pour raison de quoy, nous sommes sortiz en la rue fort eschauffé, ayant peyne de reprendre nostre halène, comme sy nous eussions eu l'estomac enflé, qui nous auoit donné occassion de desboutonner nostre pourpoint; et led. curé et aultres ayantz apporté grand nombre de torches et flambeaux alumez, nous sommes rentrez auec eulx dans lad. iurisdiction, pour veoir où estoit lad. Françoise, laquelle nous auons trouuée à l'entrée dud. parquet, tout de son long, le visage contre terre, comme esuanouye et blessée à sang au visage, et nostre manteau auprez d'elle, que nous auons reprins.

» Laquelle Françoise nous auons faict relever par le geollier et autres qui estoient là présentz et auons trouué et veu qu'elle auoit tout le visage en sang, fort esgratinée par les deux ioues, depuis le dessus des tempes iusque au dessoubz du visage et de la machoire, de largeur de deux doigtz, et découppé menuz comme esgratigueures des ongles d'un chat, et entrelassées sur la fin comme un cordon faict en lacz d'amour, iettant grande quantité de sang par plusieurs petites veynes des deux costez du visage par lesd. découpures ou esgratingnures, et en auoit ietté en quantité de plus de deux potz de sang.

» Ce faict, nous auons icelle faict emmenotter auec des menottes de fer par les mains, de peur qu'elle ne s'offençast, et commandé aud. geollier la faire soigneusement garder de peur qu'il n'en arriuast aucun inconuénient, à quoy se sont présentez plusieurs prisonniers qui estoient là présentz, lesquelz nous ont dict et remonstré que, sy nous leur voulions faire déliurer du boys, de la chandelle et quelque peu d'argent pour auoir à boire la nuict, qu'ilz la garderoient, ce que nous leur auons accordé et à l'instant à eulx fait déliurer de l'argent par nostre greffier, et nous nous sommes retirez, attendu qu'il estoit neuf à dix heures du soir, et aussi que n'auions beu ny mangé de ce iour là; auxquelz prisonniers led. curé Pellet auoit laissé de l'eau béniste, laquelle Françoise a dict ne savoir signer, à cause qu'elle estoit trop tourmentée.

» L. MOREL. VAUQUET.
» M. PELET. GAULTIER. J. VYMONT. »
1591.

Le onzième procès-verbal constate que Françoise fut enlevée au-dessus du lit où elle était couchée, pendant la nuit, en présence de plusieurs témoins.

Dans le procès-verbal suivant, le même phénomène se reproduit plusieurs fois à l'église de Louviers, pendant la messe de l'exorcisme : *« Icelle Françoise a de rechef esté enleuée hors de terre, plus hault que l'autel, comme si on l'eust prinse par les cheueux, d'une si estrange façon, que cela auoit grandement estonné les assistants, qui n'eussent jamais cru veoir une chose sy espouuantable...*

« Et après que lad. Françoise a de rechef cryé mercy à Dieu et renoncé aud. malin esprit, estant à deux genoux, et s'aprochant led. curé Pellet auprez d'elle pour luy présenter la sainte Eucaristie, afin d'icelle receuoir, *pour la troisiesme fois, elle auoit esté comme deuant empeschée de ce faire, ayant esté enlevée pour la troisiesme fois par dessus une grande forme ou banc qui estoit devant l'autel où l'on célébroit la messe, et emportée en l'air du costé où la vitre auoit esté cassée*, la teste en bas, les piedz en hault, sans que les accoustremens feussent renuersez, au trauers desquelz, deuant et derrière, il sortoit une grande quantité d'eaue et fumée puante, ayant esté plus tourmentée que deuant, auec une telle magnye et fureur, que s'estoit chose horrible à veoir et incroyable à ceulx qui ne l'ont veüe, *laquelle Françoise fut quelque temps ainsy transportée en l'air, sans que l'on la peuse reprendre*, mais en fin sept à huit hommes s'estoient iettez à elle, qui auoient icelle reprinse et mise contre terre, estant tourmentée de telle façon que s'estoit chose horrible et pitoyable à veoir, tellement que ceulx qui estoient là présentz en grand nombre, tant catholiques que de la nouuelle prétendue religion, auoient pleuré, s'estantz mis à genoux et commencé à prier Dieu pour le salut de l'âme de la dite Françoise. »

En présence de ces faits, Françoise Fontaine fut reconduite à la prison, et il fut décidé, dans un conseil où assistaient les deux médecins Roussel et Gautier, qu'on raserait les cheveux de cette fille, comme on avait l'habitude de le faire aux sorcières.

Pendant l'opération faite publiquement par

Gautier, le même phénomène se reproduit encore : « *Françoise est de rechef enleuée en l'air fort hault, la tête en bas, les pieds en hault, sans que ses accoustrementz se soient renuersez, au trauers desquelz il sortoit par deuant et par derrière grande quantité d'eaue et fumée puante...* »

Comme pour les précédents procès-verbaux, celui-ci est attesté par les magistrats, les deux médecins et le greffier, c'est-à-dire par sept personnes dont le témoignage, au point de vue des faits matériels, ne saurait être suspect, et dont, exceptionnellement, on ne peut incriminer l'honnêteté : car, ce fut par leurs soins que Françoise fut mise en liberté, après la disparition des symptômes inexplicables qu'ils constatèrent dans leur dernier procès-verbal (1).

La maison hantée de Rome au quinzième siècle.

Cette maison était habitée par Alexander ab Alexandro. La relation qui nous en a été laissée tendrait à prouver déjà que la lumière affaiblit l'agent fluidique à l'aide duquel se produisent les matérialisations.

« Toute la maison retentissait des gémissements du spectre, disait Alexandro, toutes les chambres étaient infestées à la fois; mais lors-

(1) Nous regrettons de ne pouvoir reproduire *in extenso* les deux derniers procès-verbaux remplis de détails intéressants; nous engageons nos lecteurs à en prendre connaissance sur l'original.

que nous approchions de lui il paraissait reculer, surtout fuir la lumière que nous portions à la main.

» Une nuit le fantôme se glissa sous le lit. Moi, voyant toujours la porte fermée, je persistai à ne pas croire à ce que j'avais vu, lorsque je vis ce terrible fantôme tirer de dessous mon lit un bras et une main avec lesquels il éteignit ma lumière. Celle-ci éteinte, il se mit à bouleverser non seulement tous les livres, mais tout ce qui se trouvait dans ma chambre, en proférant des sons qui nous glaçaient les sens. Tout ce bruit ayant réveillé la maison (1), nous aperçûmes des lumières dans la chambre qui précède la mienne, et en même temps nous vîmes le fantôme ouvrir la porte et s'échapper par elle. Mais voilà ce qu'il y a de plus étonnant : il ne fut aucunement vu par tous ceux qui apportaient de la lumière. »

Ce phénomène explique la raison pour laquelle les faits de médiumnité acquièrent toujours une plus grande intensité dans l'obscurité ou avec une lumière faible qu'avec la pleine lumière.

(1) Le bruit que font les objets projetés ou déplacés dans les maisons hantées n'est pas en rapport avec leur poids; il est beaucoup plus fort.

Le cas de Constantinie.

LETTRE DE M. MAXWELL
SUBSTITUT DU PROCUREUR GÉNÉRAL
AU COLONEL ROCHAS

Mon cher colonel,

Vous m'avez fait l'honneur de me demander des renseignements sur les phénomènes étranges dont une habitation rurale située dans la commune d'Objat (Corrèze) a été le théâtre. Je m'empresse de vous donner les résultats de l'enquête à laquelle j'ai procédé.

I

La Constantinie est une propriété assez importante. La maison d'habitation, bâtie sur le flanc d'un coteau, se compose de constructions en équerre. La partie de la maison où se trouvent percées les portes d'entrée est en rez-de-chaussée, élevée de quelques marches au-dessus du sol. Elle contient une grande cuisine E, comprenant toute la largeur du bâtiment ; à droite de la cuisine sont un salon F, et une chambre à coucher G.

A gauche de la cuisine se trouve l'aile de la maison ; elle est en retour d'équerre, comprend un rez-de-chaussée et un grenier mansardé ; le rez-de-chaussée de cette partie de la maison est plus élevé que le sol de la cuisine et des deux autres pièces.

Il y a quatre pièces dans cette aile ; une grande chambre D, à deux lits, éclairée par deux fenêtres percées sur la façade : une antichambre, un corridor C, une deuxième chambre B plus petite, dite chambre de madame Faure : enfin une chambre A éclairée par quatre fenêtres : cette chambre donne sur la cour qu'entourent les servitudes ; elle contient deux lits.

Le personnel de la Constantinie comprenait, outre un certain nombre de domestiques de culture, madame Faure, sa belle-mère âgée de 85 ans, et une petite servante de 17 ans, Marie Pascarel.

Madame Faure est une femme bien élevée, de bonne compagnie. Elle est intelligente, énergique et dirige l'exploitation. Sa famille est des plus honorables.

Sa belle-mère est âgée, et paraît avoir conservé toutes ses facultés : elle est physiquement très alourdie par l'âge.

La jeune Marie Pascarel est intelligente, hardie, paraît assez libre, quoiqu'aucun reproche ne puisse lui être adressé au point de vue de la probité. Physiquement elle est plutôt petite, maigre, d'apparence délicate : elle était impubère encore au moment où les faits que je résume se sont produits. Elle a une sœur qui est somnambule. Sa famille passe pour un peu extravagante. Les domestiques assez nombreux de la Constantinie prennent leur repas dans la cuisine où se trouve une table, en bois massif, large d'environ un mètre, longue de trois. La cuisine comprend en outre un fourneau, une immense cheminée dont le manteau abrite un petit banc à gauche et deux chaises à droite ; des placards et des étagères.

Les phénomènes ont débuté dans la deuxième quinzaine de mai 1895 par des coups qui paraissaient frappés dans la muraille séparant la salle à manger de la chambre à coucher de madame Faure la belle-mère. Le 21 mai, vers 9 heures du matin, madame veuve Faure dit à sa belle-fille que son lit paraissait frapper la cloison, mais madame veuve Faure jeune n'attacha pas grande importance à ce fait qu'elle attribua à une erreur. Le lendemain, à la même heure, le bruit se reproduisit au même endroit; madame Faure jeune l'entendit très distinctement. Le 23 mai on ne remarqua rien de particulier. Le vendredi matin 24, le bruit recommença avec plus de force dans la chambre G : ce bruit était celui qu'eût produit le lit frappant la cloison.

Une heure après, madame Faure pénétra dans cette chambre et trouva jetés pêle-mêle sur le plancher, l'édredon, les couvertures, les draps et l'oreiller. D'autres désordres se manifestèrent dans la maison. Trois tonneaux vides étaient déplacés dans la cave. Dans la chambre B, le lit était défait, la garniture en était dispersée sur le plancher, une statuette de la Vierge, un bol de café rempli jusqu'au bord avaient été transportés de la commode sur laquelle ils étaient placés jusqu'au milieu de la pièce ; à côté de ces objets, gisait également à terre, un Christ décroché de la muraille. Ces faits parurent inexplicables à madame Faure et l'effrayèrent beaucoup. Elle fit coucher avec elle sa belle-mère pendant la nuit du vendredi au samedi, dans la chambre A. Marie Pascarel y couchait aussi. La nuit fut, comme d'habitude, tranquille et calme. Le samedi matin trois grands coups furent frappés à la porte du grenier (l'escalier y donnant accès est fermé par une porte ouvrant sur le vestibule). Les dames Faure et leur domestique se rendirent aussitôt dans la chambre B ; le lit y fut trouvé défait et les couvertures de nouveau sur le plancher, le bol de café était brisé. En quittant cette chambre, elles allèrent à la cuisine mais elles étaient à peine arrivées qu'elles entendirent « un vacarme épouvantable » dans la chambre B. Elles y coururent et trouvèrent brisés sur le plancher trois sucriers, une douzaine de tasses, des cadres de photographies ou de gravures. La frayeur de ces trois femmes fut très grande, car au moment où tous ces dégâts furent faits dans cette chambre, les domestiques de culture étaient aux champs : il n'y avait dans la maison que les deux dames Faure et leur domestique et elles étaient toutes trois ensemble. Elles eurent la conviction que des faits surnaturels se produisaient chez elles : les visites de leurs voisins parvinrent à les rassurer un peu, mais bientôt les manifestations eurent lieu en présence des voisins qui furent eux-mêmes effrayés.

Amélie Bayle, épouse Madrias, 30 ans, femme intelligente et raisonnable, alla dès 7 heures 1/2 du matin chez les dames Faure pour voir les dégâts faits. En sa présence, le couvercle d'une soupière qui était placée devant le foyer de la cheminée fut projeté avec violence au milieu de la cuisine. La dame Madrias était à ce moment assise devant la cheminée, tournant le dos au feu; madame Faure, Marie Pascarel et un petit berger étaient dans la pièce : madame Madrias se trouvait donc placée entre la soupière et les autres personnes présentes.

Ce phénomène l'effraya. Elle sortit immédiatement de la maison avec les deux jeunes domestiques. Elle y revint vers 11 heures 1/2 du matin : Marie Pascarel était en train de ramasser dans la cuisine les débris de vaisselle qui jonchaient le sol; car d'après les témoins, à chaque instant, des bols, assiettes, verres, plats étaient arrachés des étagères par d'invisibles mains et lancés avec une violence inouïe sur le sol où ils se brisaient. Madame Madrias vit une bouteille en bois qui se trouvait sur une étagère se lancer à ses pieds. Ce témoin était placé de manière à voir les mouvements de toutes les personnes présentes : elle ne peut expliquer la manière dont la bouteille a été projetée.

Des désordres furent constatés dans la chambre A, où avaient couché les dames Faure. Le lit de madame Faure était bouleversé; une glace était décrochée; des journaux placés sur une étagère étaient épars sur le plancher, plus tard un de ces journaux (*Le petit Centre de Limoges*) est ouvert sur le plancher : deux gouttes de sang encore humides se montrent sur ce journal. Cinq minutes après Marie Pascarel revient dans cette chambre; elle constate que sur le journal, apparaissent maintenant six gouttes de sang. Enfin, une foule d'objets sont brisés ce jour-là, notamment une marmite en fonte. Une assiette est arrachée aux mains de la domestique. Vers trois heures de l'après-midi les désordres cessèrent. Du dimanche 26 au mercredi 29 inclusivement, il ne se produisit aucun phénomène; le jeudi 30 les désordres recommencèrent avec une intensité croissante. Des marmites accrochées aux crémaillères dans la cheminée de la cuisine furent jetées sur le sol avec violence. Vers six heures du soir madame veuve Faure, la plus âgée, vit son lit remuer tout seul dans sa chambre. La chaise sur laquelle elle était assise fut retirée : elle se leva aussitôt et vit la chaise se renverser. Marie Pascarel était avec elle dans la chambre. Vers 7 ou 8 heures du soir, au moment du souper, des morceaux de bois qui se trouvaient dans la cuisine vinrent tomber tout seuls sur les dames Faure. Un livre fut jeté à la figure de la plus âgée de ces dames, à laquelle le domestique Bosche donnait la main. Un copeau de bois vint frapper ce dernier pendant qu'il soupait.

La frayeur de tout le monde fut telle que les dames Faure et leur domestique Marie Pascarel allèrent coucher chez des voisins.

Le vendredi 31 mai, on alla chercher le maire d'Objat, M Delmas, syndic des huissiers de l'arrondissement de Brive, officier ministériel d'une très grande honorabilité. M. Delmas voulut se rendre compte de ce qui se passait et essayer de découvrir la cause des faits qui lui étaient signalés ; il hésitait à croire que des objets matériels pussent être projetés et remués sans contact apparent. Il entra dans la cuisine et plaça quelques assiettes sur la table où se trouvait déjà un petit balai de foyer. M. Delmas s'assit devant la cheminée, ayant madame Faure à sa gauche. La jeune domestique vaquait aux soins du ménage. Sous les yeux de M. Delmas le balai fut lancé dans la cheminée avec une grande violence. La servante était assez éloignée de la table où se trouvait le balai. Peu de temps après, la jeune fille reçut l'ordre de prendre la graisse dans un placard situé à droite de la cheminée de la cuisine. A peine avait-elle ouvert le placard qu'un verre à pied, placé sur une des étagères du placard, vint se briser avec fracas au milieu de la cuisine. M. Delmas est convaincu que Marie Pascarel n'a pu lancer le verre elle-même, car il surveillait ses mouvements.

Les idées de l'honorable maire d'Objat se trouvèrent alors complètement modifiées : il était arrivé avec la conviction que les faits qui lui avaient été signalés étaient dus à la malveillance; il constatait cependant que les mouvements d'objets qui se produisaient sous ses yeux étaient spontanés. Sa surprise devint bientôt du malaise lorsqu'il vit un soufflet de cuisine placé sur un banc dans le foyer de la cheminée glisser sur ce banc, éviter les saillies que faisait au-dessus du siège le prolongement des pieds et se jeter sous ses yeux au milieu de la cuisine avec un fracas épouvantable. Il fit immédiatement évacuer la maison, mais au moment où elle sortait avec le maire et les dames Faure, Marie Pascarel reçut dans le dos un bâton de 0,40 centimètres de longueur, lancé avec force. A peine était-il rentré à Objat que M. Delmas était rappelé. Le feu venait d'éclater à la Constantinie.

Marie Pascarel avait en effet constaté qu'une épaisse fumée sortait de la chambre où couchait madame Faure. On pénétra dans cette pièce et l'on s'aperçut qu'une fumée noire s'échappait du lit de madame Faure, jeune. Il n'y avait ni flammes, ni brasier. Madame Faure a même employé dans son récit une expression singulière : « le feu rentrait dans le lit. » Un phénomène de ce genre avait déjà été constaté; Marie Pascarel et la plus âgée des dames Faure avait quelquefois remarqué une fumée épaisse qui paraissait sortir des jupons de la vieille dame.

Le surlendemain Marie Pascarel quittait, sans donner avis, le service des dames Faure : celles-ci rentrèrent chez elles et depuis lors le calme de leur maison n'a plus été troublé. Ces faits m'ont été signalés par M. de N..., fonctionnaire de la Banque de France à Limoges, dont la famille possède des propriétés à Objat. Je priai aussitôt l'un de mes amis, M. B..., juge de paix à D..., ami du maire d'Objat, de me renseigner sur ces événements dont la presse s'était emparée; la maison hantée d'Objat constituant, pour un fait divers, un titre de premier choix. Les indications que me donna M. B... me parurent assez sérieuses pour motiver un déplacement. J'allai à Objat avec ce magistrat et donnai rendez-vous à Marie Pascarel et à son frère. Accompagné de M. le maire d'Objat, je me rendis avec eux chez madame Faure qui fit d'abord quelques difficultés pour recevoir chez elle son ancienne domestique. Je lui expliquai alors que le but de mes recherches était purement scientifique ; que les phénomènes qu'elle avait constatés occupaient certains savants avec lesquels j'avais l'honneur d'être en relation et que la précision et le nombre des témoignages qui confirmaient les constatations faites rendaient désirable qu'un récit détaillé des événements singuliers dont la maison avait été le théâtre fût soumis à l'examen de ces savants.

Avec beaucoup de bonne grâce madame Faure consentit alors à me laisser recueillir sur place tous les renseignements et à faire toutes les expériences utiles. Je parcourus la maison, me fis tout raconter en détail, et dressai un plan sommaire des appartements.

J'ai dû ne signaler que les principaux faits, car pendant plusieurs jours des mouvements d'objets sans contact apparent se produisaient à la Constantinie à chaque instant. Le chat de la maison fut même lancé un jour sur la plus âgée des dames Faure ; celle-ci, dans une autre circonstance, fut légèrement blessée à la tête par l'un des crochets en fer de la crémaillère.

II

Si le cas de la Constantinie était isolé, je serais le premier à le considérer comme indigne d'arrêter l'attention. Mais, des faits du même genre ont été quelquefois signalés. Aucun deux ne m'a paru présenter cependant des phénomènes aussi variés et aussi complexes que le cas de la Constantinie.

Les phénomènes constatés dans cette propriété ont été les suivants :

1° Coups frappés;

2° Désordre des lits et du mobilier.
3° Déplacement d'objets mobiliers;
4° Mouvements d'objets mobiliers sans contact apparent;
5° Bris de ces objets;
6° Taches de sang;
7° Incendie;

Je ne connais pas assez bien la littérature spéciale à ces sujets pour faire un historique complet des cas analogues à celui de la Constantinie antérieurement constatés. J'indiquerai cependant les observations suivantes :

Une première remarque est à faire. C'est qu'aucun des caractères classiques de la maison hantée ne se trouve à la Constantinie. Par une exception assez rare, je crois, les manifestations ne se produisent que dans la journée. Les nuits ont toujours été paisibles.

En second lieu aucun bruit de pas, de serrure, de porte s'ouvrant et se fermant, aucune plainte, aucun son de voix humaine n'est entendu. Il n'y a que des manifestations purement physiques. On retrouve cependant ces caractères dans le cas observé en 1880 par le professeur Boutlerow, membre de l'Académie des Sciences de Saint-Pétersbourg.

1° *Coups frappés.* — On entend dans la chambre de madame Faure, la plus âgée, un bruit semblable à celui que faisait le lit en frappant la cloison. Des coups retentissants sont frappés aux volets et à la porte du grenier.

2° *Désordres du lit et du mobilier.* — C'est un phénomène déjà plus rare : M. d'Assier, dans son *Humanité posthume*, en cite plusieurs cas récents qui lui ont été racontés par des personnes dignes de foi.

3° *Déplacement d'objets mobiliers.* — Ce phénomène a été quelquefois rapporté. On en trouve un exemple cité par le Dr Dariex.

4° *Mouvements d'objets sans contact apparent.* — Je distingue ce cas du précédent en ce sens que le déplacement des objets mobiliers a lieu sous les yeux des témoins.

On trouvera dans les *Proceedings* de la Société des

Recherches psychiques de Londres le récit de mouvements de copeaux de bois qui se sont produits dans l'atelier sous les yeux des ouvriers. Les copeaux et des débris de bois marchaient tout seuls.

5° *Bris d'objets mobiliers.* — On a quelques exemples de ces faits, notamment parmi les phénomènes du château de T...

6° *Taches de sang.* — Ce phénomène n'a pas été fréquemment signalé. D'Assier (*Humanité posthume*) raconte qu'il avait été constaté vers 1830 à la Bastide de Séron. — Voir encore : Comte de Larmandie-Eosaka; Bodisco, *Traits de Lumière.*

7° *Incendie spontané.* — Ce phénomène est également rare. J'ai vu dans les *Psychische Studien* une observation de ce genre faite en Hollande dans ces dernières années : M. Aksakof (*Animisme et Spiritisme*) cite, d'après le *Modern Spiritualism* de M. Capron, le cas d'une combustion spontanée d'écrits, qui s'est produite en 1850 à Stratfort (Etats-Unis). Un cas tout à fait semblable a eu lieu dans le tiroir, fermé à clef, du directeur des études d'un des grands établissements d'instruction de Paris.

(*Extrait de l'Extériorisation de la motricité du colonel de Rochas.*)

La maison hantée d'Yzeures.

Il serait inutile de faire le récit de toutes les maisons hantées signalées depuis seulement une vingtaine d'années à Paris et en province.

Les dernières, qui ont occupé la presse et excité les polémiques des sceptiques et des positivistes ne voulant croire qu'aux faits qui leur sont révélés par leurs sens, — sont celles de Valence-en-Brie et d'Yzeures près de Châtellerault.

Les phénomènes constatés sont, d'ailleurs,

toujours les mêmes : Bruits de différente nature et de différente intensité, bris d'objets, déplacements de meubles, quelquefois attouchements de mains fluidiques, etc.

Invariablement, on trouve une jeune fille dans la maison : c'est le médium qui sert à produire les phénomènes, qu'on observe généralement pendant la nuit, la lumière étant généralement peu favorable aux matérialisations.

Relativement à la maison hantée d'Yzeures, la famille Sabourault quitte le pays, et vient se fixer à Poitiers avec la petite Renée, sous l'influence de laquelle se produisent les phénomènes.

De même que pour la famille Fox (d'Hydesville) les phénomènes apparaissent à Poitiers dans les mêmes conditions.

C'est surtout au moment des repas, qu'à Poitiers les phénomènes se produisent avec le plus d'intensité : la table remue, sautille, se déplace quelquefois d'un ou plusieurs mètres, tandis que la vaisselle et les verres dansent une effrénée sarabande. Les nuits, par contre, sont généralement plus calmes qu'à Yzeures : l'invisible persécuteur de la famille Sabourault a sans doute, lui aussi, besoin de repos ; mais, le matin, il se dédommage et rattrape le temps perdu ; chaque jour, vers sept heures, les bruits commencent pour durer un temps variable, de quelques minutes à une heure.

Des sceptiques endurcis ont constaté ces faits étranges et se sont rendus à l'évidence : c'est ainsi qu'un préparateur de la Faculté des sciences, M. F..., et sa femme, ont, plusieurs jours de suite, entendu, pendant vingt-cinq ou trente minutes, les bruits habituels, dans des conditions qui rendaient toute fraude impossible et excluaient toute explication naturelle ; ils ont posé des question et obtenu des réponses ; ils ont demandé un nombre de coups déterminé et ceux-ci ont été frappés, tous faits qui dénotent une intelligence.

Un autre préparateur de la Faculté des sciences, M. B..., a vu l'enfant renversée de sa chaise, et celle-ci déplacée ou soulevée malgré les efforts qu'il lui opposait.

Le dimanche des Rameaux, des phénomènes plus étranges encore se sont produits : en présence de MM. Duplantier, avocat ; Aviron, peintre ; B... et C..., lieutenants d'artillerie, anciens élèves de l'Ecole Polytechnique ; docteur Corneille ; B... et F..., préparateurs à la Faculté des sciences, et de quelques autres personnes, l'enfant fut, ainsi que la chaise sur laquelle elle était assise, soulevée une dizaine de fois, à une hauteur de trente ou quarante centimètres. Au cours d'une de ces *lévitations*, l'enfant et la chaise furent de la sorte transportées à plusieurs mètres, avec une telle force que deux des assistants ne purent, malgré d'énergiques efforts, en arrêter le mouvement. Divers autres faits intéressants furent encore constatés le même soir. Du reste, un procès-verbal de ces observations a été rédigé.

Le mercredi suivant, l'enfant a été conduite chez le docteur Corneille, à la Mothe-Saint-Héray, et naturellement les phénomènes l'y ont suivie. Pendant quinze jours, le docteur, — très au courant des faits de médiumnité, — a constaté *chez lui* les mêmes phénomènes et a réussi dans une certaine mesure à en provoquer à volonté la production : c'est ainsi qu'il obtient *au commandement* des coups frappés, des déplacements d'objets, des lévitations et mille autres résultats intéressants qu'il fera connaître, ses observations terminées, à la Société des sciences psychiques.

Cabinet hanté du Dr Dariex, de Paris.

PROCÈS-VERBAL DES EXPÉRIENCES COLLECTIVES INSTITUÉES POUR LE CONTRÔLE DES MOUVEMENTS D'OBJETS SANS CONTACT

« Les soussignés :

» Dr Barbillon, de la Faculté de Paris, ancien interne en médecine des hôpitaux, demeurant 16, quai d'Orléans, à Paris ;

» Bessombes (Paul), employé des ponts-et-chaussées, demeurant à Paris, 7, rue Boutarel ;

» Dr Ménéaut (Joanne), de la Faculté de Paris, ancien interne de l'hôpital maritime de Berck-sur-Mer, demeurant à Paris, rue Monge, 51 ;

» Morin (Louis), pharmacien de 1re classe, demeurant rue du Pont-Louis-Philippe, 9 ;

» Certifient l'exactitude des faits suivants :

» Le Dr Dariex, demeurant à Paris, rue du Bellay, n° 6, ayant, à plusieurs reprises et notamment le 25 janvier 1889, cru constater que des phénomènes étranges se produisaient, la nuit, dans son cabinet de travail, pria les personnes ci-dessus désignées de contrôler les observations qu'il avait déjà faites sur l'existence de ces phénomènes.

» Il s'agissait, au dire du Dr Dariex, de chaises qui

avaient été trouvées renversées dans son cabinet, et cela, à plusieurs reprises, alors que, d'après les précautions prises en vue d'éviter toute supercherie, il paraissait impossible qu'aucun être vivant ait pu s'introduire dans le cabinet, dont les portes et les fenêtres avaient été méthodiquement closes et mises sous scellés.

» Pendant dix jours, du 27 janvier au 4 février, les soussignés se sont régulièrement réunis chez le Dr Dariex, le soir à huit heures, le matin à huit heures et demie ; tantôt ils étaient tous présents, tantôt il manquait une ou plusieurs personnes. Le Dr Barbillon et le Dr Dariex n'ont pas manqué à un seul rendez-vous et ont put assister à toute la série des expériences.

» Le cabinet du Dr Dariex occupe, au premier étage de la maison portant le n° 6 de la rue du Bellay, la partie de l'appartement qui forme le coin de la rue Saint-Louis-en-l'Ile. Il prend jour par deux fenêtres donnant sur cette rue et communique avec les autres pièces de l'appartement par deux portes : l'une s'ouvrant vers le salon, l'autre donnant sur la salle à manger et s'ouvrant vers le cabinet.

» Les meubles qui la garnissent sont : une bibliothèque, un secrétaire, une table, un divan, un fauteuil, quatre chaises ; il n'existe aucun placard. Après avoir scrupuleusement examiné les fenêtres et les portes, ains que les différents meubles, les murs et le parquet, les soussignés ayant acquis la conviction que rien ne pouvait amener la chute et le déplacement d'aucun meuble ou d'aucun objet, à l'aide de mécanisme, de fils, etc., ou de tout autre moyen ; qu'il était également impossible à quelqu'un de se cacher dans le cabinet ou de s'y introduire après la fermeture et la mise sous scellés des fenêtres et des portes ; dans ces conditions, chaque soir, à huit heures, les précautions suivantes furent minutieusement prises : les volets en fer sont fermés, les fenêtres sont closes et des scellés sont apposés sur les montants, près de l'espagnolette. La porte de communication avec le salon est fermée à clef du côté du cabinet, la clef restant emprisonnée dans la serrure par une bande d'étoffe scellée à ses deux extrémités.

» Des scellés sont posés sur cette porte et une bande d'étoffe est fixée par des cachets de cire, d'une part sur la porte elle-même, et d'autre part, sur le mur voisin. Pendant tout le cours de nos expériences, cette porte du salon est demeurée condamnée.

» Restait, comme unique ouverture, la porte faisant communiquer le cabinet avec la salle à manger. Les chaises du cabinet étaient alors disposées suivant un ordre convenu, mais non toujours exactement à la même place. On sortait du cabinet, le Dr Dariex, le premier, et chacun, de la salle à manger, jetait un dernier regard dans le cabinet, afin de s'assurer, une dernière fois, que les chaises étaient debout et bien en place. Alors le Dr Barbillon fermait à clef la porte du cabinet et gardait sur lui cette clef; les scellés étaient posés et la bande d'étoffe était appliquée sur le trou de la serrure. Sept ou huit cachets étaient posés, à l'aide d'un cachet appartenant à M. Morin, lequel le gardait et l'emportait chez lui. La forme et la disposition des scellés étaient notées avec soin.

» Ces précautions ayant été régulièrement et rigoureusement prises, chaque jour, à huit heures du soir, nous nous réunissions le lendemain matin, à huit heures et demie, pour la levée des scellés, laquelle était toujours précédée d'un examen minutieux de la clef et de la serrure. Pendant les dix jours qu'a durés l'observation, voici ce qui a été constaté :

» 1re nuit, du samedi 26 janvier au dimanche 27. — Néant.

» 2e nuit, du 27 au lundi 28 janvier. — Néant.

» 3e nuit, du 28 janvier au mardi 29. — Deux chaises sont renversées; l'une, placée près de la bibliothèque, est tombée sur son côté gauche; l'autre, placée près du fauteuil, est renversée sur le dossier, dans la direction de la fenêtre et de la table.

» 4e nuit, du mardi 29 janvier au mercredi 30. — Néant.

» 5e nuit, du 30 janvier au jeudi 31. — Néant.

» 6e nuit, du 31 janvier au vendredi 1er février. — Néant.

» 7e nuit, du 1er février au samedi 2. — Néant.

» 8e nuit, du 2 février au dimanche 3. — Néant.

» 9e nuit, du dimanche 3 au lundi 4. — Néant.

» 10e nuit, du 4 février au mardi 5. — Deux chaises sont renversées : l'une, placée vers la table, a été renversée sur le côté gauche vers le divan ; l'autre, placée près du fauteuil, est tombée sur le dossier, dans la direction de la fenêtre.

» En présence de ces faits, des précautions prises par nous pour éviter toute supercherie, du soin que nous avons apporté à la pose des scellés et à l'examen des mêmes scellés, nous sommes convaincus :

» 1° Que personne n'a pu demeurer dans le cabinet, après que nous étions sortis ;

» 2° Que personne n'a pu s'y introduire pendant la nuit, avant notre arrivée, le lendemain matin.

» Et nous sommes amenés à conclure que, pendant la nuit, à deux reprises, dans l'espace de dix jours, au milieu d'une chambre parfaitement close et sans qu'aucun être vivant ait pu s'y introduire, des chaises ont été renversées, contrairement à notre attente et à nos prévisions; que cette manifestation d'une force, en apparence mystérieuse, se produisant en dehors des conditions habituelles, ne nous paraît pas reconnaître une explication ordinaire, et que, sans vouloir préjuger en rien de la nature intime de cette force et tirer des conclusions positives, nous inclinons à penser qu'il s'agit de phénomènes d'ordre psychique, analogues à ceux qui ont été décrits et contrôlés par un certain nombre d'observateurs.

» Dr Barbillon ; P. Besombes ; Dr Méneault ; L. Morin ; Dr Dariex. »

XXIV

Conclusions.

Il y a dans l'être humain trois éléments : L'Ame, le Corps psychique, la matière organisée. En d'autres termes, l'homme est un esprit incarné.

La matière est composée d'éléments anatomiques recevant le principe de vie d'une Force inhérente au Corps psychique. Tous les phénomènes physiologiques sont sous la dépendance immédiate de cette Force ; c'est elle qui règle les manifestations vitales, qui détermine les actions physico-chimiques de l'organisme.

Le Corps psychique n'est pas limité à l'enveloppe cutanée. Il est constamment entouré d'effluves lumineux, visibles pour les sujets sensitifs ou médiums. Il peut s'extérioriser chez ceux-ci dans un champ neuro-dynamique indéterminé, et se manifester, dans des conditions par-

20.

ticulières, par divers phénomènes psychologiques ou de médiumnité.

Cette force peut se produire, dans le champ neuro-dynamique, soit seule, soit alliée à une Force de même nature, provenant d'un ou de plusieurs Corps psychiques en état incomplet ou complet d'extériorisation. Elle détermine, dans ces conditions, des phénomènes médiumniques ressortissant à l'animisme ou au spiritisme, et, dans certains cas, à l'un et à l'autre.

Le Corps psychique est intimement lié à l'Ame, de laquelle il reçoit les facultés supérieures constituant son essence à elle, l'intelligence et la volonté, et qu'il peut extérioriser avec ses attributs propres, comme il peut également dans certaines circonstances extérioriser la matière, à l'état radiant.

TABLE DES MATIÈRES

I. *Historique* 1
II. *Biologie.* — Considérations anatomo-physiologiques sur le système nerveux 13
III. *Force vitale: Corps psychique.* — Formule biométrique : lois de Baraduc; magnétomètre de Fortin ; machine de Crookes. 19
IV. *Extériorisation du Corps psychique.* — Observations de Reichembach, d'Iodko, de Luys, de Rochas et de Goudard 35
V. *Extériorisations des facultés psychiques. — Magnétisme, hypnotisme.* — Effluves cérébraux 61
VI. *Extériorisation de la sensibilité.* — Le transfert ; expériences de Luys et de Rochas 75
VII. *Extériorisation de la pensée, de la volonté, de la mémoire.* — Zoomagnétomètre; transmission de pensée 90
VIII. *Lucidité.* — Pythonisses et Sybilles; vision à travers les corps opaques 111
IX. *Extériorisation de la motricité, matérialisations.* — Matérialisation d'objets échappant à nos sens; matérialisation et dématérialisation accessibles à nos sens. 127

X. *Phénomènes de l'animisme.* — Etat de transe; télépathie 139

XI. *Phénomènes spiritiques* — Identité de la personnalité 149

XII. *Expériences médiumniques.* — En Amérique; en France; en Allemagne 163

XIII. *Expériences de MM. Crookes, Puel et Dupouy* . . 173

XIV. *Miss Cook et Katie King.* — Formes et figures de fantômes 214

XV. *Expériences de Zœllner.* — Médium Slade 237

XVI. *Expériences de Gibier.* — Médium Slade 239

XVII. *Expériences de Naples, Rome, Milan, Varsovie.* — Médium Eusapia 243

XVIII *Expériences de Mac-Nab.* 257

XIX. *Expériences de Pelletier.* 260

XX. *Expériences du colonel de Rochas* 262

XXI. *Expériences de Charles Richet.* 264

XXII. *Expériences de Montfort-l'Amaury* 272

XXIII. *Maisons hantées.* — La maison hantée de Louviers; la maison hantée de Rome; le cas de Constantinie; la maison hantée d'Yzeures; cabinet hanté du Dr Dariex 277

XXIV. CONCLUSIONS. 309

ÉMILE COLIN, IMPRIMERIE DE LAGNY (S.-ET-M.)

OUVRAGES

DE LA

Baronne STAFFE

Ces livres, qui sont un aide, un concours précieux, ont été écrits par la baronne Staffe, qu'on a nommée l'« Éducatrice de la femme moderne ». Former des mères, des épouses, des femmes capables de tenir leur place dans toutes les classes de la société, telle est son ambition.

Tous les cas difficiles, épineux, qui se rencontrent dans la vie et réclament une décision sûre, y ont été prévus. Des avis, qui font force de loi, y sont donnés à la femme pour lui faire acquérir cette grâce simple, ce charme voilé qui l'enveloppent comme d'un parfum, pour lui inculquer cette politesse exquise qui est, au bonheur du genre humain, plus nécessaire qu'on ne pense.

Qui sait comment se fonde le bonheur travaille à l'avancement de son être moral, et n'ignore pas non plus que la personne physique ne peut être négligée.

Usages du Monde moderne, **Règles du Savoir-vivre dans la Société.** — *1 volume in-18.* . . . . **3 fr. 50**

Pour la première fois, dans les **Usages du Monde**, grâce au tact, à la science mondaine, à l'éducation aristocratique, à la méthode de la baronne Staffe, le public, tout le public, grande et petite bourgeoisie, a été renseigné par un guide expérimenté sur tous les cas, si nombreux, qu'offrent les relations et convenances de la société contemporaine : *naissances, baptêmes, première communion, fiançailles, mariages, devoirs des demoiselles et garçons d'honneur, visites, soirées, bals, deuils, hospitalité, etc.*

Le Cabinet de Toilette, *1 volume in-18.* . . **3 fr. 50**

Il n'existait jusqu'à présent aucun livre qui résumât et précisât d'une façon pratique les soins à donner à toutes les parties du corps pour lui garder la fraîcheur et la beauté. On peut donc affirmer que la baronne Staffe vient d'écrire le *Véritable Livre de la Femme*, et pour qu'un tel livre fût pris en considération par les mères de famille, il fallait toute l'autorité que donne à la baronne Staffe sa grande notoriété mondaine et littéraire.

L'écrivain initie ses lecteurs à tous les petits secrets du maintien de la beauté, de la fraîcheur, et il donne aussi les plus sages conseils hygiéniques pour la santé.

La Maîtresse de Maison, l'Art de recevoir chez soi.

1 *volume in*-18 . . . . 3 fr. 50

Cet ouvrage initie la femme à l'art le plus consommé de diriger un ménage, de recevoir chez elle, d'organiser ses soirées et réceptions, avec les moyens de réaliser des économies appréciables.

L'auteur a peint ici, avec sa compétence et sa précision coutumière, ce qu'elle appelle le *royaume de la femme*, c'est-à-dire l'intérieur domestique, le *home* où la femme exerce en effet son aimable et utile royauté, comme épouse et comme mère, et aussi comme femme du monde. On peut dire que c'est le véritable livre de la famille française.

Traditions Culinaires et l'Art de manger toutes choses à table.

1 *volume in*-18 . . . . 3 fr. 50

Les renseignements que l'auteur nous fournit sur les plats et accommodements, sur les différentes espèces d'aliments, sur la façon même de manger certains mets, sont les plus précis, les plus circonstanciés, les plus utiles à quiconque est soucieux d'une bonne digestion, en même temps que de conserver, en chaque occasion, l'allure de distinction qui convient à toute personne bien élevée.

Les maîtresses de maison, tant pour la ville que pour la campagne, où elles villégiaturent, trouveront dans ce précieux recueil les réponses les plus sûres aux nombreux cas que peuvent présenter ou les repas intimes, ou les repas de fête, toutes cérémonies en général qui demandent pour leur accomplissement une table coquettement préparée et des plats appropriés.

La Correspondance dans toutes les circonstances de la vie.

1 volume in-18 . . . . **3 fr. 50**

Dans ce nouvel ouvrage, qui répond à tant de besoins, la baronne Staffe prévoit tous les cas, ordinaires ou délicats, où nous avons à correspondre avec nos amis, nos relations, nos hommes d'affaires et même nos serviteurs.

Ce volume mérite une place à part dans la bibliothèque de toute femme que sa situation mondaine, ou seulement sociale, met forcément en rapport d'intimité, d'affection, de politesse, d'intérêt, avec la société ambiante.

Mes Secrets pour plaire et pour être aimée.

1 volume in-18. . . . . **3 fr. 50**

L'auteur continue, en ce livre, les enseignements si bien accueillis du public féminin, et donne à toutes celles que la nature a le moins douées les moyens de *se faire une beauté*. Dans ce bon livre la baronne Staffe s'occupe au point de vue de l'élégance, de la grâce et du goût, du vêtement et aussi du cadre au milieu duquel la femme se meut.

Elle révèle mille petites ressources qu'on possède en soi et qu'on songe trop peu à mettre en valeur, si même on ne les ignore tout à fait.

Elle donne les moyens à employer pour arriver au but de l'ambition de toute femme : plaire et se faire aimer.

La Femme dans la Famille

1 volume in-18 **3 fr. 50**

La fille (et la sœur); l'épouse (et la fiancée); la mère (et la grand'mère).

La baronne Staffe s'est donné la tâche d'indiquer à la femme le rôle qu'elle doit remplir dans la maison paternelle, les devoirs de la vie conjugale, les obligations sacrées de la maternité.

Voilà le but que s'est proposé celle qui a essayé en de nombreux livres déjà, de diriger la femme dans la vie, et nous croyons qu'elle a atteint ce but en ce volume qui couronne pour ainsi dire tous les autres... et ceux qu'elle écrira, car elle n'a pas déposé sa plume infatigable.

Pour augmenter son Bien-être La vie à la campagne.

1 *volume in*-18. . . . . 3 fr. 50

Ce dernier ouvrage est en quelque sorte le livre de chevet du maître et de la maîtresse de maison, par ses nombreux conseils de la vie pratique et par ses indications précises, par ses recettes utiles, et est devenu le compagnon indispensable que l'on consulte tous les jours et qui, par ses sages conseils, nous permet d'augmenter notre bien-être.

Les Hochets féminins. Bijoux, dentelles, éventails, etc.

1 *volume in*-18. . . . . 3 fr. 50

Après avoir guidé la femme dans la direction de sa maison, dans le choix judicieux, pratique et élégant de ses vêtements, dans tous les soins à donner à sa personne, la baronne Staffe étudie les élégantes superfluités : Bijoux, Dentelles, Broderies, etc. Quelle est leur origine, leur valeur ; comment faut-il les choisir, et quel est le meilleur emploi à en faire, c'est ce que l'aimable écrivain a traité avec une spirituelle aisance et profit pour ses lectrices.

ÉMILE COLIN — IMPRIMERIE DE LAGNY

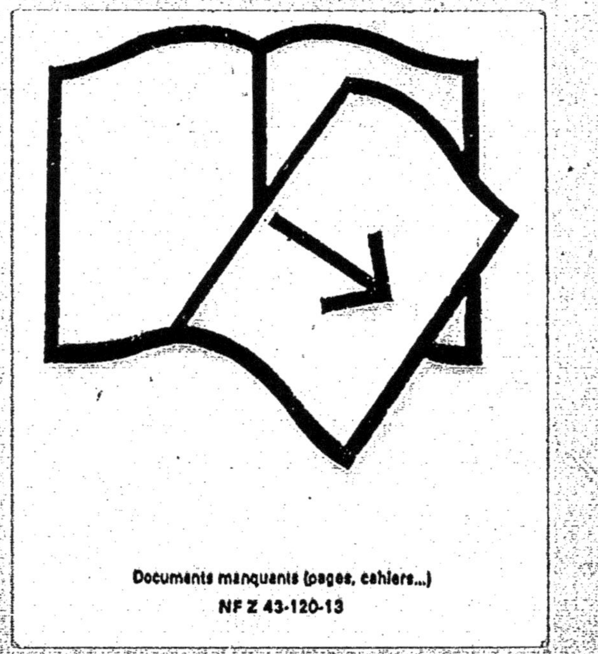
Documents manquants (pages, cahiers...)
NF Z 43-120-13

www.ingramcontent.com/pod-product-compliance
Ingram Content Group UK Ltd.
Pitfield, Milton Keynes, MK11 3LW, UK
UKHW021925210726
13857UKWH00008B/359